墨香财经学术文库
“十二五”辽宁省重点图书出版规划项目
2022年度东北财经大学优秀学术专著出版资助项目（zzz20220220）
2022年辽宁省教育厅基本科研项目（LJKMR20221580）

建筑垃圾的时空特征与资源化实践

The Spatio-temporal Characteristics and Resource Utilization Practices of Construction Waste

汪振双　著

东北财经大学出版社
Dongbei University of Finance & Economics Press
大连

图书在版编目（CIP）数据

建筑垃圾的时空特征与资源化实践 / 汪振双著. —大连 : 东北财经大学出版社，2023.3

（墨香财经学术文库）

ISBN 978-7-5654-4849-2

Ⅰ.建…　Ⅱ.汪…　Ⅲ.建筑垃圾-废物综合利用　Ⅳ.X799.1

中国国家版本馆CIP数据核字（2023）第096284号

东北财经大学出版社出版发行

大连市黑石礁尖山街217号　邮政编码　116025

网　　址：http：//www.dufep.cn

读者信箱：dufep @ dufe.edu.cn

大连图腾彩色印刷有限公司印刷

幅面尺寸：170mm×240mm　字数：237千字　印张：16.5　插页：1

2023年3月第1版　2023年3月第1次印刷

责任编辑：时　博　吴　奂　责任校对：孙　平

封面设计：原　皓　版式设计：原　皓

定价：69.00元

教学支持　售后服务　联系电话：（0411）84710309

如有印装质量问题，请联系营销部：（0411）84710711

2022 年度东北财经大学优秀学术专著出版资助项目（zzz20220220）

2022 年辽宁省教育厅基本科研项目（LJKMR20221580）

前言

谨以此书纪念自己十年转型之路。2012年博士毕业至今，从工科类院校到财经类院校，从土木工程专业的学习到管理学专业的教学，从建筑垃圾资源化利用技术到建筑垃圾资源化管理研究，思维方式需要转变，研究范式需要转变，一路走来，跌跌撞撞，坎坷不易。“心怀家国自不凡”，带着这样的坚信与执着，经过漫漫十年的研究积累，最终完成了本部书稿。建筑垃圾是人类活动的产物。目前我国每年建筑垃圾排放量约为24亿吨，约占城市垃圾比例的40%。然而我国建筑垃圾资源化率不足5%，建筑垃圾区域协同减量化管理发展缓慢，“垃圾围城”现象严重，这严重阻碍了经济、社会和环境的可持续发展。党的十九大报告提出“加强固体废弃物和垃圾处置”。党的十九届五中全会公报提出，要加快推动绿色低碳发展，持续改善环境质量，提升生态系统质量和稳定性，全面提高资源利用效率。党的二十大报告指出要“推动形成绿色低碳的生产方式和生活方式”。建筑垃圾减量化管理不仅需要完善再生资源回收体系，而且更应该关注建筑垃圾的资源化。随着区域经济一体化发展，建筑垃圾跨区域填埋和处理更加复杂，突破了传统线性模式，呈现出复杂的网络结构特征。本书从建筑垃圾排放量的测算入手，对建筑垃圾时空特征进行分析，探索中国建筑垃圾变化趋势、空间异质性和空间关联结构特征；实证研究中国建筑垃圾排放量的脱钩效应和达峰路径；并对PPP模式下中国建筑垃圾资源化实践进行探索；提出中国建筑垃圾减量化协同管理与资源化对策。本书有利于推动我国低碳绿色发展和“无废城市”建设，保证我国建筑垃圾排放量尽早达峰。本书的具体内容如下：

（1）中国建筑垃圾排放量空间异质性格局研究。中国地域辽阔，省域之间的经济发展、资源禀赋、人口规模存在着空间异质性特征，使得人类的经济社会行为在各种各样的空间异质性作用下产生千丝万缕的空间关系。本书在建筑垃圾排放量测算的基础上，分析建筑垃圾的变化趋势和演化特征，利用泰尔系数对中国建筑垃圾排放量空间差异性进行分解，并对建筑垃圾排放量全局空间和局部空间进行空间相关分析，最后采用地理加权回归模型对中国省域建筑垃圾排放量的影响因素进行空间异质性分析，揭示其时空分布特征及影响规律。

（2）中国建筑垃圾排放量空间关联网络结构特征研究。随着区域经济一体化发展，建筑垃圾跨区域填埋和处理更加复杂，突破了传统线性模式，呈现出复杂的网络结构特征。精准描绘建筑垃圾排放量空间关联动态演进特征，明晰各省区市在建筑垃圾排放量空间关联网络中的角色与作用，揭示建筑垃圾排放量空间关联具体影响因素，对推动区域建筑垃圾协同减排至关重要。将社会网络分析理论应用于建筑垃圾排放量空间关联研究，对中国建筑垃圾排放量空间关联网络结构演变、各省域个体网络特征变化及网络结构的影响因子展开深入探究，为建筑垃圾管理研究提供了新的研究视角。

（3）中国建筑垃圾排放量的脱钩效应研究。随着中国建筑业的扩展和发展，伴随着资源环境压力的同步增加，经济与资源环境的脱钩即打破经济财富增长和资源环境危害之间的联动关系，是实现经济低碳绿色发展的前提。在脱钩理论的基础上，通过构建建筑垃圾排放量与经济增长的脱钩模型，对中国建筑垃圾脱钩的时空演化特征进行分析，并基于Kaya恒等式和LMDI分解方法，对建筑垃圾排放量脱钩效应的驱动因素进行分析，为制定省域差异化建筑垃圾减量化管理政策提供参考。

（4）中国建筑垃圾排放量达峰路径研究。建筑垃圾排放量是城市固体废弃物增长的主要来源，亟待得到有效控制。研究建筑垃圾排放量达峰时间和路径，能有效地推动中国建筑垃圾的减排。在环境库兹涅茨曲线理论的基础上，本书对省域和区域建筑垃圾排放量的达峰进行研究，并基于STIRPAT模型对建筑垃圾排放量达峰影响因素进行分析，探寻在中国经济高质量发展过程中的建筑垃圾排放量的达峰路径，以期为国家实现建筑垃圾排放量达峰助力，促进实现未来的“无废城市”建设和治理的目标。

（5）PPP模式下中国建筑垃圾资源化实践研究。建筑垃圾资源化PPP项目模式是目前我国解决垃圾问题的主要途径。在采用质性分析方法构建建筑垃圾资源化PPP项目风险评价指标体系的基础上，本书构建BWM-FCE风险评价模型对建筑垃圾资源化PPP项目风险进行评价，结合资本投入、贡献度和项目参与度等因素，对建筑垃圾资源化PPP项目的风险分担和成本收益机制进行探索，并基于动态博弈法，构建建筑垃圾资源化全产业链运行策略，促进中国建筑垃圾资源化实践发展。

（6）中国建筑垃圾区域协同减量化管理和资源化策略研究。本书主要根据中国建筑垃圾排放量的空间异质性、空间网络结构特征、脱钩效应、达峰影响因素和PPP模式下建筑资源化实践的分析研究，制定出具有可行性和可操作性的协同管理策略，有助于为政府制定建筑垃圾减量化协同管理相关政策提供理论基础和决策参考。这对于破解我国省际建筑垃圾协同减排的现实问题，建立可持续的跨区域协同减排机制，具有重要的实践指导意义，为中国建筑垃圾减量化管理和建筑垃圾资源化实践提供保障。

“十年磨一剑，霜刃未曾试。”本书以独特的研究视角和系统的研究方法，打破针对建筑垃圾减量化管理多集中在工程项目和某一区域层次上的传统研究思路，为实现建筑垃圾区域减量化协同管理、资源化实践以及“无废城市”建设提供理论依据，为进一步促进建筑垃圾减量化管理的制度优化提供决策参考，为我国生态文明建设和高质量发展提供政策依据。

限于学科背景和理论深度，本书难以对中国建筑垃圾的时空特征与资源化实践研究进行完美刻画，恳请各位专家学者批评指正。

汪振双

2023年3月

目录

1　绪论

1.1　研究背景

随着中国经济的快速发展，新型城市化进程的不断推进，旧房改造等城市更新活动的实施产生了大量的建筑垃圾。根据相关资料统计，每新建1万平方米建筑排出的建筑垃圾约为600吨，拆除每平方米旧建筑物所形成的建筑垃圾约为1吨[①]。如果这些建筑垃圾不能进行合理的资源化利用，那么随着我国城镇化建设的不断推进，建筑垃圾的排放量将越来越多，且其占城市垃圾的比重也会进一步升高。除此以外，各种自然灾害导致的建筑物损毁也产生了大量建筑垃圾，仅以汶川地震为例，据研究人员依据这次地震损毁房屋的数字估计，按平均每间房屋10平方米，每平方米产生1吨建筑垃圾计算，由此产生的建筑垃圾约3亿吨，地震所造成的建筑垃圾量远远超过中国每年建筑施工所产生的建筑垃圾的总和。已有的研究表明，填埋1万吨建筑垃圾大约需要占用

① 张志红. 建筑废弃物再生利用的调查与研究［D］. 青岛：山东科技大学，2006.

0.067公顷土地。其中，绝大部分建筑垃圾，尤其是建筑物拆除过程中所产生的建筑垃圾，经过分类挑拣、剔除或粉碎之后是可以被重新利用的。但是在当前，大部分建筑垃圾并没有得到妥善处理，而是被送往郊区填埋或焚毁，“垃圾围城”的现象越来越常见。以广州市为例，广州每年因工程建设和房屋拆迁活动而产生的建筑垃圾约为4 000万吨，而全市每年建筑垃圾的资源化利用总量不到100万吨，也就是说，资源化利用率不足3%，相对较低。建筑垃圾主要的处理方式是作为垃圾予以填埋，制约着城市的发展。

用堆放或填埋等方式进行建筑垃圾处理，需要占用大量的耕地，长时间的堆放或填埋还会污染土壤、地下水和大气。建筑垃圾长期堆放，内部的温度升高，为细菌和真菌的大量繁殖提供了环境，这些细菌和真菌极易在空气中传播，给人类的健康带来严重危害。建筑垃圾中渗滤液的侵蚀，改变土壤的pH值，破坏土壤中的营养物质，建筑垃圾中有机物的分解会消耗土壤中的氧气，导致植物和微生物从有氧呼吸变为无氧呼吸，影响它们的正常生长。大量的重金属离子会从根部进入植物体内，导致各种毒素在植物中蔓延，并随着食物链的延伸，危及人类和动物的健康。长此以往，将导致土壤生态失衡。而且，建筑垃圾在清运过程中绝大多数采用非封闭式的运输车，在运输过程中造成的垃圾遗撒、粉尘和灰砂飞扬等问题，也会严重影响市容和城市环境。建筑垃圾的减量化管理意义重大，建筑垃圾的资源化是实现建筑垃圾减量化管理的关键。发达国家在建筑垃圾资源化方面已开展了一系列卓有成效的研究和实践，如荷兰、丹麦等欧洲国家的建筑垃圾资源化率已达95%，美国建筑垃圾的回收率达到75%，建筑垃圾回收利用和资源化处置既降低了对环境质量的破坏程度，又具有显著的环境和经济效益。由此可知，建筑垃圾资源化在解决建筑垃圾减量化管理方面具有可行性和有效性。然而，在国内大部分建筑垃圾仍简易处理或露天堆放，回收利用率不足5%。建筑垃圾填埋堆放在加剧土地等自然资源稀缺局面的同时，也严重阻碍经济社会和环境的可持续协调发展。2018年，伴随着相关政策陆续出台及城市试点的开展，我国开始建筑垃圾资源化的全面提速。“绿水青山就是金山银山”，国家基于“减量化、资源化、无害化”和

“谁产生，谁负责”的原则，将开展资源综合利用作为国民经济和社会发展中一项长远的战略方针，以期缓解工业化、城镇化和城市更新活动进程中日趋强化的资源环境约束，提高资源效率，实现绿色、低碳发展。

建筑垃圾资源化已经得到政府及相关专家学者的肯定，我国已经开始从不同层面对建筑垃圾减量化管理和资源化实践进行探索。西方发达国家和地区对建筑垃圾减量化管理和资源化的研究及应用处于世界领先水平，从技术、经济、管理等视角对建筑垃圾进行全方位的研究和探索，其相应的政策制度、经济激励等都是以坚持市场机制主导与政府引导相结合为原则的，同时也注重市场与政府的共同作用。而国内研究虽然从经济激励、政策措施和相关法律法规方面提出了许多有建设性的建议和措施，但对区域建筑垃圾排放量的空间异质性、脱钩效应、达峰路径和建筑垃圾资源化PPP模式风险分担和收益分配，以及建筑垃圾资源化全产业链的研究比较欠缺。为了促进中国建筑垃圾减量化管理和资源化实践，需要在学习和借鉴国外先进研究成果、管理方法和工程实践经验的基础上，分析中国建筑垃圾空间异质性驱动机制和影响因素、脱钩效应和达峰路径，厘清PPP模式下影响建筑垃圾资源化处理项目风险分担和收益的关键因素，研究建筑垃圾资源化全产业链发展保障机制，为明晰建筑垃圾资源化前景、政府制定建筑垃圾资源化政策、提高建筑垃圾资源化利益相关者信心、弥补资源化机制研究不足提供基础理论参考。

1.2 研究意义

改革开放以来，伴随着我国经济社会的快速发展，中国社会正在发生全方位变革，中国的城市化发展迅速，已经进入一个发展的重要阶段。按照世界城市化发展的一般规律，当一个国家或地区城市化程度处在30%~40%时，其城市和空间结构将发生重大调整和变化，一种新的城市景观和格局将会出现。党的十九届五中全会通过的《中共中央关于制定国民经济和社会发展第十四个五年规划和二〇三五年远景目标的建议》明确提出实施城市更新行动。城市在党和国家全局工作中具有重要的地位，是我国政治、经济、社会和文化等方面活动的中心。“无废城市”治理和建设是“美丽中国”建设的主要载体，是构建新发展格局的重要支撑点。实施城市更新行动，加强“无废城市”建设，推动城市结构调整优化和品质提升，转变城市开发建设方式，对全面提升城市发展质量、不断满足人民日益增长的美好生活需要、实现低碳绿色发展，具有重要而深远的意义。实施城市更新活动，将不可避免地产生建筑垃圾。在中国省域建筑垃圾排放量时空特征和建筑垃圾排放量空间异质性研究的基础上，对中国建筑垃圾排放量不均衡性形成机制进行研究，补充了区域生态环境研究的思路、方法与分析框架，实现建筑垃圾减量化协同管理，对我国低碳绿色发展、走可持续发展的道路具有深远的意义和重要影响，也是对推动区域经济发展理论的补充和完善。

建筑垃圾资源化既有利于缓解资源匮乏和短缺问题，又有利于减少建筑垃圾的堆放，有利于“无废城市”的建设和发展。在土地、砂石等自然资源严重短缺的情况下，以建筑垃圾资源化处理项目为研究对象，在PPP模式下，对建筑垃圾资源化PPP项目的风险因素进行识别，并对建筑垃圾资源化PPP项目的风险分担和收益分配机制进行研究，归纳出有利于建筑垃圾资源化成功实施的关键因素，构建建筑垃圾资源化全产业链，并通过建筑垃圾资源化全产业链为中国建筑垃圾资源化实践和生态环境改善做出重要贡献。本书运用环境经济学、区域经济学、管理学、社会网络分析等多学科理论与方法进行综合研究，这对于推动多学科的交叉研究具有积极意义，为区域间生态环境协同治理政策的制定和“无废城市”建设提供决策参考。

1.3 文献综述

1.3.1 国外文献综述

20世纪90年代，国外开始了对建筑垃圾资源化的研究，研究基本上围绕着对建筑垃圾基本问题的认识。目前的研究多集中于资源化技术、垃圾管理及社会发展相关性等方向，从多方面论证建筑垃圾管理的必要性。在资源化技术方面，EAB Koenders 等对建筑垃圾配制对再生混凝土性能的影响开展了大量研究，研究发现再生集料与普通碎石相比，具有孔隙率高、表观密度低、吸水率高、内在微裂纹多、强度低等特点①。Zhen 等对再生混凝土强度与混凝土配合比设计进行了研究，研究发现再生混凝土的强度与再生骨料生产工艺、含水情况、颗粒级配、强度及掺量等因素有关②。Zega 等通过天然河砂和建筑垃圾再生细集料在混凝土中掺入比例不同，进行了对比试验研究，研究结果表明，掺入 20% 和 30% 的再生细集料所拌制的混凝土强度与 100% 天然河砂制作的混凝土强度基本一致③。Ulsen 等在原有建筑垃圾资源化加工技术的基础上，采用垂直冲击式破碎机进行建筑垃圾的破碎，这显著改善了再生集料的质量和粒径组成，使再生集料粒径达到了 0.15mm ④。Leite 等通过对再生集料比例和粒径进行调整，将建筑垃圾作为道路路面材料⑤。未来，全再生混凝土更完整的概念是同时使用再生粗骨料、再生细骨料和再生粉体的混凝土。

目前，大部分研究显示再生混凝土制品在性能方面异于普通混凝土，并且取代率是影响再生混凝土性能的重要因素。全再生混凝土中包含建筑固废再生材料比例更高，性能的差异更加明显。其研究、推广和应用前景尚不完全清晰，但全再生混凝土具有高效消纳建筑固废的能力，更能充分体现再生混凝土的社会效益、经济效益和环境效益，必然成为未来再生混凝土发展的新方向（见表 1-1）。

建筑垃圾管理主要是实现减量化管理，实现建筑垃圾从源头上减量化，降低建筑垃圾的运输、处理以及回收成本。Begum 等通过研究发现，可通过引入建筑垃圾处置成本较低的技术，培养建筑业从业人员提高自身的建筑废弃物减量化意识，政府通过颁布相关的法律法规来降低

---

① KOENDERS E A B, PEPE M, MARTINELLI E.Compressive strength and hydration processes of concrete with recycled aggregates [J]. Cement and Concrete Research, 2014 (56): 203-212.

② DUAN Z H, POON C S.Properties of recycled aggregate concrete made with recycled aggregates with different amounts of old adhered mortars [J]. Materials and Design, 2014, 58 (1): 19-29.

③ ZEGA C J, MAIO Á A D.Use of recycled fine aggregate in concretes with durable requirements [J]. Waste Management, 2011, 31 (11): 2336-2340.

④ ULSEN C, KAHN H, HAWLITSCHEK G, et al. Production of recycled sand from construction and demolition waste [J]. Construction and Building Materials, 2013 (40): 1168-1173.

⑤ LEITE F D C, MOTTA R D S, VASCONCELOS K L, et al.Laboratory evaluation of recycled construction and demolition waste for pavements [J]. Construction and Building Materials, 2011, 25 (6): 2972-2979.

表1-1 再生混凝土的发展历程

时间	发展历程	研究与应用
20世纪60年代	废弃混凝土回收利用	法规限制建筑固废随意排放，开始关注回收利用
20世纪90年代	再生粗骨料混凝土	废弃混凝土制备再生粗骨料，再生混凝土初步研究
21世纪初	再生细骨料引入	研究再生粗、细骨料单取代、双取代再生混凝土
21世纪10年代	再生粉体引入	找到固废产物利用盲点，发现固废资源化新途径
未来发展趋势	全再生混凝土	固废回收利用产物全利用，资源、环境、社会效益最大化

建筑垃圾排放量，构建一套高效的建筑垃圾资源化管理体系，改善建筑物的设计来降低建筑垃圾排放量①。Teo和Loosemore基于行为意识理论对影响建筑垃圾减量化的因素进行研究分析，研究发现，管理层的减量化意识对建筑垃圾减量化管理具有重要的意义②。Begum等通过构建建筑垃圾减量化管理措施的评价体系，并通过工程实例进行研究分析，研究发现一次使用可修复的、适宜再装的、耐用的建筑材料是建筑垃圾减量化管理过程中最有效的措施。通过再生利用和回收利用的方式处理建筑垃圾，大约能节约工程预算总值2.5%的成本。Jing等通过研究美国住宅建筑在建造过程中的建筑垃圾减量化行为，发现建筑垃圾减量化能很好地改善住宅建筑在建造过程中的生产、安全和质量问题。Peng等研究发现，再生利用是建筑垃圾减量化之后最优的路径选择，通过再生利用方式处理后，能够降低返工率以及材料损耗率。为了量化建筑垃圾资源化的现实情况，Rui应用数据包络分析方法，实证分析了葡萄牙所有建筑垃圾资源化企业，通过研究发现大部分企业管理明显存在效率低

① BEGUM R A，SIWAR C，PEREIRA J J，et al.Implementation of waste management and minimisation in the construction industry of Malaysia［J］. Resources，Conservation and Recycling，2006，51（1）：190-202.

② TEO M M M，LOOSEMORE M.A theory of waste behaviour in the construction industry［J］. Construction Management and Economics，2001，19（7）：741-751.

下的问题，而缺少激励是建筑垃圾资源化系统运行较差的主要原因。可以看出，政策因素是影响建筑垃圾资源化产品市场运行的关键因素。Duran等针对爱尔兰建筑垃圾管理和资源化现状，建立了建筑垃圾资源化市场的经济可行性数学评估模型，通过不同的情景，分别考虑税收、激励和政策因素，得出建筑垃圾资源化经济规则。当建筑垃圾填埋成本超过其资源化处置成本，使用天然材料成本高于资源化再生产品成本时，则资源化市场是经济可行的。在建筑垃圾资源化过程中，推行适当的环境税和资源化补贴机制，将产生建筑垃圾资源化规模化效益[①]。因此，关于建筑垃圾管理的思考应该延伸到整个生命周期中，一个工程周期的每个阶段（如构思、设计、建设、运营、改造以及拆除），都对建筑垃圾管理的效能有着直接或间接的贡献。一种是建设项目的生命周期，通常被理解为一个从观念、设计、施工、运行、维护到拆卸的过程。另一种叫作废弃物生命周期，从原料提取开始，通过加工、施工、使用、拆卸和回收，到最后处理。虽然这两种生命周期有着很大程度的重叠性，但废弃物生命周期让建筑垃圾管理更有意义，它有助于探寻废弃物的产生过程，确定加以改进的潜在范围。建筑垃圾管理应在整个建设项目的生命周期实施可持续发展战略，使建筑垃圾处理达到最小化限度。Yeheyis等（2013）开发了一种基于建筑垃圾可持续性的生命周期指标，运用该指标能够对建筑垃圾的分类拣选、回收再利用等进行决策选择。

近年来，国外关于建筑垃圾资源化的深入研究主要体现在将建筑垃圾视为一种“放错位置的资源”，在确保建筑垃圾源头减量化的同时促进其资源化利用。在社会视角下，建筑业属于劳动密集型产业，Yehyes等在对建筑业从业人员进行结构性问卷调研的基础上，采用回归分析发现从业人员的态度和行为会影响其对建筑垃圾减量化管理的决策[②]。从建筑全生命周期角度分析，1/3的建筑垃圾是设计变更引起的。因此，作为建筑设计

---

① DURAN X，LENIHAN H，REGAN B. A model for assessing the economic viability of construction and demolition waste recycling—the case of Ireland［J］. Resources，Conservation and Recycling，2005，46（3）：302-320.

② YEHEYIS M，HEWAGE K，ALAM M S，et al. An overview of construction and demolition waste management in Canada：a lifecycle analysis approach to sustainability［J］. Clean Technologies and Environmental Policy，2013，15（1）：81-91.

主要行为主体的建筑师是垃圾减量化的重要推动者。然而由于建筑垃圾减量化设计成本偏高，客户缺乏兴趣、消极的垃圾减量化态度以及不支持垃圾减量化设计等因素严重阻碍了建筑师在建筑垃圾减量化中的作用。建筑资源化企业既是资源化的材料供应主体，同时也是资源化产品市场化的主要推动者。在施工、装修和拆除过程中，建筑承包商的行为决策是影响建筑垃圾资源化的重要因素。单个承包商的决策还会对其他利益相关者产生影响，如承包商、结构工程师以及其他利益相关者。在建筑垃圾资源化处理过程中，施工企业建筑垃圾资源化压力逐渐增加，施工企业希望在建筑垃圾资源化中获取更多的利润，但现行的资源化法规和增加处置成本等导致施工企业建筑垃圾资源化行为消极执行。

1.3.2 国内文献综述

在建筑垃圾减量化管理和资源化利用方面，尽管我国的起步时间比较晚，但是我国的高等院校和科研机构在建筑垃圾再生骨料和再生骨料混凝土方面做了大量的基础研究工作，并取得了大量的科研成果，尤其是对废弃混凝土回收用作再生骨料的研究。池漪、杜婷、李秋义、肖建庄、杨青、崔正龙和汪振双等研究了废弃混凝土再生骨料的强化技术及再生骨料混凝土的性能。张剑波和黄莹等研究了利用废弃混凝土再生骨料所制备的再生骨料混凝土的孔隙结构特点和耐久性影响机理。姜新佩等研究了砖混结构的建筑垃圾人工砂用于混凝土细骨料的可行性，研究结果表明建筑垃圾人工砂用作低强度等级的混凝土细骨料是可行的，人工砂的取代率越高，混凝土的强度下降越大，所配制的混凝土强度越高，再生骨料混凝土的强度下降也越大。谢玲君研究了废弃烧结砖瓦再生骨料的基本性质、化学浆液强化再生骨料的效果和利用烧结砖瓦再生骨料所配制的再生骨料混凝土的力学性能。朋改非等采用对比试验，研究相同条件下普通混凝土和再生混凝土的抗压强度和劈裂抗拉强度的变化特征，研究认为石子损伤和石子表面附着的砂浆损伤是导致再生混凝土的力学性能显著下降的主要因素[①]。肖建庄等通过对264块再生混凝

① 朋改非，黄艳竹，张九峰. 骨料缺陷对再生混凝土力学性能的影响［J］. 建筑材料学报，2012，15（1）：80-84.

土试块抗压强度测验和不同测试值的对比分析，系统地指出再生粗骨料取代全部粗骨料的比率对其抗压强度影响很大，通过调整水灰比可以使再生混凝土获得满足设计要求强度[①]。在我国的某些城市，如北京、青岛、西安和上海等地的一些建筑公司也开展了再生骨料混凝土的工程应用。2007年，北京建筑工程学院建筑材料试验室建造了一栋建筑垃圾再生骨料混凝土试验建筑，工程竣工后，进行了大量的检测和评估，工程质量完全符合要求。2009年，青岛海逸景园工程的24层采用了强度等级为C40的再生骨料混凝土，工程完工后，经检测，工程质量完全符合要求。西安市某I级公路在改扩建过程中，部分路段采用了再生骨料混凝土用于路面基层材料，工程完工后，使用效果良好。上海城建物资有限公司在“沪上·生态家”工程基础部分应用了700多立方米再生骨料混凝土，工程完工后，经检测工程质量完全符合要求。深圳市华威环保建材有限公司在南方科技大学校区内的部分路面使用了再生骨料混凝土，效果良好。

在建筑垃圾减量化管理方面，专家学者做了大量的研究工作。王家远通过对建筑施工现场进行问卷调查，发现只有少量的被调查者认为对建筑垃圾进行有效的管理是有必要的，而超过90%的被调查者则不认可建筑垃圾管理的必要性。研究表明，在建筑施工过程中，相关的工作人员缺乏建筑垃圾减量化管理的意识，由于建筑垃圾减量化管理带来的收益相较于大额度的工程费用小，并且受限于施工工期，这也就导致了对建筑垃圾减量化管理的意识低下。陈露坤基于“人”的组织行为意识视角，对不同的施工参与主体在建筑垃圾减量化管理的行为意识上表现出的差异性进行研究分析，研究发现行为意识上的差异对建筑垃圾减量化存在较大的影响，通过建立有效的激励机制、强化员工建筑垃圾减量化的培训等能有效地减少这种差异性。篙奕颖、康健对我国建筑物在设计阶段的建筑垃圾减量化设计与英国的设计进行现状对比研究并提出建议：首先，在设计阶段，系统地了解和发现建筑物潜在存在的建筑垃圾，然后，对建筑物进行建筑废弃物减量化优化设计。李景茹和丁志坤

① 肖建庄，李佳彬，孙振平，等. 再生混凝土的抗压强度研究［J］. 同济大学学报（自然科学版），2004（12）：1558-1561.

等制定了一份关于建筑垃圾减量化过程中实施的措施列表，基于这份措施列表对施工现场的建筑垃圾排放量进行实时调查，进而对建筑垃圾减量化措施的效果进行定量分析。李景茹等以深圳市25个新建建筑项目为例进行研究分析，研究发现，建筑施工过程中产生的建筑垃圾主要包括废混凝土、砌块、砂浆、碎瓷砖、钢筋头、废木模板等，占建筑废弃物总量的80%以上；此外，还发现工业建筑物产生的建筑垃圾废料率最低。朱姣兰和李景茹通过构建一个关于建筑企业相关人员对于建筑垃圾减量化的行为意识结构方程模型，研究意识与行为之间的关系，研究发现，企业相关人员的实际行为受人知觉行为的控制力影响，而不能通过行为倾向来预测；对于建筑垃圾是否采用减量化行为，受到多方面因素的影响，除了个人意识因素，还包括建筑垃圾减量化培训教育、业主的支持等。王家远、李政道等通过对建筑施工过程中建筑垃圾进行减量化策略的设计进行研究，研究发现，建筑设计师的设计方式和设计理念将建筑技术、设计规划、建筑材料管理、管理制度等有效地融入进去，对建筑垃圾减量化管理具有重要的作用。曹小琳和刘仁海通过对发达国家关于建筑垃圾资源化管理模式的研究，构建了一个基于我国国情的建筑废弃物资源化管理模式，并提出了完善该建筑垃圾资源化管理机制的措施，比如建立建筑垃圾综合回收中心、增加建筑垃圾资源化的科研投入等措施。庞永师和杨丽在工程调研的基础上，根据建筑垃圾自身特征和发达国家建筑垃圾资源化实践，结合我国建筑垃圾资源化存在的问题，提出加强建筑垃圾的分类处理，构建建筑垃圾资源化的市场化利益驱动机制，明确招投标合同中的建筑垃圾资源化管理部分等相关对策。刘桦等通过构建一个集法律政策保障体系、政府行政监管体系、回收物流管理体系、循环利用技术体系、再生产品应用推广体系、投融资体系于一体的城市建筑垃圾回收利用体系进行研究分析，研究表明，完善监管机制、建立经济激励机制、开发建筑废弃物信息管理平台等对促进建筑垃圾资源化处理具有重要作用。

1.3.3 国内外文献简评

从建筑垃圾减量化管理和实践方面的国内外文献来看，围绕建筑垃圾资源化管理技术、资源化管理政策、全生命周期管理以及效益评价等方面进行了大量研究，为建筑垃圾资源化管理与实践奠定了基础。建筑垃圾减量化管理和资源化实践是一项复杂的系统工程。目前，国内外建筑垃圾管理遵循“3R”策略，相关研究人员热衷于建筑垃圾资源化管理优化研究，如技术上结合人工智能、大数据管理等热点，经济上考虑补贴惩罚机制、税收减免政策。这些研究成果有助于建筑垃圾减量化管理理论的形成和完善，但是研究视角只是针对某个具体工程项目和区域，没有考虑地理邻接区域和不邻接区域协同的作用。总体而言，建筑垃圾减量化管理多集中在项目和区域层次，而忽视了区域减量化协同管理。我国幅员辽阔，在建筑垃圾减量化管理过程中，各省份的经济发展状况、资源禀赋、技术水平等存在较大差异，这在一定程度上导致各省的建筑垃圾排放量存在时空不均衡性。随着区域经济一体化发展，建筑垃圾跨区域填埋和处理更加密切和复杂，突破了传统线性模式，呈现出复杂的网络结构特征。地理邻接省份和地理不邻接省份之间，建筑垃圾协同减排驱动因素迥异。已有的研究忽视了对建筑垃圾排放量空间异质性研究，没有考虑地理邻接区域和不邻接区域建筑垃圾排放量的相互影响，缺乏对建筑垃圾排放量不均衡性的形成机制的探索。建筑垃圾减量化管理忽视了建筑垃圾跨区域流动问题，省域政府建筑垃圾跨区域协同减排管理急需加强。

建筑垃圾资源化实践在国外已经形成了完善的处理体系，包括立法、管理体系、奖惩措施。而我国建筑垃圾资源化处理还处于起步阶段，建筑垃圾资源化PPP项目模式目前仍处于探索阶段，尚有问题需要解决，相关理论研究和标准体系建立远远没有达到要求，成功运作案例经验总结更是一片空白。风险分担的责任主体通常是政府部门和社会资本部门两方，或将融资机构/银行加入进来进行三方分担研究。而政府部门和社会资本部门共同组建的PPP项目公司（SPV/SPC）还未被考虑进来。建筑垃圾资源化全产业链发展不均衡，存在显著的地域差距、城乡差距和细分领域差距。此外，市场运作模式不完善，缺乏专业性、平台化的产业力量支撑，PPP风险分担方法还要加以改进，以使分担方法更加科学合理，利于应用到实际工作中。因此，有必要针对建筑垃圾资源化PPP项目全生命周期风险进行识别，建立建筑垃圾资源化PPP项目风险分担与收益机制，有助于建筑垃圾资源化产业链的形成和完善。

1.4 研究思路与方法

1.4.1 研究思路

本研究以问题为导向，以理论研究为基础，以模型构建为核心，以建筑垃圾排放量为切入点，提出研究问题，运用环境生态学理论、环境经济学理论、社会网络理论、动态博弈理论和PPP相关理论等，对中国建筑垃圾排放量时空特征和资源化实践展开研究，为我国省域建筑垃圾减量化协同减排管理和资源化实践提供理论支撑和政策思路，为“无废城市”的建设和治理政策提供借鉴。具体技术路线如图1-1所示。

本研究主要包括以下内容：

第1章论述了本研究的背景、意义、方法、思路、国内外研究进展、创新点和拟解决的关键问题等主要内容，为本研究奠定了准确的研究框架和思想基础。

第2章构建了建筑垃圾时空特征与资源化实践的理论分析框架。在对建筑垃圾、建筑垃圾资源化和建筑垃圾资源化全产业链等关键概念内涵进行系统界定的基础上，分析了建筑垃圾的组成，并通过经济增长理论、环境库茨涅茨曲线假说、脱钩理论、空间自相关理论、社会网络理论和循环经济理论等构建了建筑垃圾时空特征与资源化实践的理论分析框架。

第3章实证分析了中国建筑产量的变化趋势，在测算中国建筑垃圾排放量的基础上，分析了中国建筑垃圾排放量、人均建筑垃圾排放量和人均建筑垃圾排放强度的时空变化，并采用Slope值和收敛性分析研究了中国建筑垃圾排放量的变化趋势。

研究分类
研究内容
研究方法
问题提出
中国建筑垃圾时空特征与资源化实践
文献研究
文件研究
理论研究
建筑垃圾
建筑垃圾资源化
建筑垃圾全产业链
理论分析框架
理论分析
质性研究
实证研究
中国建筑环境产量空间异质性
中国建筑垃圾产量空间关联网络结构特征
中国建筑环境产量脱钩效应
中国建筑环境产量达峰路径
借助于建筑垃圾排放量测算方法和探索性空间分析方法对建筑垃圾排放量空间异质性进行分析
借助于社会网络分析和计量分析方法对建筑垃圾排放量空间关联网络结构特征和驱动效应进行分析
借助于脱钩理论模型和LMDI分解方法对建筑垃圾排放量脱钩效应和驱动因素进行识别
借助于 EKC 曲线理论和 STRIPAT 法对建筑环境产量达峰路径和驱动因素进行识别
明确建筑垃圾排放量空间异质性格局
明确建筑环境产量空间关联网络结构特征和驱动效应
明确建筑垃圾排放量脱钩效应的驱动因素作用强度
明确建筑垃圾达峰路径和驱动因素作用强度
实地调研
专家访谈
统计分析
空间分析
案例研究
建筑垃圾资源化 PPP 项目风险评价指标体系
PPP 模式下建筑垃圾资源处理项目风险分担与利益分配机制
案例分析
实地调研
对比分析
对策研究
中国建筑垃圾区域减量化协同管理策略
中国建筑垃圾资源化发展策略
归纳演绎
实地调研

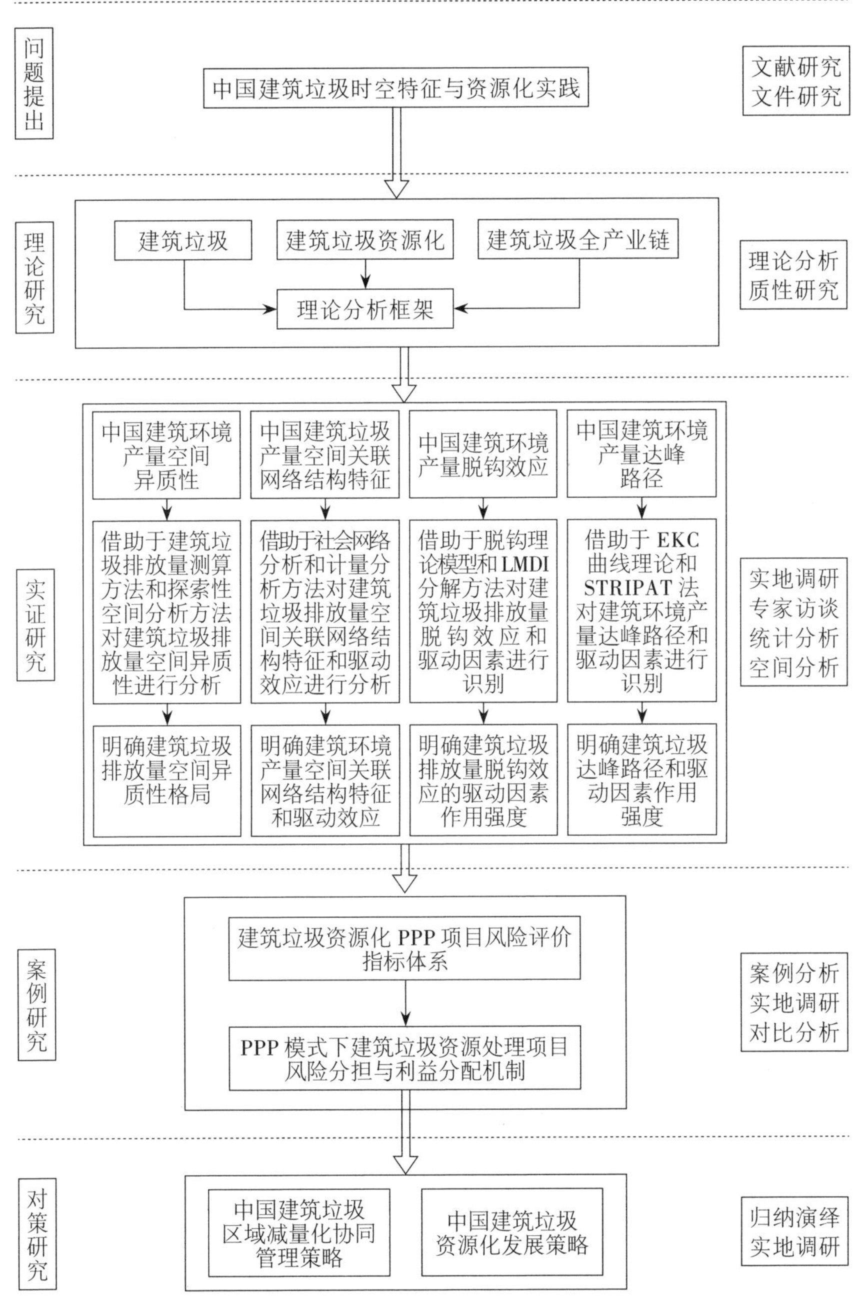

图 1-1 技术路线

第4章实证分析了中国建筑垃圾排放量的空间异质性，分解并分析了中国建筑垃圾排放量的特征、空间差异性和空间相关性，并采用地理加权回归方法从人口规模、人均GDP、劳动效率和建筑产业规模等方面分析了建筑垃圾排放量影响因素的空间差异性。

第5章实证分析了中国建筑垃圾排放量的空间网络结构特征，分析了建筑垃圾空间网络的整体网络和个体网络特征，并对省域建筑垃圾排放量的空间聚类进行了分析，探究了建筑垃圾排放量空间网络结构的驱动效应。

第6章实证分析了中国建筑垃圾排放量的脱钩效应，在脱钩理论的基础上，构建了建筑垃圾排放量与经济增长的脱钩模型，分析了中国建筑垃圾脱钩的时空演化特征，并基于Kaya恒等式和LMDI分解方法，分析了建筑垃圾排放量脱钩效应的驱动因素。

第7章实证分析了中国建筑垃圾排放量达峰预测和达峰影响因素。在环境库兹涅茨曲线理论的基础上，预测了省域和区域建筑垃圾排放量的达峰，并基于STIRPAT模型分析了建筑垃圾排放量达峰的影响因素，研究了建筑垃圾排放量达峰路径。

第8章研究了中国建筑垃圾资源化实践。在识别建筑垃圾资源化风险的基础上，结合PPP项目模式，采用Shapley方法建立了建筑垃圾资源化PPP项目的风险分担和收益分配模型，并研究了建筑垃圾资源化PPP项目的风险分担和收益分配机制，完善了建筑垃圾资源化全产业链运行模式，促进了中国建筑垃圾资源化实践。

第9章提出了建筑垃圾区域协同减量化管理和资源化策略。根据中国建筑垃圾排放量的空间异质性、空间网络结构特征、脱钩效应、达峰影响因素和资源化实践的分析研究，制定了具有可行性和可操作性的协同管理策略，为“无废城市”建设和治理提供了理论和实践参考。

第10章为结论与展望，总结了已有的研究结论，并提出了中国建筑垃圾减量化协同管理和建筑垃圾资源化未来的研究趋势和愿景。

1.4.2 研究方法

本研究在坚持“顶天立地”的大原则下，遵循从抽象到具体的研究方法，对中国建筑垃圾排放量空间特征与资源化实践进行了论证，具体研究方法包括：

（1）理论分析与实证研究相结合的研究方法。本研究从多个层面构建了建筑垃圾排放量时空特征与资源化实践的理论框架，属于理论分析的具体应用；对中国建筑垃圾排放量的空间异质性、空间网络结构特征、脱钩效应、建筑垃圾达峰、建筑垃圾资源化PPP项目风险分担和收益机制，以及建筑垃圾资源化全产业链动态博弈分析等均属于实证分析法的具体应用。因此，理论分析与实证研究相结合的研究方法是本研究的首要研究方法。

（2）案例分析与调研相结合的研究方法。本研究在建筑垃圾资源化实践上，通过走访实际工程和相关资源化企业，并对建筑垃圾资源化PPP项目在全生命周期过程中的风险因素进行了识别，并结合具体工程对建筑垃圾资源化PPP项目的风险分担和收益机制进行了研究，这属于典型案例剖析法的具体运用。同时，在建筑垃圾排放量测算和建筑垃圾资源化实践上，对建筑在施工、拆除和装修过程中产生的废料率进行了调研，进一步了解了建筑垃圾的组成和分类，以期全面掌握第一手资料，为建筑垃圾排放量的科学测算以及未来建筑垃圾资源化管理和实践提供支撑，属于实地调研法的具体应用。因此，典型案例分析和实地调研相结合也构成了本研究的重要方法。

（3）比较分析和归纳演绎相结合的研究方法。对比分析不同省域建筑垃圾排放量的特征、变化趋势、异质性、网络结构特征、脱钩效应和建筑垃圾排放量达峰值，属于比较研究法的研究范式；根据中国建筑垃圾排放量变化趋势、空间异质性、空间关联网络结构特征、脱钩效应驱动机制、建筑垃圾排放量达峰影响因素和建筑垃圾资源化PPP项目风险分担和收益机制的实证分析结果，综合归纳出了中国建筑垃圾资源化管理和实践的具体策略，属于综合归纳研究法的具体运用。因此，比较分析与归纳演绎相结合也是本研究的重要方法。

1.5 创新点及拟解决的关键科学问题

1.5.1 创新之处

本研究以建筑垃圾测算为切入点，以剖析中国建筑垃圾排放量时空特征为导向，对中国省域建筑垃圾排放量变化趋势、空间异质性、空间关联网络结构、空间脱钩效应、达峰路径进行系统性分析。在此基础上，探索中国建筑垃圾资源化实践的PPP模式，其创新点主要体现在以下四个方面：

（1）在建筑垃圾排放量测算的基础上，对省域建筑垃圾排放量、省域人均建筑垃圾排放量和省域建筑垃圾排放强度进行分析，研究建筑垃圾排放量的变化趋势。结合泰尔指数研究中国建筑垃圾排放量空间不均衡性，分解建筑垃圾排放量的空间差异性，并采用探索性空间分析方法探索建筑垃圾排放量的空间集聚特征。将时空地理加权回归模型引入建筑垃圾排放量影响因素的空间差异性分析中，为制定各省域差异化减排政策和建筑垃圾跨区域减量化协同管理发展战略提供依据。

（2）建筑垃圾减量化管理多集中在项目和区域层次上，忽视了区域间相互影响与作用机制。本研究从社会网络视角出发，将中国省域建筑垃圾排放量关联关系看作社会网络系统，探析整体网络结构特征、省际动态关系演变及各省份在网络中的位置与角色变化，并对其深层影响因素进行探究。通过改进的引力模型构建中国省域建筑垃圾排放量的空间关联关系，最终得到表征省域建筑垃圾排放量空间关联的关系矩阵，并借助社会网络分析方法揭示其空间关联特征及影响因素，避免了多数文献在空间关系上“相邻”或“相近”的局限。

（3）经济活动是建筑垃圾排放量增加的主要因素。建筑垃圾排放问题日益突出，大量堆放成为构建绿色、低碳发展、生态文明社会的掣肘。然而，对建筑垃圾排放量脱钩效应尚未深入探讨。本研究基于脱钩弹性理论分析建筑垃圾排放量与行业经济增长之间的动态相关性，并基于LMDI分解方法对建筑垃圾排放量的脱钩效应进行分解。通过EKC曲线研究中国建筑垃圾排放量的达峰路径，并基于STIRPAT模型分析中国建筑垃圾排放量达峰的驱动机理，进而更好地制定建筑垃圾尽早达峰政策，实现建筑垃圾减量化。

（4）采用质性分析方法对建筑垃圾资源化PPP项目风险进行识别，构建建筑垃圾资源化PPP项目风险评价指标体系。在此基础上，运用最优最劣方法（BWM）和模糊综合评价方法（FCE），并合作博弈Shapley值法，构建了建筑垃圾资源化PPP项目风险分担和收益分配机制。这拓展了风险分担与收益分配的研究方法，为以后建筑垃圾资源化PPP项目相关研究提供参考，为建筑垃圾产业化发展提供依据，拓展了建筑垃圾减量化管理理论的不足。

1.5.2 拟解决的关键科学问题

为了达成研究目标，本研究需要着力解决如下几个关键科学问题：

（1）建筑垃圾排放量空间异质性的形成机制。目前建筑垃圾减量化管理多集中在区域和项目层面，忽视了建筑垃圾排放量区域之间的关联性。如何构建建筑垃圾排放量空间关联网络模型，对建筑垃圾排放量社会空间网络结构效应假说的提出和检验，涉及对社会网络指标的选择以及计量方法的选择，模型的合理性和结果的科学性，以期厘清中国建筑垃圾排放量复杂空间网络结构效应及演化机理，是探索建筑垃圾排放量空间异质性的关键，构成本研究所要解决的首要关键科学问题。

（2）建筑垃圾达峰的驱动机理研究。伴随着我国工业化和城镇化进程的不断推进，建筑业在快速发展的同时，导致了建筑垃圾排放量的日益增多，建筑垃圾排放量达峰空间差异性显著。如何专项施策、因地制宜地提升各地建筑垃圾减量化管理水平，实现建筑垃圾排放量尽早达峰？本研究基于STIRPAT模型，从人口因素、富裕程度和技术水平等方面构建建筑垃圾计量模型，实证分析建筑垃圾排放量达峰的驱动因素，明确了中国建筑垃圾排放量达峰的驱动机理，形成了“无废城市”建设和治理的研究框架，在我国“美丽中国”建设背景下，以期为全方位建筑垃圾减量化管理提供实践依据。这构成了本研究拟解决的关键科学问题。

（3）通过构建建筑垃圾资源化PPP项目的风险分担与收益分配模型，实证分析建筑垃圾资源化PPP项目的风险分担和收益分配机制，在政府部门、社会资本部门和PPP项目公司三者之间进行风险分担和收益分配的优化。科学客观分析建筑垃圾资源化PPP项目的风险分担和收益分配机制是建筑垃圾资源化PPP项目顺利实施的关键。已有的研究忽视了PPP项目公司作为研究主体，参与到风险分担与收益分配研究过程中，忽略了PPP项目的资本投入、参与度、贡献度、创新性等其他相关因素的影响。因此，本研究在利用质性研究方法的基础上，构建建筑垃圾风险评价指标体系，运用最优最劣方法（BWM）和模糊综合评价方法（FCE），并结合合作博弈Shapley值法构建建筑垃圾资源化PPP项目的风险分担与收益分配模型，对建筑垃圾资源化PPP项目的风险分担和收益分配进行实证研究，以期为中国建筑垃圾资源化实践发展提供借鉴，构成本研究拟解决的关键问题。

（4）建筑垃圾减量化区域协同管理与资源化策略制定。切合实际且行之有效的规划路径对于中国建筑垃圾减量化协同管理和资源化具有重要的意义和价值。本研究在中国建筑垃圾排放量空间异质性的基础上，在明确建筑垃圾排放量空间异质性形成驱动机制、形成机理等前提下，全面探究中国建筑垃圾排放量脱钩效应和达峰路径，并对建筑垃圾资源化PPP项目模式的风险分担和收益机制进行研究。如何依据这些实证分析结果和案例分析结果制定出完备的建筑垃圾减量化协同管理与资源化策略，进而全方位地指导中国建筑垃圾减排，以此实现中国经济可持续发展，也构成本研究拟解决的关键问题。

2 相关概念界定与理论基础

在中国经济高速发展的同时，建筑垃圾排放量日益增多，“垃圾围城”现象严重。党的十九大提出“加强固体废弃物和垃圾处置”，“推进资源全面节约和循环利用”的部署，践行“绿水青山就是金山银山”的生态文明发展理论。党的二十大报告指出“要推动形成绿色低碳的生产方式和生活方式”。建设美丽中国离不开废弃物和垃圾处置，离不开固废转绿的建设。本章在全方位认识和掌握建筑垃圾组成和性能的基础上，试图从多个维度来分析中国建筑垃圾的变化趋势，构建建筑垃圾时空特征和资源化实践的一般理论框架，以期为后续的实证开展奠定理论基础，推动我国建筑垃圾资源化发展。

2.1 基本概念界定

2.1.1 建筑垃圾

建筑垃圾是人们从事建筑生产活动中产生的废弃物，又称建筑废弃物（C&D Waste，Construction and Demolition Waste）或建筑废料。目前，全世界对建筑垃圾的定义还没有达成共识，不同国家和地区对建筑垃圾的定义各有不同。美国环境保护局认为："建筑垃圾是在建筑活动中所产生的无用的物质，其在新建、拆迁和重建中常常会产生的废弃物。"根据建筑形式的不同，建筑垃圾可分为挖掘工程垃圾、拆卸工程垃圾、扩建翻新工程垃圾、清理工程垃圾及交通工程垃圾。加拿大统计局（2000）把建筑垃圾定义为新建、改建或拆迁项目过程中产生的废料，这些项目包括所有类型的建筑物（住宅和非住宅）以及道路和桥梁。日本对建筑垃圾的理解是建筑过程或者拆迁以后，混凝土产生的碎渣和类似的废弃物，属于稳定性的产业垃圾的一种，而木制品、玻璃制品、塑料制品等废弃物并不包括在"建筑废材"中。2005年4月，我国建设部出台的《城市建筑垃圾管理规定》，对2003年建设部颁布的《城市建筑垃圾和工程渣土管理规定》中建筑垃圾的定义又进行了进一步的补充说明：建筑垃圾是指建设单位或施工单位在工程项目新建、改建、扩建和拆除各类建筑物、构筑物、管网等以及居民装饰装修房屋过程中所产生的垃圾。郑建斌等学者对建筑垃圾下的定义是，在从事拆迁、新建、装修、改造等施工过程中所产生垃圾的统称，如渣土、混凝土、砖石等。上海市人民政府2017年颁布的第57号令《上海市建筑垃圾和工程渣土处置管理规定》中定义，建筑垃圾包括建设工程垃圾和装修垃圾。其中，建设工程垃圾是指建设工程的新建、改建、扩建、修缮或者拆除等过程中产生的垃圾；装修垃圾是指按照国家规定无须实施施工许可管理的房屋装饰装修过程中产生的垃圾。北京市人民政府出台的《北京市人民政府关于加强垃圾渣土管理的规定》中规定，所称建筑垃圾包括建设施工拆除建筑物或者房屋修缮、装修等产生的建筑垃圾以及施工弃土。根据生成建筑垃圾的建筑活动的性质，国际上通常将其分为五类[①]，即交通工程垃圾、挖掘工程垃圾、拆卸工程垃圾、清理工程垃圾和扩建翻新工程垃圾。本书中的建筑垃圾主要是指建筑施工阶段、建筑拆除阶段和装饰装修阶段产生的建筑废弃物。

---

① EKANEM E O. Effective recycle planning for construction and demolition wastes [D]. Philadelphia: Temple University, 2011.

（1）施工建筑垃圾：新建建筑工程时产生的渣土、碎砖石、废弃混凝土、废弃砂浆、废木料、锈蚀钢筋/钢材、碎桩头、包装材料等。

（2）装修建筑垃圾：房屋在装饰装修过程中，材料的过量采购以及在装饰装修过程中产生废物料和边角料，如产生失效水泥、废油漆、碎砖石、碎玻璃、碎木料、废纸壳等包装材料。

（3）拆除建筑垃圾：在改建、重建建筑工程中，对建筑物局部或整体进行拆除作业，拆除建筑会产生各类砌块、砖石、混凝土、钢筋、木材、玻璃、塑料等建筑主体及装饰装修的材料垃圾。

2.1.2 建筑垃圾资源化

由于新型城镇化的不断推进和城市更新活动的开展，“垃圾围城”现象严重。为解决建筑垃圾处置难题，国家先后颁布了一系列政策对建筑垃圾处置给予指导。2005年，我国颁布《城市建筑垃圾管理规定》，其中规定“谁产生、谁承担处置责任”，国家开始重视建筑垃圾减量化管理，重视建筑垃圾的资源化。2016年，工业和信息化部、住房和城乡建设部分别发布了《建筑垃圾资源化利用行业规范条件》（暂行）和《建筑垃圾资源化利用行业规范条件公告管理暂行办法》，明确了建筑垃圾资源化行业准入门槛，标志着我国建筑垃圾资源化行业配套政策体系逐渐完善。2018年，住房和城乡建设部又颁布了《关于开展建筑垃圾治理试点工作的通知》，在通知中确定在北京、上海等全国35个城市（区）开展建筑垃圾减量化管理和治理试点工作，探索建筑垃圾资源化管理与实践。2021年3月，国家发展改革委联合九部门共同印发《关于“十四五”大宗固体废弃物综合利用的指导意见》，在指导意见中明确规定到2025年新增大宗固废综合利用率需要达到60%。在土木工程建设领域中推行绿色施工，推广废弃路面材料的再生利用，实施建筑垃圾分类管理、实行建筑垃圾源头减量化和资源化利用等，不断提升资源化利用效率。

目前，我国建筑垃圾资源化利用率较低，只有部分建筑垃圾用作生产再生集料，大部分建筑垃圾以填埋和堆放为主，给城市经济社会发展带来沉重负担。建筑垃圾资源化是践行“绿水青山”生态文明，解决建筑垃圾问题的必由之路。我国经济社会已经进入高质量发展阶段，需要打破“资源-产品-废物”的传统单向性消费模式，而转向“资源-产品-资源”的循环经济模式。建筑垃圾资源化不仅可以解决建筑垃圾问题，而且具有显著的经济、社会、环境效益，促进建筑业的升级，实现可持续发展。

《中华人民共和国循环经济促进法》中指出，资源化的含义是将废物直接作为原料进行利用或再生利用。中国科学技术名词审定委员会对废物资源化的解释为“采用各种工程技术方法和管理措施，从废弃物中回收有用的物质和能源，即可回收的废弃物再利用”。通过该处理过程对建筑垃圾进行资源化利用，将建筑垃圾变废为宝，减少资源浪费和填埋占地。在提高资源利用率的同时，最大限度地降低对社会生态环境的破坏。建筑垃圾具有双重属性：堆放污染环境，而资源化再生利用可成为“放错了位置的资源”。结合建筑垃圾的组成和实地调研，大部分建筑垃圾属于惰性的、可资源化的材料，可以回收再利用。建筑垃圾资源化是采用工艺技术从建筑固体废弃物中回收有用的物质和能源，属于资源的回收再循环。这也属于建筑垃圾的末端治理，即通过资源化技术实现建筑垃圾“由废变宝”的转换，经过市场直到最后消费变成废物又引入新的生产-消费系统。建筑垃圾的再利用提高了资源利用率，实现了建筑垃圾减量化管理，降低了建筑垃圾给城市发展带来的负担。

建筑垃圾资源化利用有效缓解了垃圾填埋场负担，每年节约将近6亿立方米的填埋场空间。然而，我国建筑垃圾资源化利用处于起步阶段，资源化利用率仅为5%左右，远远低于欧盟、美国、韩国和日本等发达国家和地区。相较于我国巨大的建筑垃圾排放量而言，我国建筑垃圾资源化行业还有巨大的提升空间。50亿吨建筑垃圾转化为建材制品可创造的价值约为1万亿元。当我国建筑垃圾资源化利用率达到90%以上时，可创造万亿元产值，经济效益显著。建筑垃圾资源化要根据建筑垃圾的数量、组成、性质和物理化学特性，正确地选择适合的建筑垃圾资源化技术和路径，最大限度地发挥建筑垃圾资源化带来的经济、社会和环境效益。

（1）减量化

Poon研究发现，建筑垃圾减量化管理是最有效的建筑垃圾处置方法，主要体现在实现建筑垃圾排放量的最小化和降低建筑垃圾的运输成本、处置成本和回收成本等。Begum等通过研究发现减少建筑垃圾的有效策略包括：改善建筑物设计方案；政府要不断完善建筑垃圾管理的法律法规，加强从业人员的建筑垃圾减量化管理意识，研发应用成本较低且效率较高的建筑垃圾处理技术，开发高效的建筑垃圾管理系统。

（2）再生利用

Ling等通过研究发现，对建筑垃圾进行减量化处理之后最优的处理策略选择是再生利用。再生利用表示建筑材料在建设过程中超过一次的使用，例如，施工模板在同一功能上反复使用，通过对建筑垃圾的再生利用能够降低材料的损耗率。

（3）回收利用

对于建筑垃圾的处理方式除了减量化和再生利用外，还有回收利用。Tam通过研究发现，对建筑垃圾进行回收利用处理，不仅降低了建筑垃圾管理过程中的运输成本和生产成本以及对新资源的需求，还充分利用了建筑垃圾这种资源，减少了资源的浪费。此外，Tam等基于纯经济学角度发现，当回收利用材料比市场上新材料在成本和质量方面更具优势时，对建筑垃圾进行回收利用处理才更有吸引力①。

2.1.3 建筑垃圾资源化全产业链

亚当·斯密在西方古典经济学中指出："产业链是经过详细分工而进行工业化生产的循环链条。"亚当·斯密在西方古典经济学中关于产业链的定义是基于产品在同一个企业内部或者企业之间进行产品生产的视角，而忽略了产品加工后的销售阶段。随着学界研究的深入、产业的快速发展和科学技术的进步等，关于产业链的定义不断地丰富、完善，其中就包括将价值链、空间链和供应链等概念与产业链密切地联系在一起。随着经济的快速发展和对工业化概念的重视等，国内关于产业链的

① TAM V W Y，TAM C M.A review on the viable technology for construction waste recycling [J]. Resources，Conservation and Recycling，2005，47（3）：209-221.

研究也越来越多，主要是基于供应链和价值链的视角，但是对于产业链并没有统一的定义。现阶段，国内关于产业链主要的定义有：①以具有较大产业影响力和拥有核心技术的企业作为核心，以产品为载体，将上下游的企业关联起来形成一条条的链条，所有链条整合在一起就是一个完整的网状结构；②以产品为载体，将产品从原材料到产品再到销售阶段的所有关系链有序地组合在一起。

产业链是基于技术经济联系将产业部门之间连接在一起，表现出环环相扣关联关系的形象描述。具体的描述就是，产业链是以价值链、供需链、企业链和空间链四个维度为基础，四个维度之间相互作用、相互对接，在均衡互动过程中形成的关系链条。建筑垃圾资源化产业链是以节约自然资源和保护环境为主要目标，以建筑垃圾处理企业为主体，通过采用先进的技术和生产工艺，对建筑垃圾进行分类、处理，生产可重新利用的资源和建材产品，并通过市场销售获得经济效益，形成经济组织的集合，即以市场需求为导向，各经济组织结合在一起，形成一个包含价值链、企业链、供需链和空间链的整体。建筑垃圾资源化全产业链则是建立在产业链概念的基础上，并且涉及产业链在纵向和横向上的延申。建筑垃圾资源化全产业链在纵向上包括建筑垃圾的分拣、运输、资源化回收利用、环保产品推广、环保产品销售等涉及的每个环节；横向方面，不断扩充产品多样性和相关性，甚至涉足其他产业，以期获得多点竞争力。

2.2 建筑垃圾的组成

不同时期建筑物，在材料组成上具有很大的差异性。例如，20世纪50年代以前的建筑物，主要是石灰沙物质；60年代至80年代，主要的建筑结构材料以黏土砖为主，还有混凝土预制板作为主要构件，屋面则采用混凝土以及烧结的沥青防水材料为主要材料，门窗多为木质窗户和金属窗户共存，砌筑抹面以水泥砂浆、水泥石灰砂浆为主；90年代末，建筑材料以及形式产生了很大的变化。现阶段建筑物多采用整体混凝土灌注方式，大量的新型建筑材料的产生和应用，使得建筑的形式也变得多样和多元化。总体来看，混凝土和水泥占主导地位，同时还并存着砖瓦及陶瓷建筑材料。表2-1为我国香港特别行政区建筑拆除垃圾和施工垃圾组成比较分析 。可以看出，建筑施工垃圾与拆除垃圾组成相似，其主要组成成分包括混凝土、泥土和碎石三大类，其所占比例分别为77.9%和72.84%。而在建筑拆除垃圾中，废混凝土块成分较多，石块、碎石和泥土所占比例分别为23.87%和30.55%。

表2-1 **建筑拆除垃圾与施工垃圾组成对比分析**

成分	质量分数/%	
	拆除垃圾	施工垃圾
混凝土	54.21	17.42
石块、碎石	11.78	23.87
沥青	1.61	0.13
泥土	11.91	30.55
砂	1.44	1.70
砖块	6.33	5.00
金属	3.41	4.36
玻璃	0.20	0.56
塑料	0.61	1.13
木料	7.46	10.95
其他有机物	1.30	3.05
其他杂物	0.11	0.27
合计	100.37	98.99

2.2.1 施工过程中的建筑垃圾

在工程项目物化过程中，施工过程所产生的各种建筑垃圾的量和组成比例与结构类型关系显著。在施工过程中产生的建筑垃圾主要包括散落的砂浆和混凝土、打桩截下的钢筋混凝土桩头、剔凿产生的砖石和混凝土碎块、废金属料、各种包装材料以及木材等，约占施工过程产生建筑垃圾总量的80%。表2-2为不同结构类型建筑在施工过程中产生的垃圾组成[①]。

表2-2 **不同结构类型建筑施工过程中的垃圾组成（%）**

组成	不同结构类型垃圾组成比例			施工垃圾组成部分占材料购买量的比例
	砖混结构	框剪结构	框架结构	
混凝土	8~15	15~35	15~30	1~4
砂浆	8~15	10~20	10~20	5~10
碎砖	30~50	10~20	15~30	3~12
桩头	—	8~20	8~15	5~15
钢材	1~5	2~8	2~8	2~8
木材	1~5	1~5	1~5	5~10
包装材料	5~15	10~20	5~20	—
屋面材料	2~5	2~5	2~5	3~8
其他	10~20	10~20	10~20	—
合计	100	100	100	—
垃圾产生量（kg/m^2）	50~200	40~150	45~150	24~67

建筑结构类型不同，拆毁时产生的旧建筑拆除垃圾组成也会有很大差别，如表2-3所示[②]。

表2-3 **不同结构类型建筑拆除垃圾组成分析（m^3/m^2）**

	混凝土	钢筋	砖	玻璃	木材	非金属	合计
砖结构	0.0000	0.0000	0.4800	0.0008	0.2000	0.0002	0.6810
砖混结构	0.3200	0.0027	0.4000	0.0008	0.3200	0.0002	1.0437
钢筋混凝土结构	0.6010	0.0117	0.0705	0.0008	0.0300	0.0002	0.7142
木结构	0.0000	0.0000	0.0500	0.0008	0.0800	0.0002	0.8510
其他结构	0.2281	0.0074	0.2122	0.0008	0.2760	0.0011	0.7256

① 王罗春，赵由才．建筑垃圾处理与资源化［M］．北京：化学工业出版社，2004.
② 秦月波．推进建筑垃圾资源化管理方法与相关法制保障研究［D］．南京：南京林业大学，2009.

深圳市在2011年编制的《建筑废弃物减排技术规范》的新建建筑垃圾产生量指标的基础上，计算了1t新建建筑垃圾各组成含量，见表2-4和表2-5。

表2-4　　施工过程建筑垃圾组成比例（kg/m²）

建筑垃圾	公共建筑	商业建筑	住宅建筑	工业建筑	均值	比例
混凝土	0.18	0.18	0.187	0.174	0.18	52.6%
砖和砌块	0.22	0.18	0.18	0.12	0.18	5.2%
砂浆	0.21	0.12	0.13	0.12	0.15	4.2%
金属	0.30	0.45	0.40	0.26	0.35	10.3%
木材	0.63	0.57	0.78	0.56	0.64	18.5%
其他	0.34	0.28	0.34	0.3	0.32	9.2%

表2-5　　1t新建建筑垃圾各组成含量（kg/m²）

成分	混凝土	砖和砌块	砂浆	金属	木材	其他
含量	526	52	42	103	185	92

2.2.2　装修过程建筑垃圾

随着社会经济的快速发展，人民生活水平大幅提高，翻新、改装、重装家居屋舍俨然成为一种“时尚”和“潮流”。建筑装修垃圾（简称“装修垃圾”）主要指按国家规定未纳入建筑工程施工许可管理，由个人和组织在翻新、改装、重装家居房屋过程中产生的弃土、弃料和其他废弃物。与一般建筑垃圾相同，其分类形式多样化，如可按来源、形式、综合利用价值以及组成成分等进行分类，见表2-6。但是装修垃圾具有空间位置和产生时间的相对集中性、装修材料与施工要求的多样性、有毒有害物质释放的迟滞性等特点，目前的处置方式主要是在中转站粗略分选后，再送到末端处置点进行填埋或焚烧，对土地、环境、生态造成严重破坏，具有极大的危害性。建筑装修包括新房装饰装修和建筑翻新改造过程的房屋装修，该部分建筑垃圾成分比较复杂，且含有一定量的有毒、有害物质。按照北京市的跟踪统计，可用于回收的物质占29.8%，不可回收的物质占49.2%，而装饰过程中产生的灰末占21%。其中可回收物质主要包括天然木材、钢材、玻璃、纸类包装物、塑料等；不可回收物质主要包括各种胶黏剂、废油漆、胶合木材和涂料等。

表2-6 **不同区域、中转站和处置点的装修垃圾组成成分占比（质量份额%）**

成分	某小区临时堆放点		不同城市临时堆放点		不同城市处置点	
	旧房屋	新房屋	城市A	城市B	城市A	城市B
竹木类	10~16	14~19	1~5	6~11	1.58	1.15
橡胶类/纺织类/纸/布片/其他	6~12	4~9	3~7	10~13	1.07	12.15
混凝土	18~15	16~30	36~62	10~25	11.61	—
红砖	19~24	11~25	1~32	7~30	23.06	44.5
玻璃陶瓷	7~19	6~10	3~15	10~25	14.83	—
轻质砌块	—	—	4~14	0~24	10.99	11.4
金属	3~9	3~8	0~1	0.8~1.5	0.71	0.05
石膏板	—	—	—	0~8	—	0.8
灰渣	10~18	10~20	4~26	10~15	36.14	29.95

注：“—”为未检验或没有。

装修垃圾中除金属、木材、纸板等可回收物随拾拣者或中转站人员的逐级分拣而呈现明显逐级降低的趋势外，其他如一般建筑垃圾，质量份额基本不受转运途径的影响，占50%以上，是再利用的关键。但随运转次数的增加，其相互之间的碰撞与摩擦大大增多，灰渣类占比越来越大，同时成分也会越来越复杂，而其含有的重金属量也将增加，进而大大影响后续的再利用。而对于质量较轻，占比较小，常被忽视的垃圾如橡塑、竹木、玻璃以及生活垃圾等则会随前端的不管控而变得越来越复杂，将进一步加剧末端的再利用难度。总之，通过大量的调研分析，发现装修垃圾成分构成较为复杂，加之前端的无约束管理或较大差异性约束形式管理，进一步增加了其成分的复杂性，且其成分占比随地方的管控措施、中转站的不同、家庭装修程度、运转路径等波动性较大，很难进行准确界定。目前我国的再利用工艺设计明显存在分级分类设计不足，产品应用场景受限，高度依赖人工，处置费用高昂，缺少对装修垃圾复杂成分的考虑等问题，使其不能充分发挥“装修垃圾”应有的特性与价值。

2.2.3 拆除过程产生的建筑垃圾

与建筑施工过程相比，建筑在拆除过程中单位面积产生的建筑垃圾量更大，建筑垃圾的组成与建筑的结构类型有关。现阶段，拆除的旧建筑多属砖混结构，其建筑垃圾的主要组成为砖块和瓦砾，约占80%。在废弃框架、剪力墙结构等混凝土结构的建筑当中，如旧工业厂房和楼宇建筑等，其废弃混凝土块所占比例最大，达50%～60%，其余为金属和塑料制品等。随着建筑施工技术水平的提升，旧建筑在拆除过程产生的建筑垃圾的组成和比例会发生相应的变化，由砖块、瓦砾向混凝土块转变。深圳市在2011年编制的《建筑废弃物减排技术规范》的新建建筑垃圾产生量指标基础上，计算1t拆除工程中建筑垃圾各组成含量，见表2-7。

表2-7　旧建筑拆除过程中建筑垃圾组成与比例（kg）

成分	混凝土	砖和砌块	砂浆	金属	木材	其他
含量	526	52	42	103	185	92

2.3 理论基础

2.3.1 经济增长理论

经济增长理论是用来研究经济增长规律和制约影响经济发展因素的理论。经济增长与经济发展含义有所区别，通常不包含制度和生产结构的发展的改变。一般说来，经济增长被定义为产量的增加，既可以是经济的总产量的增加，也可以是人均产量的增加。通常用国民收入的增长变化趋势来体现一个区域的经济发展状况。国民收入可以表示一个区域长期动态的变化特征和趋势。经济理论按照其发展的过程分为古典和现代两种经济理论。古典经济增长理论是现代经济增长理论的思想渊源与理论基石。古典经济增长理论建立在重商主义的基础之上，突破了重商主义对国民财富的货币幻觉，将研究重心转向实际物质生产领域，探索影响某个区域长期经济增长的因素与机制。亚当·斯密认为，经济增长是一个前进的过程，随着劳动生产率的提高，资本的积累不断增加，劳动力越来越充足，引起人均收入和消费水平提升和国民财富增加，从而形成经济增长的循环过程。古典学者注重的是经济发展过程中呈现出来的规律，认为经济调控的最佳方法是利用市场的自发性，仅通过市场调节即可达到经济健康有序发展。马歇尔收益递增思想认为，在经济增长过程中，工业组织要素已成为除了土地、劳动和资本这三种生产要素外的第四种要素。阿林·杨格认为最重要的分工形式就是生产迂回程度的加强及新行业的出现。杨格从间接或迂回生产方式的增加与产业间分工两个相关方面对“斯密定理”进行了阐释和发展。新古典经济增长理论认为人均实际 GDP 的增长是由技术变革引起人均资本增加储蓄和投资所致。只有当经济中存在技术进步或人口增长等外生因素时，经济才能实现持续增长。在没有外力推动时，经济体系无法实现持续的增长[①]。

新经济增长理论认为人均实际 GDP 增长是由于人们在追求利润时所作出的选择，增长可以无限持续下去。英国经济学家认为投资的扩大是经济增长的原因，资本在经济发展过程中的投入可以起到加速作用。在经济增长的同时，对资本的需求也保持一定的增长率。可以看出，新经济增长理论关于知识、技术是现代经济增长的决定因素的科学论证，有助于人们认识技术创新在现代经济中所起到的重要作用。新经济增长理论的出现，使人们认识到长期经济增长的决定因素才是关键的。新经济增长理论克服了古典经济增长理论的有限性，认为经济的增长必然需要技术和制度的支撑。新经济增长理论将技术视为经济系统的内生变

① 严成樑. 现代经济增长理论的发展脉络与未来展望——兼从中国经济增长看现代经济增长理论的缺陷［J］. 经济研究，2020，55（7）：191-208.

量，突破了新古典经济增长理论的研究框架，把技术纳入经济学的研究范围之内，强调了长期以来一直为主流经济学所忽视的经济联系的重要因素。资本是发展的基础，结构主义理论在这基础之上很好地解决了经济和产业结构的问题。因此，经济增长理论为本研究提供了理论基础。本研究中阐述区域经济发展过程中采用国内生产总值和人均生产总值来衡量一个经济体的产出，从实证角度分析区域经济发展与建筑垃圾排放之间的关系。因此，经济发展理论为本书的理论基础之一。

2.3.2 环境库兹涅茨曲线假说

经济的发展会破坏环境，环境库兹涅茨曲线被用来研究经济发展与环境污染之间的关系，是环境经济学研究的热点问题。环境库兹涅茨曲线认为当一个国家或地区经济发展水平较低时，对环境污染的程度较轻，但是随着人均收入的增加，环境污染程度会随经济的增长而加剧；当经济发展达到一定水平后，即某个临界点或称“拐点”后，环境污染又随着人均收入的增加而逐渐减缓，环境质量逐渐得到改善，呈倒“U”形曲线关系，即为“环境高山”理论。环境库兹涅茨曲线的逻辑含义在于，任何事情在变好之前可能不得不经历一个糟糕痛苦的过程。环境库兹涅茨曲线给人们一种错觉，认为在经济发展初级阶段，可以牺牲环境来促进经济发展。当经济发展到一定程度后，自然环境状况会自发得到好转，可以走“先污染，后治理”的经济发展路径。但是，并不是所有的环境污染指标和经济发展之间都符合环境库兹涅茨曲线假说。环境库兹涅茨曲线的最重要意义在于给出了一个系统分析经济增长与环境污染之间关系的框架和视角。

环境库兹涅茨曲线通过经济与环境指标的相互关系演变来说明经济对环境破坏程度的相互关系。已有的研究认为经济增长通过发展规模、先进技术与结构效应三种途径影响环境质量。随着经济的发展和增长，环境污染将随着总产出的增长而加剧。经济规模和环境污染间存在正相关的关系，即规模效应。粗放型的经济发展模式将导致资源和能源的快速消耗，这种粗放型的增长方式导致了资源的低利用率和大量的工业废弃物。当经济发展到一定水平时，产业结构由资源密集型重工业逐渐调整为以低能耗、低污染排放和技术密集型的服务业为主。第三产业贡献不断提高，环境质量将得到持续改善。技术水平改进后，可以采用先进技术降低污染排放程度。技术进步可以提升废弃物处理能力，减少环境污染，提升环境质量。在不同的经济发展阶段，情况也不同。在发展初期，依靠大量物质资本投入带动经济发展，促进工业，尤其是重工业的发展，环境恶化。在经济发展的中后期，生产方式开始发生变化，主要依靠人力资本投资来推动经济发展。随着产业结构的调整，转向信息密集型产业和服务业，同时，由于环境意识的增强、环境管制的加强、技术水平的提高和环境治理投入的增加，环境恶化的速度将逐步得到控制，环境质量不断改善。在不同的人均收入水平阶段，情况也不同。当人均 GDP 较低时，消费者觉得消费获得的价值大于环境质量提升的价值，环境质量逐渐恶化。当人均 GDP 较高时，达到曲线拐点，消费者更追求环境质量，将以更多方式降低环境污染，环境质量不断改善。也有一些学者从其他角度解释环境和经济发展之间的环境库兹涅茨曲线关系，如从环境质量需求角度出发，制定相应的环境规章制度，以及从市场机制出发减少污染。随着经济的持续增长，人们的收入增加，对环境质量需求不断提高，自觉履行环保义务意愿增强，降低对环境的压力。人们自愿接受对环境污染小的经济发展模式，从而影响经济结构的变化。环境规制逐渐严格，造成污染的企业和污染者都会受到一定处罚和行政管制，从而提高政府对环境的管理能力。经济发展水平较低，对环境破坏相对比较严重。可以看出，这是一个资本发展的过程。本研究基于环境库兹涅茨曲线假说，分析中国省域经济发展与建筑垃圾之间的相互关系，分析在经济发展过程中建筑垃圾的达峰路径，并探究其存在的制约因素。

2.3.3 脱钩理论

脱钩（Decoupling）在物理学中的意思是使用方法手段使得存在弹性关系的物理量之间达到不相关状态，指两个变量或者多个变量之间不再存在相互影响的关系。它与耦合是反义词，耦合是指两个变量或者多个变量之间存在互相影响和互相依赖的关系。世界银行将脱钩的概念内涵理解为“去物质化”和“去污染化”两个方面。其中，“去物质化”指的是物质能源消耗与经济生产发展之间是否保持同步关系，而“去污染化”指的是自然生态环境与经济生产之间的耦合破裂关系。脱钩理论认为能源消耗与经济增长之间表现出以下两种情景：第一种情景是能源消耗或者环境负荷会随着经济不断发展而不断增加，呈现出一种同步上升的状态；第二种情景是能源消耗或者环境负荷不会随着经济增长而表现出上涨的趋势，相反可能会出现下滑的现象，即脱钩状态。

目前，在环境经济学分析中，经济与资源环境脱钩分析中相关的变量指标的选取可以从经济、资源环境的总量、强度和两者综合的角度进行选择。其中，强度指标表示能源消耗、环境污染、经济发展总量的比率，通过划分比率的变化范围来确定是否存在绝对脱钩；总量指标表示能源消耗、环境污染、经济发展总量的变化情况；综合指标是从总量和强度两个指标进行综合考虑。脱钩的指标可以用弹性来描述，进一步细化，可以分为脱钩、连接和负脱钩。根据弹性值大小的不同，脱钩可分为弱脱钩、强脱钩和衰退性脱钩；连接可分为扩张连接和衰退连接；负脱钩可分为扩张性负脱钩、强负脱钩和弱负脱钩。相对脱钩是在经济发展过程中对环境的压力相对较小，因为经济增长和资源利用的相互影响相对比较小。绝对脱钩指的是在经济发展过程中，资源利用率和消耗率在降低，污染物排放趋势减小，对环境的压力在减小。在经济发展过程中，相对脱钩先存在，而后通过不断调整经济发展结构和技术进步，最后转化为绝对脱钩。随着脱钩理论研究的不断深入和细化，脱钩理论逐渐完善。通过脱钩理论计算出的比率值来描述经济发展情况与能源消耗关系以及对环境造成破坏程度之间的内在联系，并进行比较。

目前，脱钩理论应用研究的领域主要在经济与资源（包括能源、土地资源等）、环境、交通、农业等方面。本研究将脱钩理论应用在建筑垃圾管理当中，建筑垃圾排放量脱钩指的是在一定时期内达到经济效益不断提升目标的同时实现建筑垃圾总量的减少。通过对建筑垃圾排放量和建筑业行业经济增长之间的脱钩分析，可以保证在稳定经济增长的同时保证建筑垃圾减量化的目标，为政府相关部门制定政策提供参考。

2.3.4 空间自相关理论

地理数据由于受空间相互作用和扩散的影响，彼此之间可能不再相互独立。它们的某一属性值存在统计相关性，通常距离越近的两值之间相关性越大。这可以分为空间正相关和空间负相关。其中，空间正相关是指空间上分布邻近的事物其属性具有相似的趋势和取值，而空间负相关是指具有相反的趋势和取值。空间自相关可以理解为位置相近的区域具有相似的变量取值，主要是检验空间事物某项属性是否存在高高相邻分布或高低间错分布。如果空间事物某项属性高值和高值聚集在一起，低值和低值聚集在一起，属于“正空间自相关”；反之，如果高值和低值相邻，则属于“负空间自相关”。

空间自相关可进一步分为全局自相关和局部自相关两类。其中，全局空间自相关的功能在于描述某种地理现象或某一属性值的整体分布，判断此现象或属性值在空间上是否有聚集特性存在。局部空间自相关用于度量聚集空间单元相对于整体研究范围而言，其空间相关性是否足够显著。若显著性大，认为该单元即是该空间事物某项属性空间聚集的地区。或者局部空间自相关度量空间单元对整个研究范围空间自相关的影响程度，影响程度大的往往是区域内的特例，它们往往是空间现象的聚集点。

从以上分析可知，全局自相关用于描述某种地理现象或某一属性值的整体分布状况，判断此现象在空间中是否存在聚集特征，但并不能确切地指出聚集在哪些地区。而局部区域空间的聚集性属于空间的热点区域，也被称为空间热点分析。全局空间自相关一般采用Moran’s I指标。Moran’s I值位于-1～1之间，大于0时为空间正相关，小于0时则属于负相关，并且绝对值越大表示空间分布的相关性越大，即空间上有聚集分布的现象。反之，Moran’s I绝对值越小表示空间分布相关性越小，空间现象呈现空间分散格局。Moran’s I值等于0时，表示空间现象分布呈现随机分布[①]。在局部空间关联指标分析中，将局部空间定义为相邻位置

① 潘晓，张翠娟，吴雷，等. 众源地理空间数据的空间文本相关性分析［J］. 武汉大学学报（信息科学版），2020，45（12）：1910-1918.

的集合。根据局部空间关联指标重要程度将空间对象分为四组，将每个重要的空间单元分别放入Moran散点图中四个象限中。第一象限为“高-高”值区域，第二象限为“低-高”值区域，第三象限为“低-低”值区域，第四象限为“高-低”值区域。本研究采用空间自相关理论，研究中国省域建筑垃圾空间相关性，研究建筑垃圾的空间集聚特征、冷点和热点区域，为建筑垃圾区域协同减排政策的制定提供参考。

2.3.5 社会网络理论

20世纪30年代至20世纪70年代，社会网络理论逐渐兴起和发展起来。社会网络理论的基本观点是，社会情境下的人由于彼此间的关系组带而以相似的方式思考和行事，形成由某些个体间的社会关系所构成的稳定系统。社会网络理论研究既定的社会行动者（包括社会中的个体、群体和组织）所形成的一系列关系和纽带，将社会网络系统作为一个整体来解释社会行为。社会网络理论有两大分析要素，分为关系要素和结构要素。其中，关系要素更多地关注行动者之间的社会关系，而结构要素则关注网络中参与者的地位。具体来说，社会网络理论主要包括强弱关联和社会资本等核心理论。

在社会网络中，关系强度主要分为强关系、弱关系与缺失关系。强关系是指社会网络中行动者之间表现出较强的同质性，行动者之间联系紧密。强关系往往存在于不同的小团体之中，有利于维护网络中团体内部的紧密联系。弱关系是指社会网络中行动者之间表现出较强的异质性，各行动者之间联系不紧密。在社会网络中，弱关系在行动者关系之间表现为桥梁作用，不断帮助行动者扩大交往的范围。缺失关系是指社会网络中行动者之间没有任何联系意义的关系，被认为是存在于强关系与弱关系之外的离散值。社会资本理论认为个人拥有的社会资源的资本，其由社会结构要素组成，主要存在于社会网络中行动者之间的人际关系当中，并为网络中的行动者行动提供便利。个体或组织可以通过已有的社会关系网络获得实际或潜在资源（例如资金、地位、权利等）。社会资本理论认为社会资本能够在一种网络中自然生长，从而在一定程度上远远超过网络中个体所拥有的社会资本总和。社会资本形成可能是行动者有意识地投资或无意识地投资，将这种社会关系转变为稳定的关系。社会网络中的网络规模越大、异质性越高，社会网络中的社会资本越雄厚、越丰富，将会从网络中获得更大的收益和社会资本。

本研究将社会网络理论应用于建筑垃圾时空特征的研究中，网络中的行动者为不同区域建筑垃圾的排放量。建筑垃圾排放影响因素众多，各影响因素相互关联和影响，使建筑垃圾排放在空间上形成了复杂的网络结构。在建筑垃圾排放网络中，各区域具有不同的建筑垃圾排放量，在网络中作为节点存在。区域的经济社会活动使节点之间相互影响。因此，本研究将社会网络理论应用于深入分析区域建筑垃圾协同减排，为空间关联视角下建筑垃圾的协同减排治理行为提供了理论支持。

2.3.6 循环经济理论

20世纪60年代，美国经济学家波尔丁提出循环经济理论。波尔丁认为，一个孤立无援、与世隔绝的独立系统，不断消耗自身资源而存在，最终将因资源耗尽而破灭。如果能实现系统内资源循环，尽可能减少废物排出，可延长系统的寿命。早期循环经济的思想只是一种理念，人们关心的主要是污染物的无害化处理。随着废弃物资源化方式越来越受到人们的关注，可持续发展战略成为世界潮流。环境保护、清洁生产、绿色消费和废弃物的再生利用等形成一套系统的以资源循环利用、避免废物产生为特征的循环经济战略，以物质资源的循环使用为特征。

生态经济理论是循环经济的理论基础。生态经济就是一种尊重生态原理和经济规律的经济，以人类经济活动为中心，以生态学原理为基础，以经济学原理为主导。在系统工程理论研究视角下，从整体上研究生态系统和生产力系统之间的相互影响、制约和作用，揭示自然和人类活动之间的本质联系和规律。在生态经济学理论研究中，将人类经济社会发展与生态环境作为一个统一体。人类经济社会活动一定要遵循生态学理论。循环经济作为一种新的经济模式，在生态经济的基础上，在人、自然资源和科学技术的大系统内，在资源投入、企业生产、产品消费及其废弃的全过程中，改变依赖资源消耗的线性增长的传统经济，转变为依靠生态型资源循环来发展的经济模式。这要求经济社会与生态发展全面协调，达到生态经济的最优目标。

发展循环经济，实现环境与发展相协调，从末端治理到源头控制，进行废弃物的资源化利用。本研究将基于循环经济理论，针对建筑垃圾的组成和特点，进行建筑垃圾资源化利用。从建筑垃圾资源化PPP模式的探索，到建筑垃圾资源化产业链的运行，探索中国建筑垃圾资源化，为中国建筑垃圾资源化实践提供参考。

2.4 本章小结

改革开放以后，快速城市化和城市更新活动已成为我国经济发展的主要引擎。城市人口和规模扩张速度加快，建筑垃圾的排放量剧增，“垃圾围城”现象严重。本章在已有研究的基础上，通过对建筑垃圾、建筑垃圾资源化和建筑垃圾资源化全产业链等相关概念的全面界定，全方位明确了建筑垃圾组成、建筑垃圾资源化方向和建筑垃圾资源化全产业链的运营模式。同时，在已有理论的基础上，建立一个较为完整、清晰的理论分析框架，用以探索中国省域建筑垃圾排放量时空特征，为下文建筑垃圾排放量时空特征形成和资源化实践顺利开展提供必要的理论支持。

3 中国建筑垃圾变化趋势

建筑垃圾排放量的科学测算为建筑垃圾减量化管理及资源化利用政策制定提供了科学依据和数据支撑，正所谓“无法量化即无法管理”。建筑垃圾排放量影响因素众多，不仅受建筑施工技术的影响，还受城市化进程、人口规模、经济发展速度等宏观经济因素的影响。如何测算建筑垃圾的排放量，分析建筑垃圾排放量的变化趋势和空间特征，是建筑垃圾资源化管理的基础。本章在已有研究的基础上，采用面积估算法测算2006—2018年中国建筑垃圾的排放量。在此基础上，对建筑垃圾的排放量时空特征、未来的发展趋势和收敛性进行研究，旨在为建筑垃圾空间异质性的研究和分析奠定基础。

3.1 建筑垃圾测算方法

目前，我国还没有建筑垃圾年产量的官方统计数据。对于建筑垃圾的排放量的估算也“众说纷纭”，预测的数据从几亿吨到几十亿吨不等。住房和城乡建设部有关负责人曾指出：“城市建筑垃圾的数量急剧增加，目前生产量已经达到7亿吨，是城市生活垃圾的5倍。”另有学者认为近几年城市新建、改建、扩建、重建产生的建筑垃圾已达到24亿吨/年。我国建筑垃圾的存量情况相当严峻，再生利用率很低，对于建筑垃圾产生量并没有一个准确和统一的数据。准确把握城市建筑垃圾产生量的发展变化规律，是对建筑垃圾资源化利用及管理的先决条件，可以更好地为相关部门积极改进建筑垃圾处理的相关政策和规章制度提供参考，从而能更好地推进我国建筑垃圾资源化目标的实现。

国内外有些学者认为建筑垃圾是有形的，因此可以用具体的定量方法来计量。很多学者建立并且描述了建筑活动产生的废料指标和参数，开发出比较可行的方法定量测算新建和拆除工程所产生的建筑垃圾，见表3-1。

表3-1 **建筑垃圾排放量的测算方法**

序号	方法	方法简介	建筑垃圾类型	层次	作者
1	实地调研	用该方法进行区域内建筑垃圾的量化，会消耗较多的人力和时间，因此不适用于区域层次的估计。实地调研可以分为两种途径：直接测量和间接测量	施工垃圾	项目	Bossink
2	单位建筑垃圾产量估算	通过测算单位建筑物所产生的建筑垃圾总量，用建筑垃圾总量除以总建筑面积，即可得到单位面积的产量	施工垃圾 拆除垃圾	区域	McDonald
3	人均乘数	人均乘数法估算过程需要考虑以下方面：统计特定时段填埋场的填埋量并计算该时段填埋总量；根据区域人口数据，计算该时段人均建筑垃圾排放量；结合研究区域人口变化趋势，预测建筑垃圾排放量	施工垃圾 拆除垃圾	区域	Llatas
4	分类统计累积	将建筑垃圾进行分类细化，单独核算每类建筑垃圾量再进行累加	施工垃圾	项目	Wang

续表

序号	方法	方法简介	建筑垃圾类型	层次	作者
5	寿命分析	该方法涉及的主要原则是物质质量平衡。假设建造的建筑物最终将被拆除并成为拆迁废物，因此拆除废物的数量必须等于构造结构的质量，并且可以通过假设建筑物或材料的可用寿命来预测。建筑寿命分析和材料寿命分析是该方法的两个分支	拆除垃圾	区域	Wu
6	材料流分析	研究工程材料的总购买量，按项目用途进行分析，并进行假设：项目购买的建筑材料并非都构成建筑物实体，一些建材在建设阶段不可避免地被废弃掉，成为建筑垃圾，剩余的材料构成建筑物实体，这部分材料在建筑物到达其建筑寿命终点进行拆除时全部转化为拆除垃圾	施工垃圾 拆除垃圾	区域	Cochran
7	灰色预测	GM（1，1）模型是基于随机离散的原始时间序列，经按时间累加数据处理后，得到新的、较有规律的时间序列生成新的时间序列，在此基础上建立数学模型来预测建筑垃圾排放量	施工垃圾 拆除垃圾	区域	邓聚龙
8	系统动力学模型	系统动力学模型是根据系统内动态结构及其反馈机制来模拟系统的行为模式，组成系统的子系统及其相互作用构成了系统的结构，从而模拟与分析系统的动态行为，该模型对于分析城市建筑垃圾处理管理系统有明显优势	施工垃圾 拆除垃圾	区域	徐驰

2008年5月30日，中国洛阳市颁布《洛阳市建筑垃圾量计算标准》，对拆除工程、房屋建设工程、道路管沟建设工程、绿化建设工程及装饰装修工程五大工程类型进行建筑垃圾排放量测算。此后，青岛市、滕州市以及枣庄市均沿用该标准内容，且各市标准内容基本一致。深圳市2011年9月颁布《深圳市建筑废弃物减排技术规范》，针对建筑垃圾排放量的测算方法做出了明确的规定，其中，建筑垃圾分为新建工程的建筑垃圾和拆除建筑的垃圾两大类分别进行计算。《洛阳市建筑垃圾量计算标准》中关于建筑垃圾产生量进行分类测算的方式具有前瞻性和导向性，且工程类型分类清晰全面。从目前建筑垃圾资源化行业现状来看亟需此类测算思维，这也是各地政府相继出台关于建筑垃圾排放量测算标准中均沿用《洛阳市建筑垃圾量计算标准》内容的关键缘由之一。但在进行建筑垃圾排放量测算时，有关各类型工程单位建筑垃圾排放量换算系数的选取有待商榷。相比之下，《深圳市建筑废弃物减排技术规范》中关于建筑垃圾排放量指标的选取是详细且合理的。其公式既可以对建筑垃圾总量进行合理的测算，又能够对建筑垃圾进行分类估算。从数据统计渠道角度来看，《洛阳市建筑垃圾量计算标准》的统计渠道便捷合理，节省人力、财力。

3.1.1 测算模型构建

目前，中国没有全国、各省（自治区、直辖市）等尺度的区域建筑垃圾排放量数据。建筑垃圾排放量数据的测算多集中在项目层面，而国家、各省（自治区、直辖市）等层面偏少。已有的建筑垃圾排放量测算方法，无论是单位产量法还是现场调研法都对建筑装修过程中产生的建筑垃圾排放量考虑不足。建筑装修过程中产生的建筑垃圾不容忽视。已有研究指出建筑施工、拆除、装修过程中建筑垃圾排放量与其建筑面积存在着线性关系。因此，本研究在已有单位产量法的基础上，结合已有研究，从建筑施工、拆除、装修三个过程建立面积估算法测算建筑垃圾的排放量[①]。具体计算公式如下：

① 汪振双，冉春梅. 中国建筑垃圾排放量与行业经济增长脱钩关系时空演化分析［J］. 工程管理学报，2020，34（3）：39-44.

$$q_1 = m_1 \times i_1 \tag{3-1}$$

$$q_2 = m_2 \times i_2 \tag{3-2}$$

$$q_3 = m_3 \times i_3 \tag{3-3}$$

$$q = q_1 + q_2 + q_3 \tag{3-4}$$

式中，q_1，q_2，q_3分别为建筑施工、拆除和装修过程中建筑垃圾的年产生量；q为我国建筑垃圾年排放量；m_1，m_2，m_3分别为建筑年施工、拆除和装修面积；i_1，i_2，i_3分别为建筑施工、拆除和装修过程中单位面积建筑垃圾的排放量。

3.1.2 数据来源

研究中需要统计我国各年份建筑拆除面积、施工面积和装修面积。在国家统计局的统计年鉴中，仅有施工面积、竣工面积以及新开工面积的统计数据，而且统计口径也略有不同。本研究中建筑施工面积可按国家统计数据中房屋的竣工面积进行计算，建筑拆除和装修面积均按房屋的竣工面积的10%进行计算。根据建筑业房屋竣工面积计算出建筑垃圾产生量。其中，研究数据不包括我国西藏、港澳台地区。根据实地调研和大量的文献整理以及一些统计数据得出，我国在建筑施工时，每建成$1\times10^4\ m^2$，将产生500～600吨的建筑废弃的砖块以及水泥块，结合现阶段我国建筑业的实际施工情况，单位建筑施工垃圾的计算基数拟定为550吨/万平方米。同样，建筑装修和拆除阶段也是建筑垃圾产生的主要阶段。通过实地调研和已有研究，目前我国每拆1平方米的建筑物，会产生1~1.3吨的建筑垃圾。建筑结构的方式不同，导致产生的建筑垃圾量也有所不同。如拆除1平方米砖混结构，则产生约1吨的建筑垃圾，而拆除框架结构则产生约1.2吨的建筑垃圾。因此，本书中将拆除单位建筑面积的建筑垃圾计算基数拟定为1.3吨/平方米。一般情况下，我国建筑拆除面积和装修面积大约是当年新建建筑施工面积的10%，所以本书中建筑拆除面积拟取建筑施工面积的10%。建筑在装修过程中单位建筑面积的垃圾产生量为0.1吨/平方米[①]。

---

① 张小娟. 国内城市建筑垃圾资源化研究分析［D］. 西安：西安建筑科技大学，2013.

3.2 中国建筑垃圾时空特征

3.2.1 建筑垃圾时空分析

根据公式（3-1）至（3-4）计算出中国2005—2018年建筑垃圾排放量。2005年我国建筑垃圾排放量为5.62亿吨，2010年我国建筑垃圾排放量首次突破10亿吨，2018年建筑垃圾已突破20亿吨。2005—2018年，我国建筑垃圾的排放量年均增长率为10.46%，呈现出增长趋势，如表3-2所示。在我国建筑垃圾排放量中，除辽宁、吉林、黑龙江、海南、贵州、内蒙古、宁夏和新疆外，其他大部分省份建筑垃圾排放量随时间增长增加比较明显。湖北、陕西、福建和贵州4个省份建筑垃圾的年均增长率在14%以上，河南、北京、安徽、江苏、江西、湖南、广西、湖北、甘肃、青海和山西11个省份的年均增长率在10%以上，而辽宁和内蒙古2个省份增速相比较慢，刚超过3%。黑龙江为全国唯一负值省份，年均增长率为-1.01%。从2006年起，江苏和浙江两省的建筑垃圾排放量始终位于全国前列。江苏和浙江两省经济总量大，发展速度快，人口聚集，对建筑需求旺盛。2006年，江苏和浙江两省建筑业增加值就已经超过1 000亿元，而同年其他省份最多为622.90亿元。到2018年浙江的建筑业增加值已达到5 004.41亿元，江苏的建筑业增加值达到了6 717.06亿元，比排在第3位的山东多出了约2 000亿元。

各省份在研究期间内的建筑垃圾排放量大多呈现出逐年增长的趋势。建筑垃圾排放量较高的省份大多集中于我国东南部的沿海地区，如上海、江苏、浙江、福建和广东等。这是因为沿海地区具有优越的地理位置，交通运输便利，有助于省份之间的经济交流。所以，沿海地区的发展速度相对较快，建筑业也随之高效率地发展，逐步生产高品质的建筑产品，同时也促进了建筑垃圾的排放量。江苏和浙江在全国省份的产量中占据领先地位，其位于长江三角洲地区，充分利用了自身的地理优势，积极与周边省份合作，大力发展生产力，扩大建筑业的规模。江苏和浙江在发展自身建筑业的同时，也带动了周围省份的建筑业发展，从而促进了我国东南部地区的建筑垃圾排放量增加。大多数北部内陆地区的产量都位于比较低的层级，而辽宁的产量从2014年开始展现出下降趋势。这些地区的交通运输较为不便，总体发展速度较慢，不易和周边省份进行贸易往来，建筑垃圾排放量较低，且各年变化幅度较小。2014年，我国建筑垃圾排放量的增长率开始下降，特别是2015年首次出现负增长，为-0.8%。建筑垃圾问题逐渐得到重视，中国建筑垃圾排放量正得到有效控制。这与党的十八大以来“低碳、绿色”发展理念在建筑业的不断实践和探索有关。建筑垃圾的综合利用和建筑垃圾资源化正在逐步推进，未来建筑垃圾的排放量将会得到有效控制。

表3-2　　2006—2018年全国建筑垃圾排放量年增长率

年份	2006	2007	2008	2009	2010	2011	2012	2013	2014	2015	2016	2017	2018
建筑垃圾排放量增长率（%）	15.61	16.80	9.96	10.74	19.04	19.28	15.42	14.32	9.66	-0.8	1.7	3.6	5.7

2005—2018年，全国建筑垃圾排放量累计约为191.21亿吨。在省域层面上来看，江苏、浙江和山东3省份的累计产量最多，位于全国的前三位，分别为32.1亿吨、30.4亿吨和11.1亿吨。青海、海南和宁夏3省份的累计排放量最少，分别为525.6万吨，3 478.1万吨和5 610.4万吨。从区域层面上来看，建筑垃圾累计产量较高的区域集中在中部地区和东部地区，并且中部和东部地区的建筑垃圾排放量差异总体上趋于缩小。2018年我国建筑垃圾排放量首次超过20亿吨，德国每年产生的建筑垃圾为2亿吨，日本不到1亿吨。可以看出，我国每年的建筑垃圾的总量高于德国和日本等发达国家的总和，而综合利用率不及5%，远远低于这些国家的平均水平。未来10年，我国城镇化依然维持较快速度发展，城市基础设施在不断增加和完善。城市更新活动的开展，城市人口规模的增长会引起房屋需求量显著增加，导致我国建筑业垃圾产量也随之增加，建筑垃圾的排放量仍然保持高位。

3.2.2　人均建筑垃圾时空分析

中国建筑垃圾排放量居世界第一位，人均建筑垃圾排放量时空变化情况见表3-3。从表3-3中可以看出，由于建筑垃圾排放量是逐年增多的，而各省份每年的人口数量变化幅度较小，所以人均产量也呈现出增长趋势。人均产量总体较高的省份为浙江、江苏、北京、上海和福建。江苏和浙江在各年均有较高的产量，而北京和上海由于人口数较低，其人均产量在全国省份中位于前列。这些省份中，城市居民需要负担的垃圾排放量较多，生活质量会受到影响。当地政府应在保持建筑业稳步发展的同时，采取措施减缓建筑垃圾的排放，加强垃圾资源化的建设和管理，改善居民的生活。海南、黑龙江和青海等省份的人均产量很低，可见当地建筑垃圾的排放对居民生活造成的影响较小。但这些省份的建筑业发达程度相对较低，应当加强建筑业的发展与进步，同时合理处置产生的建筑垃圾，避免对环境产生危害。在此期间中国人口增长率较低，人均建筑垃圾增长趋势与建筑垃圾产生总量的增长趋势基本一致。

广东、山东和河南等省份的人口较多，即使地区的建筑垃圾排放量在全国范围内位于前列，人均产量也并不突出。广东从2009年起人口规模已达到1亿，虽然其具备地理位置的优势，经济发展迅猛，但在研究期间，每年的人均产量均未达到1吨/人，可见广东地区的建筑业发展并未给居民带来较大的负担。这些地区的建筑业仍然存在上升空间，应当结合人们对建筑产品的需求，进一步实施发展建筑业的策略。为了弱化建筑垃圾对居民正常生活产生的不利影响，各地政府应针对当地的人口数量和经济发展的情况，制订合适的管理方案，强化建筑业的生产与建设，并且控制建筑垃圾的排放，及时对垃圾进行资源化处理。

3.2.3 人均建筑垃圾排放强度时空分析

碳排放强度是用来衡量一个国家（或地区）碳排放量与经济增长之间关系的指标。建筑行业碳排放强度即为一个国家（或地区）单位建筑行业生产总值所产生的碳排放量[①]。作为一个相对指标，如果一个国家（或地区）在保持经济增长的同时实现了建筑行业碳排放强度的下降趋势，这说明这个国家（或地区）的建筑行业进入了低碳经济发展轨道。研究中根据“碳排放强度”的定义，构建了“建筑垃圾排放强度”

① 刘志红. 中国区域能源消费碳排放测算、收敛及脱钩研究［D］. 南昌：江西财经大学，2018.

表3-3　2005—2018年中国各省份人均建筑垃圾排放量（吨/人）

省份	2005	2006	2007	2008	2009	2010	2011	2012	2013	2014	2015	2016	2017	2018	平均值	排序
北京	1.51	1.51	1.61	1.61	1.77	2.15	2.56	2.88	3.30	3.69	3.88	3.98	4.20	4.64	2.81	3
天津	0.58	0.66	0.76	0.75	0.81	0.88	1.09	1.28	1.29	1.35	1.46	1.56	1.39	1.20	1.08	8
河北	0.27	0.29	0.31	0.36	0.40	0.51	0.65	0.74	0.76	0.76	0.73	0.70	0.68	0.69	0.56	20
山西	0.19	0.21	0.23	0.26	0.29	0.31	0.36	0.45	0.54	0.57	0.56	0.58	0.62	0.65	0.42	25
内蒙古	0.20	0.25	0.36	0.37	0.39	0.50	0.59	0.65	0.55	0.51	0.44	0.39	0.33	0.32	0.42	24
辽宁	0.39	0.46	0.51	0.54	0.70	0.99	1.28	1.44	1.55	1.66	1.01	0.71	0.57	0.47	0.88	9
吉林	0.19	0.22	0.28	0.34	0.35	0.38	0.45	0.76	0.74	0.83	0.71	0.63	0.54	0.48	0.49	21
黑龙江	0.19	0.21	0.19	0.23	0.23	0.30	0.38	0.36	0.35	0.30	0.24	0.23	0.20	0.15	0.25	29
上海	1.17	1.27	1.20	1.27	1.29	1.47	1.54	1.70	1.81	2.08	2.17	2.14	2.43	2.77	1.74	4
江苏	1.11	1.32	1.64	1.86	2.02	2.37	2.84	3.24	3.79	4.11	4.14	4.21	4.37	4.63	2.97	2
浙江	1.88	2.18	2.56	2.77	3.10	3.49	4.11	4.62	5.10	5.55	5.53	5.41	5.49	5.56	4.10	1
安徽	0.26	0.32	0.38	0.44	0.49	0.62	0.74	0.87	0.94	1.01	1.04	0.99	1.07	1.12	0.74	12
福建	0.45	0.59	0.75	0.85	0.90	1.16	1.44	1.66	1.90	2.22	2.29	2.42	2.47	2.68	1.56	5
江西	0.28	0.31	0.34	0.39	0.44	0.49	0.56	0.69	0.84	0.98	1.03	1.02	1.08	1.15	0.69	14
山东	0.44	0.50	0.55	0.58	0.65	0.74	0.81	0.91	1.02	1.10	1.07	1.10	1.16	1.20	0.85	10

续表

省份	2005	2006	2007	2008	2009	2010	2011	2012	2013	2014	2015	2016	2017	2018	平均值	排序
河南	0.18	0.25	0.33	0.37	0.42	0.49	0.57	0.64	0.73	0.81	0.85	0.89	0.89	1.00	0.60	18
湖北	0.35	0.41	0.48	0.52	0.58	0.71	0.89	1.11	1.35	1.67	1.68	1.92	2.09	2.30	1.15	7
湖南	0.35	0.40	0.47	0.53	0.56	0.65	0.76	0.84	1.00	1.08	1.08	1.14	1.22	1.30	0.81	11
广东	0.45	0.47	0.51	0.47	0.46	0.48	0.55	0.60	0.73	0.73	0.69	0.74	0.80	0.95	0.62	17
广西	0.18	0.21	0.25	0.27	0.29	0.36	0.43	0.49	0.58	0.67	0.74	0.82	0.79	0.81	0.49	22
海南	0.12	0.15	0.16	0.17	0.21	0.25	0.45	0.39	0.39	0.35	0.36	0.34	0.33	0.35	0.29	28
重庆	0.62	0.66	0.77	0.86	0.92	1.07	1.18	1.42	1.58	1.71	1.71	1.66	1.69	1.76	1.26	6
四川	0.35	0.40	0.44	0.46	0.51	0.57	0.67	0.75	0.91	1.01	1.00	1.02	1.08	1.07	0.73	13
贵州	0.13	0.14	0.16	0.17	0.20	0.24	0.28	0.34	0.50	0.57	0.68	0.78	0.74	0.69	0.40	26
云南	0.17	0.20	0.21	0.24	0.27	0.31	0.36	0.46	0.53	0.54	0.52	0.56	0.57	0.62	0.40	27
陕西	0.19	0.23	0.28	0.32	0.37	0.47	0.58	0.68	0.83	0.91	0.94	0.95	1.03	1.12	0.64	16
甘肃	0.19	0.21	0.23	0.24	0.26	0.31	0.36	0.49	0.62	0.68	0.64	0.62	0.56	0.56	0.43	23
青海	0.12	0.10	0.11	0.12	0.14	0.19	0.21	0.21	0.31	0.29	0.24	0.23	0.22	0.26	0.20	30
宁夏	0.29	0.33	0.35	0.43	0.54	0.64	0.83	0.90	1.12	1.00	0.76	0.63	0.57	0.52	0.64	15
新疆	0.23	0.24	0.28	0.32	0.39	0.48	0.63	0.77	0.92	0.98	0.82	0.74	0.63	0.52	0.57	19

的指标，使用各省份每年的建筑垃圾排放量与建筑业总产值计算省域建筑垃圾排放强度并进行分析，具体计算公式如下：

$$I = \frac{CDW}{GPC} \tag{3-5}$$

式中，CDW代表建筑垃圾排放量，单位万吨；GPC代表建筑业国内（或地区）生产总值，单位亿元；I代表建筑垃圾排放强度，单位吨/万元。

通过统计《中国统计年鉴》2005—2018年共14年的建筑行业生产总值数据，结合测算出的建筑垃圾排放量数据，最终计算出中国建筑垃圾排放强度，具体测算数据结果如表3-4所示。可以看出，由于我国建筑业处于不断发展的进程中，各地区的建筑业总产值基本是逐年提高的，并且对建筑垃圾排放量增加的速度进行了控制，所以全国和省域的建筑垃圾排放强度呈现出逐年降低的趋势。2005年，重庆、广西和江西的排放强度超过了2吨/万元，其建筑垃圾排放量在全国范围内并不靠前，但建筑业的发达程度相对落后，其受到建筑垃圾排放量的影响较大。海南、吉林和内蒙古的排放强度在变化过程中出现了一定的波动，这是由于在建筑业产值稳定发展时，垃圾产量因房屋装修和拆除增多、管控不当等原因突然提高，该地区在一段时间内较严重地受到了建筑垃圾排放量的影响。为了使经济和建筑业稳步发展，对建筑垃圾排放量的监管是时刻不能忽视的。在建筑垃圾产量出现不正常的变化时，要准确分析原因，采取适当的措施管理建筑垃圾排放量。随着各省份经济合作的加强，省际排放强度的差距不断减小，到2018年，除了建筑垃圾产量历年均较高的江苏、浙江和山东之外，其余省份的排放强度均未超过1吨/万元。可见与2005年相比，我国政府宏观调控起到了良好的作用，促进了各省份的建筑业发展，对建筑垃圾排放的控制也产生了效果。使用2018年各省份的排放强度与建筑业总产值结果分析可知，在除江苏和浙江之外的其余省份中，比较集中地存在着一定的差距。而排放强度值大多集中于0.8吨/万元附近。江苏和浙江虽然有较高的产量，但其建筑业产值是其他省份的两倍之多，能够保持排放强度稳步下降，并在2018年达到了1.2吨/万元左右。可见，在拥有较高的建筑业发展水平的同时，它们也对建筑垃圾排放进行了有效控制。

表3-4 2005—2018年中国人均建筑垃圾排放强度（吨/万元）

省域	2005	2006	2007	2008	2009	2010	2011	2012	2013	2014	2015	2016	2017	2018
北京	1.23	1.12	1.04	0.93	0.81	0.81	0.85	0.90	0.94	0.97	1.00	0.98	0.94	0.91
天津	0.81	0.72	0.69	0.61	0.52	0.47	0.50	0.56	0.51	0.50	0.50	0.50	0.51	0.50
河北	1.43	1.40	1.33	1.23	1.10	1.13	1.18	1.11	1.06	1.00	1.03	0.95	0.91	0.91
山西	0.75	0.76	0.73	0.66	0.55	0.52	0.56	0.61	0.64	0.67	0.70	0.64	0.64	0.59
内蒙古	1.29	1.29	1.30	1.15	1.00	1.09	1.06	1.12	0.88	0.92	0.99	0.81	0.75	0.76
辽宁	1.12	1.12	1.04	0.93	0.90	0.92	0.90	0.84	0.79	0.93	0.82	0.79	0.68	0.57
吉林	1.08	0.98	1.03	0.93	0.83	0.77	0.76	1.05	0.92	0.91	0.88	0.75	0.66	0.65
黑龙江	1.27	1.12	0.82	0.84	0.65	0.66	0.71	0.59	0.55	0.54	0.54	0.51	0.49	0.48
上海	1.17	1.09	0.98	0.84	0.74	0.79	0.79	0.84	0.84	0.92	0.93	0.85	0.91	0.94
江苏	1.93	1.86	1.81	1.67	1.54	1.50	1.49	1.39	1.37	1.33	1.33	1.31	1.25	1.20
浙江	1.99	1.95	1.89	1.77	1.70	1.58	1.51	1.46	1.39	1.35	1.28	1.21	1.14	1.54
安徽	1.67	1.68	1.54	1.45	1.34	1.30	1.24	1.23	1.14	1.12	1.12	1.02	0.98	0.90
福建	1.84	1.82	1.75	1.67	1.50	1.46	1.45	1.41	1.31	1.26	1.16	1.10	0.96	0.93
江西	2.14	2.02	1.90	1.67	1.47	1.30	1.20	1.12	1.09	1.08	1.02	0.90	0.81	0.78
山东	1.63	1.68	1.57	1.42	1.34	1.29	1.21	1.21	1.17	1.16	1.13	1.08	1.01	1.01

续表

省域	2005	2006	2007	2008	2009	2010	2011	2012	2013	2014	2015	2016	2017	2018
河南	1.61	1.51	1.43	1.25	1.11	1.04	1.01	1.01	0.97	0.97	1.00	0.97	0.85	0.86
湖北	1.50	1.42	1.29	1.14	0.97	0.94	0.91	0.91	0.93	0.96	0.93	0.95	0.92	0.90
湖南	1.83	1.74	1.63	1.60	1.42	1.35	1.28	1.27	1.27	1.20	1.10	1.06	1.00	0.94
广东	1.89	1.71	1.66	1.42	1.22	1.05	0.99	0.98	0.99	0.94	0.85	0.84	0.78	0.78
广西	2.02	1.96	1.98	1.74	1.51	1.36	1.28	1.22	1.20	1.22	1.20	1.15	0.91	0.91
海南	1.73	1.88	1.66	1.32	1.28	1.10	1.54	1.23	1.20	1.13	1.17	1.02	0.94	0.91
重庆	2.21	2.06	1.93	1.64	1.37	1.21	1.03	1.05	0.99	0.92	0.82	0.72	0.68	0.74
四川	1.97	1.87	1.69	1.44	1.24	1.11	1.03	0.97	1.02	1.02	0.94	0.84	0.79	0.65
贵州	1.79	1.63	1.65	1.59	1.38	1.34	1.19	1.15	1.27	1.21	1.23	1.18	0.90	0.74
云南	1.40	1.32	1.26	1.20	1.05	0.95	0.88	0.89	0.85	0.83	0.75	0.69	0.58	0.56
陕西	1.09	1.02	0.88	0.73	0.60	0.57	0.68	0.73	0.78	0.76	0.75	0.68	0.64	0.62
甘肃	1.55	1.56	1.35	1.27	1.13	1.04	1.00	0.93	0.93	0.98	0.90	0.83	0.80	0.81
青海	0.72	0.51	0.49	0.45	0.38	0.39	0.37	0.38	0.44	0.39	0.34	0.33	0.33	0.36
宁夏	1.54	1.52	1.40	1.39	1.30	1.19	1.23	1.25	1.29	1.06	0.97	0.83	0.70	0.63
新疆	1.26	1.26	1.29	1.10	1.06	1.09	1.05	1.07	1.00	0.98	0.86	0.79	0.64	0.60
全国	1.63	1.57	1.49	1.35	1.20	1.15	1.12	1.10	1.08	1.08	1.04	0.99	0.93	0.93

广东、福建和北京同时拥有较高的建筑业产值和排放强度。因为它们位于我国沿海地区，经济发展迅速，促进了建筑业的发展，同时也产生了一定的垃圾排放。青海、黑龙江和天津的建筑业产值较为靠后，排放强度也比较低，表明这些省份的建筑业有很大的发展空间，应投入资金扩大建筑业的规模。海南、甘肃和内蒙古的排放量和建筑业产值均较低，但排放强度接近1吨/万元。可见，在生产能力靠后的情况下，它们的发展速度容易受到建筑垃圾排放量的影响，应当采取措施及时进行改善和治理。为了减缓建筑垃圾排放对环境和经济的影响，各省份应当根据自身所处的状况和经济能力，加强建筑业的发展。同时也需控制建筑垃圾的排放量，根据垃圾的性质采取合理的资源化方案。各省份应充分利用自身的地理优势和生产条件，积极与其他省份进行贸易往来，缩小省份之间的差距，继续保持全国和省域建筑垃圾排放强度逐年降低的态势。

3.3 中国建筑垃圾排放量时空演化

3.3.1 标准差椭圆分析法

标准差椭圆最早由 Lefever（1926）提出，目前主要被用来从整体和空间的视角来展示空间要素的多面性。它通过空间分布的中心、长轴、短轴、方位角等基本参量来定量描述各要素空间分布的中心、方向性、展布性等特点。标准差椭圆分析法的基本参量有椭圆中心、方位角、长轴、短轴等。其中，椭圆形中心能够反映出区域内各经济中心的分布和移动特性，而方位角则体现了各经济轴的分布趋势。椭圆的长轴是各经济要素在空间上的主要方向，而椭圆的短轴是各经济要素在空间上的次要方向。标准差椭圆的分布范围即某要素（本书中指建筑垃圾排放量）空间分布的主要范围；椭圆的平均中心即要素在空间分布上的重心；旋转角表示其分布的主趋势方向；长轴上的标准差可以反映出要素在主趋势方向上的离散程度。

标准差椭圆平均中心：假定一个地区由若干个子区组成，它是该地区的中央坐标，也是该地区某些属性值和权数的加权平均。那么该平均中心的计算公式如下：

$$M(\bar{X},\bar{Y})\left[\frac{\sum_{i=1}^{n} w_i x_i}{\sum_{i=1}^{n} w_i} \cdot \frac{\sum_{i=1}^{n} w_i y_i}{\sum_{i=1}^{n} w_i}\right] \tag{3-6}$$

SDE长短轴计算公式为：

$$SDE_x = \sqrt{\frac{\sum_{i=1}^{n}(x_i - \bar{X})}{n}},\ SDE_y = \sqrt{\frac{\sum_{i=1}^{n}(y_i - \bar{Y})}{n}} \tag{3-7}$$

式中，x_i与y_i是第i个子区域坐标；（x，y）为标准差椭圆的中心坐标；n为子区域的数量。

旋转角θ的计算公式为：

$$\tan\theta = \frac{A + B}{C},\ A = \sum_{i=1}^{n}\tilde{x}_i^2 - \sum_{i=1}^{n}\tilde{y}_i^2$$

$$B = \sqrt{\left(\sum_{i=1}^{n}\tilde{x}_i^2 - \sum_{i=1}^{n}\tilde{y}_i^2\right)^2 + \left(\sum_{i=1}^{n}\tilde{x}_i\tilde{y}_i\right)^2} \tag{3-8}$$

$$C = 2\sum_{i=1}^{n}\tilde{x}_i\tilde{y}_i$$

式中，（x_i，y_i）坐标为第i个子区域与中心的偏差。

3.3.2 标准差椭圆分析结果

根据全国30个省份空间位置坐标和建筑垃圾排放量情况，采用空间统计工具ArcGIS10.5方向分布，椭圆采用一级标准差椭圆，绘制出2007年、2012年和2017年的建筑垃圾空间重心分布变化及标准差椭圆变化，进而探讨其空间演化过程及平衡性。相关统计参数和椭圆分布见表3-5和表3-6。

2007—2018年全国30个省份建筑垃圾排放量重心位于河南省与安徽省交接处，位于东经115.33°~115.72°，北纬31.88°~32.62°。期间建筑垃圾排放量重心整体经、纬度均下降。可以看出，2007—2012年建筑垃圾排放量重心向东北方向偏移，表明在2012年前东北三省建筑垃圾

表3-5 **中国建筑垃圾排放量的重心特征**

年份	经度（E）	纬度（N）	移动方向	移动距离（km）
2007	115.68°	32.16°	—	—
2012	115.72°	32.62°	东北	51.21
2017	115.33°	31.88°	西南	87.84

表3-6 **2007年、2012年和2017年建筑垃圾排放量标准差椭圆参数值**

年份	旋转角	短轴标准差（km）	长轴标准差（km）	面积（km^2）
2007	28.56°	735.34	850.44	1 964 537.58
2012	29.88°	769.53	854.88	2 066 617.72
2017	49.43°	789.69	719.01	1 783 687.75

排放量增速较快。2009年9月，国家发改委发布了一批振兴东北的政策，其中包括："水""电""道路""天然气"等农村基础设施，建设和加强"粮库""大宗农产品流通""晾晒"等，大力推进"信息化""统筹"等。内蒙古东、东北地区已开工建设两个百万级风电基地，并已开工建设内蒙古东、黑龙江煤炭出口等工程。国家提出了振兴东北的政策，加快了东北的基建，通过对农村的综合整治，促进了建筑废弃物的生产，2007—2012年东北、内蒙古等地区的建筑垃圾增量在全国起主导作用。2012—2017年建筑垃圾排放量重心向西南方向偏移，表明2012年以后，东北地区经济整体增速放缓明显。以云南、贵州、广西为代表的西南省份经济发展迅猛，其对建筑垃圾排放量的拉动作用逐渐显现。从转角变化范围来看，建筑垃圾排放量总体呈现出"东北-西南"方向的空间分布格局。该地理空间特征大致与各地区人口分布、经济发展水平相关。转角由2007年的28.56°扩大至2017年的49.43°，表明它的空间分布模式呈现出更显著的"正北-正南"变化的倾向。这说明南方地区的建筑垃圾排放量增长程度强于以东北、内蒙古为代表的北方地区。中南、华东地区省份对西北地区省份建筑垃圾

排放量拉动较强。

从标准差椭圆长、短轴来看，短轴标准差由2007年的735.34 km上升到2012年的769.53 km，表明建筑垃圾分布在“西北-东南”方向呈现分散趋势。2017年，短轴标准差增至789.69 km，较2007年的分散程度进一步加大。研究期间短轴的长度变化不大，这说明我国建筑垃圾排放量在“西北-东南”的空间变化不大。长轴标准差由2007年的850.44 km上升至2012年的854.88 km，东北方向扩张明显，表明期间东北地区建筑垃圾增速明显。全国建筑垃圾分布在“东北-西南”方向上出现分散。2017年，长轴标准差波动减小到719.01 km，呈现明显收缩趋势，空间极化现象减弱。其主要成因是由于房地产价格持续攀升，政府出台了一系列政策，使得房地产开发逐步冷却，其建筑废料产出趋于平稳。

从椭圆形的覆盖面来分析，从2007年的1 964 537.58 km^2开始，到2012年的2 066 617.72 km^2，这说明建筑垃圾生产的集中效应正逐渐向外扩展。这是由于2012年前后，随着国家出台一系列优惠措施，各地的建筑业得到了快速发展，各地的建筑垃圾也相应增多。2017年的规模逐渐减小到1 783 687.75 km^2，分布范围最后呈现收缩趋势。全国标准差椭圆形的变化情况与上文的空间变化特征相对应。它涵盖了山东至湖南两省交界，涵盖了中国大部分经济发达和居住密集的地区。它不仅是建筑垃圾的聚集区，也是造成建筑垃圾产生的主要原因。

3.4 中国建筑垃圾变化趋势

3.4.1 Slope值的计算

为展示我国各省份建筑垃圾排放量的变化趋势，本书使用各年的建筑垃圾排放量数据，计算2006—2018年间省域建筑垃圾排放量的倾向值（Slope），计算公式如下：

$$\text{Slope} = \frac{n \times \sum_{i=1}^{n} x_i L_i - \sum_{i=1}^{n} x_i \sum_{i=1}^{n} L_i}{n \times \sum_{i=1}^{n} x_i^{\ 2} - (\sum_{i=1}^{n} x_i)^2} \tag{3-9}$$

式中，n表示2006—2018年的总年份数量，为13；x_i是第i年（2006年为第1年），L_i代表第i年对应的建筑垃圾排放量。若Slope>0，则表明随着时间的推移，建筑垃圾排放量呈现增长趋势；若Slope<0，则表明建筑垃圾排放量呈减少趋势。Slope值的大小反映了建筑垃圾排放量增加或减小的速率，即增加或减小的倾向程度。为划分建筑垃圾排放量增长速率的高低，采用标准差分级将各省域建筑垃圾排放量的变化趋势分为四种类型。

表3-7 **变化趋势类型划分标准**

增长类型	缓慢增长型	中速增长型	较快增长型	迅猛增长型
Slope值	$< \bar{x} - 0.5s$	$\bar{x} - 0.5s \sim \bar{x} + 0.5s$	$\bar{x} + 0.5s \sim \bar{x} + 1.5s$	$> \bar{x} + 1.5s$

3.4.2 趋势分析

使用公式（3-9）进行计算，各省域的建筑垃圾Slope值和相应的变化趋势类型如表3-8所示。可以看出，江苏和浙江建筑垃圾排放量的增长趋势最为迅猛，北京、福建和湖北的增长速度也相对较快，中速和缓慢增长型的省份较多。江苏和浙江的建筑垃圾排放量历年位于前列，其建筑业发展速度很快，导致建筑垃圾排放量也迅猛增加。北京和福建的建筑垃圾排放量虽然较靠前，但并不是十分突出。建筑垃圾排放量的增速过快，表明应当采取措施减慢垃圾的产生。河北、安徽、山东和广东等省份的经济和建筑业发展速度比较适中，存在一定的上升空间。建筑垃圾排放量的增速处于中等水平，能够及时得到有效治理。青海、宁夏、海南和黑龙江等省份的建筑业发展相对较缓慢，建筑垃圾排放量较低，变化趋势也很小。整体上中国建筑垃圾排放量的增长速度已经得到了较好的控制。中国建筑垃圾排放量较快增长的省域集中分布在东部沿海地区，东西差异明显，变化趋势存在很大的空间异质性。

表3-8 各省域的Slope值和变化趋势类型

省域	Slope值	类型	省域	Slope值	类型	省域	Slope值	类型
北京	669.57	较快增长型	浙江	1 559.27	迅猛增长型	海南	17.54	缓慢增长型
天津	131.65	缓慢增长型	安徽	441.13	中速增长型	重庆	308.43	中速增长型
河北	287.75	中速增长型	福建	728.01	较快增长型	四川	543.59	中速增长型
山西	146.97	缓慢增长型	江西	343.63	中速增长型	贵州	184.98	中速增长型
内蒙古	15.66	缓慢增长型	山东	625.28	中速增长型	云南	178.67	中速增长型
辽宁	74.89	缓慢增长型	河南	597.30	中速增长型	陕西	308.74	中速增长型
吉林	78.72	缓慢增长型	湖北	954.89	较快增长型	甘肃	97.57	缓慢增长型
黑龙江	-8.26	缓慢增长型	湖南	555.30	中速增长型	青海	7.48	缓慢增长型
上海	350.92	中速增长型	广东	522.00	中速增长型	宁夏	17.50	缓慢增长型
江苏	2 317.02	迅猛增长型	广西	272.91	中速增长型	新疆	92.16	缓慢增长型

3.5 中国建筑垃圾收敛性分析

3.5.1 收敛性分析方法

在一个相对封闭的地区，经济发展水平较低的地区会不断地追赶经济发展水平较高的地区。这样的行为使得二者之间的经济发展水平差距能够不断缩小，被称为收敛效应。检验一个地区内部不同研究对象的数据指标是否会随着时间变化而不断呈现出减少的趋势，这样的研究方法被称为收敛性分析，主要包括α收敛和β收敛。

绝对β收敛的公式如下所示：

$$\left[\ln(yi,t+T)-\ln(yi,t)\right]\frac{1}{T}=\alpha+\beta\ln(yi,t)+\varepsilon \tag{3-10}$$

式中，yi，t表示的是第i省份在初始阶段所有建筑废弃物排放总量，yi，t+T表示的是第i省份在t时期（末期）的所有建筑废弃物排放总量；T为给定一个时间年份内的时间跨度；α为常数项；ε为误差项；β表示的是收敛系数，若收敛系数显著为负，就意味着该地区的建筑废弃物排放情况存在绝对β收敛。

条件β收敛的公式如下所示：

$$\ln(yi,t)-\ln(yi,t-1)=\alpha+\beta\ln(yi,t-1)+\varepsilon \tag{3-11}$$

对上述式（3-10）进行变形可以得到式（3-11）。与上述绝对β的收敛公式同理，如式（3-12）的β结果显著为负，就意味着该地区的建筑废弃物排放情况存在条件β收敛。

$$\ln(yi,t)=\alpha+(\beta+1)\ln(yi,t-1)+\varepsilon \tag{3-12}$$

3.5.2 收敛性分析结果

根据收敛性计算公式计算得到绝对β收敛估计结果（见表3-9）。可以明显看出西南地区的建筑垃圾排放量的β值显著为负，说明西南地区建筑垃圾排放量存在着绝对β收敛。而表3-9中其他地区的β值不显著，即这些地区不存在绝对β收敛情况。目前我国由于国土辽阔、人口众多，全国以及各地区在自然资源、人口数量、政策制度等方面均存在着较大差异等原因，建筑业的发展情况各不相同。以2018年建筑业统计数据为例，福建、西藏、广东3个省份的建筑业总产值增速位列前三，分别为15.56%、16.83%、20.59%。而天津、新疆、黑龙江3个省份出现了-11.06%、-13.1%、-23.45%的增长。建筑业发展情况直接影响着建筑垃圾排放水平。因此，从短期来看，全国及各地区的建筑垃圾排放量很难收敛于相同的排放水平。

表3-9　　**绝对β收敛的估计结果**

	全国	华北	东北	华东	中南	西南	西北
β	0.00737 (1.27)	0.0218 (1.13)	-0.0297 (-0.44)	-0.0102 (-0.96)	0.00368 (0.36)	-0.0216** (-4.35)	0.0232 (1.73)
α	0.0398 (0.97)	-0.0653 (-0.49)	0.224 (0.49)	0.189* (2.21)	0.0850 (1.14)	0.254** (7.21)	-0.0458 (-0.60)
N	30	5	3	7	6	4	5
R^2	0.054	0.297	0.161	0.157	0.031	0.904	0.499

注：表中β与α两行数据括号内的值是其相应变量的t值。*、**、*** 三种符号分别表示在10%、5%和1% 水平上表现显著。

从西南地区的建筑垃圾排放量收敛性分析来看，存在绝对β收敛。这是因为在经济基础条件之外，西南地区的四川与重庆、云南与贵州的自然地理环境十分接近。同时也有学者通过研究发现，在我国西南地区之间存在着很多产业结构相似趋同化的现象，特别是重庆与四川、贵州与云南之间的产业结构相似趋同程度较高。从泰尔指数的分析中也可以得出，西南地区差异从2005年的0.1316下降到2018年的0.0675，呈现出总体下降的趋势，区域内的差异逐渐缩小。因此，西南地区的建筑垃圾排放量会呈现出绝对β收敛状态，即建筑垃圾排放量预计会达到相同的稳态增长速度和增长水平。

条件β收敛的估计结果见表3-10。根据Hausman检验，除西南地区外，其他地区均适用固定效应模型。从表3-10的数据可以看出，β+1的系数是显著的。因为0<β+1<1，所以β<0，说明全国、西南、西北、华东、中南、华北和东北地区建筑废弃物排放量存在条件β收敛。大多数省份排放量是逐年增长的，且增长速度比较相近，使其地区差异在发展过程中没有产生太大的变化。当前阶段随着我国经济平稳增长表现出很强的可持续性，各省份建筑业发展及建筑垃圾排放量也逐渐稳定。全国和各地区的泰尔指数的变化均逐渐趋于平稳。由于各地区之间存在着不同的基本经济条件，所以预计各区域建筑垃圾的排放量会达到自身的稳定增长速度，但可能会一直存在着区域之间的差距。

表3-10 **条件β收敛的估计结果**

	全国	华北	东北	华东	中南	西南	西北
β+1	0.900*** (75.85)	0.891*** (31.02)	0.818*** (10.75)	0.912*** (75.93)	0.918*** (42.33)	0.962*** (72.20)	0.878*** (26.34)
α	0.867*** (9.44)	0.915*** (4.19)	1.370** (2.43)	0.884*** (8.36)	0.755*** (4.42)	0.394*** (3.78)	0.868*** (4.05)
N	390	65	39	91	78	52	65
R^2	0.941	0.942	0.767	0.986	0.962	0.991	0.922
方法	固定效应	固定效应	固定效应	固定效应	固定效应	随机效应	固定效应

注：表中β+1与α两行数据括号内的值是其相应变量的t值。*、**、***三种符号分别表示在10%、5%和1%水平上表现显著。

3.6 本章小结

中国建筑垃圾排放量逐年增长，整体分布呈“东高西低”特征。人均建筑垃圾排放量总体较高的省份为浙江、江苏、北京、上海和福建。全国和各省份的建筑垃圾排放强度均呈现出逐年降低的趋势。广东、福建和北京同时拥有较高的建筑业产值和建筑垃圾排放强度，而青海、黑龙江和天津的建筑业产值较为靠后，建筑垃圾排放强度较低。2006—2018年建筑垃圾排放量重心位于河南省与安徽省交接处附近，总体向西南部发生偏移。建筑垃圾排放量的标准差椭圆呈现出“东北-西南”格局，方位角逐渐增大，有向“正北-正南”旋转的趋势。长轴长度在东北方向收缩明显，东北地区影响力逐渐变弱。短轴长度变化不大，建筑垃圾排放量向心力基本稳定，椭圆分布范围总体呈现缩小态势。江苏和浙江建筑垃圾排放量的增长趋势最为迅猛，北京、福建和湖北的增长速度也相对较快，中速和缓慢增长型的省份较多。江苏和浙江的建筑垃圾排放量历年位于前列，其建筑业发展速度很快，导致建筑垃圾排放量也迅猛地增加。西南地区建筑废弃物排放量存在绝对β收敛，而全国、中南、西北、华东、华北和东北地区β值不显著，即这些地区不存在绝对β收敛。全国、西南、西北、中南、华东、华北和东北地区建筑垃圾排放量均存在条件β收敛。

4 中国建筑垃圾空间异质性

中国地域辽阔，各省份之间的经济发展、资源禀赋、人口规模存在着空间异质性特征，使得人们的经济社会行为在各种各样的空间异质性作用下产生千丝万缕的空间关系。准确把握建筑垃圾排放量空间异质性是进行建筑垃圾减量化管理政策制定和分解的基础。中国建筑垃圾排放量到底有着怎样的空间差异性？建筑垃圾排放量的空间差异的驱动因素是什么？中国建筑垃圾排放量是否存在空间集聚特征？这恰恰是中国建筑垃圾减量化管理和政策制定应当关注的关键问题。因此，本章在建筑垃圾排放量区域差异性研究的基础上，对建筑垃圾排放量空间集聚特征进行探索，旨在为制定可持续、合理的地区减量化政策提供参考和依据。

4.1 中国建筑垃圾空间差异性

4.1.1 建筑垃圾区域分析

根据国家地理区域划分标准，我国划分六大地理分区：华北、东北、华东、中南、西北、西南，共计30个省份（不含我国港澳台）。华北地区包括北京、天津、河北、山西、内蒙古5个省份；东北地区包括辽宁、吉林、黑龙江3个省份；华东地区包括上海、江苏、浙江、安徽、福建、江西、山东7个省份；中南地区包括河南、湖北、湖南、广东、广西、海南6个省份；西北地区包括陕西、甘肃、青海、宁夏、新疆5个省份；西南地区包括重庆、四川、贵州、云南、4个省份。

从区域角度来看，建筑垃圾排放量主要集中在华东地区和中南地区，如图4-1所示。

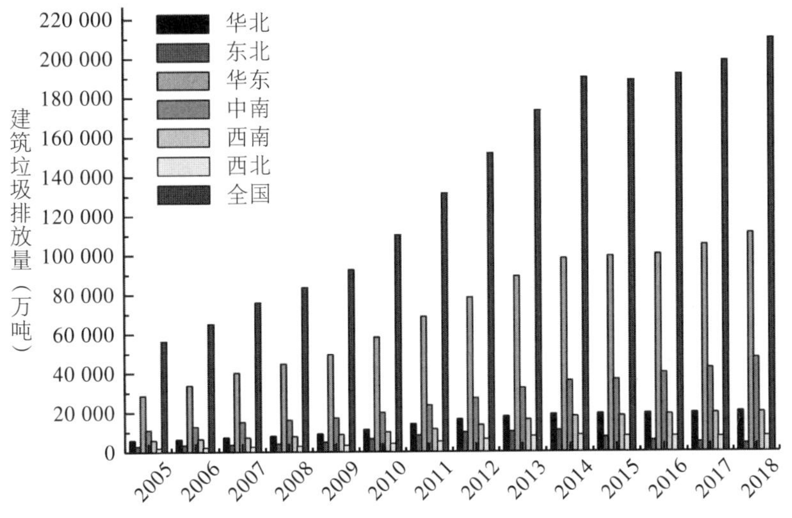

图4-1　2005—2018年建筑垃圾排放量

2005年，华东地区建筑垃圾排放量最高，占全国比重的50.8%，中南地区建筑垃圾排放量次之，约占全国的19.73%，华北地区和西南地区建筑垃圾排放量分别占全国的10.5%和10.4%，东北地区和西北地区建筑垃圾排放量分别占全国的5.2%和3.4%。2018年，华东地区建筑垃圾排放量最高，占全国的52.8%，中南地区建筑垃圾排放量次之，约占全国的22.6%，华北地区和西南地区建筑垃圾排放量分别占全国的9.7%和9.4%，东北地区和西北地区建筑垃圾排放量分别占全国的1.9%和3.6%。可以看出，中国建筑垃圾排放量主要集中在中部和东部地区，区域差异性显著，东北地区建筑垃圾排放量占全国比重逐渐减小。华东地区包括上海、江苏、浙江、安徽、福建、江西、山东共7个省份。该区域经济发展迅速，城市规模不断扩大，对建筑需求旺盛。

2006年，江苏和浙江两省建筑业增加值就已经达到1 000亿元以上，而同年其他省份最多为622.90亿元。到2018年，浙江的建筑业增加值已达到5 004.41亿元，江苏的建筑业增加值达到6 717.06亿元，比排在第3位的山东多出了约2 000亿元。建筑业快速发展，伴随着建筑垃圾排放量增加。2006—2018年，全国年均建筑垃圾排放量为14.3亿吨，华东地区年均建筑垃圾排放量为7.5亿吨，占比52.40%；中南地区年均建筑垃圾排放量2.8亿吨，占比19.65%，华东和中南地区共占比72.05%，其他四大分区占比仅为27.95%，区域差异十分明显。华东区域中，浙江、江苏两省的建筑垃圾排放量始终居于全国前列。江苏和浙江两省经济总量大，经济发展速度快，区域吸引力强，人口不断聚集，对建筑需求旺盛，在城市高速发展和扩展的同时，产生了大量的建筑垃圾，建筑垃圾资源化任重而道远。

4.1.2 建筑垃圾区域差异性分解

建筑垃圾排放量的空间差异性是地区经济发展中普遍存在的问题。为准确反映中国六大区域之间以及六大区域内部各省份之间建筑垃圾排放量的差异，本节采用泰尔指数法进行建筑垃圾排放量空间差异性分解分析。

泰尔指数又称泰尔熵标准，是由荷兰经济学家Theil于1967年提出的，最初被用来作为计算收入不平等的指标，之后被广泛应用于区域差距分析领域。泰尔指数最大的特点是可以同时计算区域差距的组间差距、组内差距和整体差距，更为清晰地分析各区域的不平衡发展，为政府和决策部门制定具有针对性的政策提供依据和参考。其中，泰尔指数的取值范围为0~1，泰尔指数数值越小，表明各区域之间的差距越小。泰尔指数可分成泰尔T指数和泰尔L指数，其中泰尔T指数以收入为权重，即为传统意义上的泰尔指数，而L指数以人口为权重，即为MLD指数。结合泰尔L指数，建筑垃圾排放量计算公式如下：

$$T=\sum_{1}^{i}\left(\frac{C_i}{C}\right)\ln\left(\frac{C_i/C}{X_i/X}\right) \tag{4-1}$$

$$T_{wi}=\sum_{1}^{i}\left(\frac{C_{ji}}{C_j}\right)\ln\left(\frac{C_{ji}/C}{X_{ji}/X_j}\right) \tag{4-2}$$

$$T_w=\sum_{1}^{j}\left(\frac{C_j}{C}\right)T_{wi}=\sum_{1}^{j}\sum_{1}^{i}\left(\frac{C_j}{C}\right)\left(\frac{C_{ji}}{C_j}\right)\ln\left(\frac{C_{ji}/C_j}{X_{ji}/X_j}\right) \tag{4-3}$$

$$T_b=\sum_{1}^{j}\left(\frac{C_j}{C}\right)\ln\left(\frac{C_j/C}{X_j/X}\right) \tag{4-4}$$

式中，i代表省份个数（除西藏和港澳台地区）；j代表区域个数（华北、东北、华东、中南、西北、西南）；T指全国各省份建筑垃圾排放整体泰尔指数；T_w和T_b分别指区域内泰尔指数以及区域间泰尔指数；T_{wi}指区域内部各省份间泰尔指数；C指全国建筑垃圾排放总量，C_i和C_j分别指第i个省份与第j个区域建筑垃圾排放量，C_{ji}为第j个区域内第i个省份的建筑垃圾排放量；X指全国人口总数（由中国统计年鉴获得）；X_i、X_j分别指第i个省份和第j个区域的人口数量，X_{ji}为第j个区域内第i个省份的人口数量。

同时，泰尔指数还可以测算出区域内贡献率与区域间贡献率：

$$W_b=T_b/T \tag{4-5}$$

$$W_w=T_w/T \tag{4-6}$$

$$W_j=(C_j/C)\times(T_w/T) \tag{4-7}$$

式中，W_b表示区域间差异对总体泰尔指数的贡献率；W_w表示区域内差异对总体泰尔指数的贡献率；W_j表示j区域对整体泰尔指数贡献率的大小，反映了该项差异对总体建筑垃圾排放差异的影响程度。

4.1.3 实证结果

根据公式（4-1）~（4-7）并结合建筑垃圾排放量数据，对我国建筑垃圾排放量总体泰尔指数、区域内及区域间差异、区域内及区域间贡献率、各地区内部差异及其贡献率进行计算（计算结果见表4-1）。

我国建筑垃圾排放量主要集中在华东和中南地区，其他地区产量占比仅为27.95%，区域排放差异十分明显。从表4-1可以看出，从2006年至2018年我国建筑垃圾排放量差异较为明显，经历了先下降后升高

表4-1 我国建筑垃圾排放量各区域泰尔指数及其贡献率

年份	2006	2007	2008	2009	2010	2011	2012	2013	2014	2015	2016	2017	2018
总体泰尔指数	0.2948	0.3055	0.3014	0.3033	0.2954	0.2949	0.2851	0.2805	0.2948	0.3055	0.3014	0.3033	0.2954
区域内差异	0.1790	0.1819	0.1725	0.1750	0.1713	0.1762	0.1719	0.1732	0.1790	0.1819	0.1725	0.1750	0.1713
区域间差异	0.1158	0.1236	0.1289	0.1283	0.1241	0.1188	0.1132	0.1073	0.1158	0.1236	0.1289	0.1283	0.1241
华北地区差异	0.2893	0.2716	0.2314	0.2355	0.2368	0.2276	0.2189	0.2537	0.2893	0.2716	0.2314	0.2355	0.2368
东北地区差异	0.0766	0.0878	0.0664	0.1127	0.1422	0.1574	0.1456	0.1678	0.0766	0.0878	0.0664	0.1127	0.1422
华东地区差异	0.2381	0.2477	0.2393	0.2411	0.2287	0.2381	0.2324	0.2319	0.2381	0.2477	0.2393	0.2411	0.2287
中南地区差异	0.0475	0.0332	0.0264	0.0239	0.0261	0.0273	0.0372	0.0423	0.0475	0.0332	0.0264	0.0239	0.0261
西北地区差异	0.0200	0.0237	0.0273	0.0345	0.0336	0.0438	0.0356	0.0292	0.0200	0.0237	0.0273	0.0345	0.0336
西南地区差异	0.1269	0.1388	0.1382	0.1226	0.1258	0.1209	0.1163	0.0943	0.1269	0.1388	0.1382	0.1226	0.1258
区域内贡献率	0.6071	0.5955	0.5722	0.5770	0.5799	0.5973	0.6028	0.6174	0.6071	0.5955	0.5722	0.5770	0.5799
区域间贡献率	0.3929	0.4045	0.4278	0.4230	0.4201	0.4027	0.3972	0.3826	0.3929	0.4045	0.4278	0.4230	0.4201
华北地区贡献率	0.0605	0.0577	0.0551	0.0564	0.0598	0.0642	0.0653	0.0635	0.0605	0.0577	0.0551	0.0564	0.0598
东北地区贡献率	0.0315	0.0288	0.0283	0.0304	0.0345	0.0378	0.0391	0.0362	0.0315	0.0288	0.0283	0.0304	0.0345
华东地区贡献率	0.3146	0.3139	0.3056	0.3081	0.3071	0.3124	0.3117	0.3174	0.3146	0.3139	0.3056	0.3081	0.3071
中南地区贡献率	0.1198	0.1186	0.1095	0.1067	0.1044	0.1071	0.1078	0.1148	0.1198	0.1186	0.1095	0.1067	0.1044
西北地区贡献率	0.0195	0.0190	0.0194	0.0205	0.0215	0.0234	0.0250	0.0275	0.0195	0.0190	0.0194	0.0205	0.0215
西南地区贡献率	0.0613	0.0575	0.0543	0.0549	0.0527	0.0523	0.0539	0.0580	0.0613	0.0575	0.0543	0.0549	0.0527

的过程。2006年总体泰尔指数为0.2948，2013年总体泰尔指数最低为0.2805，2018年总体泰尔指数最高为0.3184，2006—2018年总体涨幅为8.01%，预计我国省域间建筑垃圾排放量差异将进一步扩大。从2013年开始，我国建筑垃圾排放量总体泰尔指数持续上升，区域内差异较为稳定，而区域间差异逐渐增大，这意味着近年来中国建筑垃圾排放量差异主要是由区域间差异引起的，区域内差异并不明显。

为了分析人均收入水平与分配公平程度之间的关系，国外学者提出了环境库兹涅茨曲线。该研究表明，区域间收入公平性问题将随着经济增长先呈现贫富差距扩大化，达到顶点后，贫富差距将缓慢减小，总体呈倒“U”形曲线关系。赵军和杨凯等的研究结果表明，城市建筑垃圾排放量与经济增长呈正相关性，因此建筑垃圾排放量的差异性整体上也呈倒“U”形，有较明显的环境库兹涅茨曲线特点。省域间建筑垃圾排放量差异逐渐增大，一定程度上是因为我国地区发展具有不平衡、不充分的特点，各区域、省份经济发展仍有较大差距。

2013—2018年间华北、东北、华东、中南、西北、西南六大区域生产总值差距明显（见表4-2），这种差距不仅体现在经济总量上，还体现在经济增速上。华北、中南地区经济总量分列第一、二位，建筑垃圾排放量同样占据前两位。经济增速方面，西南地区涨幅最大，为58.92%，东北地区涨幅最小，为3.72%，其他地区涨幅分别为华北地区29.24%，华东地区50.23%，中南地区51.80%，西北地区44.21%。

表4-2　**2013—2018年六大区域生产总值**　单位：亿元

年份	2013	2014	2015	2016	2017	2018
华北地区	92 267.2	97 010.59	99 956.89	106 803.48	112 205.08	119 247.22
东北地区	54 714.53	57 469.10	57 815.82	52 409.79	54 256.45	56 751.59
华东地区	230 136.45	248 874.78	265 737.88	292 509.98	320 111.56	345 737.73
中南地区	162 241.05	176 338.24	188 772.99	207 914.29	226 624.91	246 280.52
西北地区	35 679.61	38 855.64	36 465.80	41 990.74	46 309.06	51 453.88
西南地区	59 910.17	65 801.07	70 918.49	78 391.69	87 633.04	95 206.52

2005—2018年，我国建筑垃圾排放量总体差异先减小后增大，目前处于上升趋势。总体差异主要受区域内差异影响，其中华东地区贡献率最大，西北地区贡献率最小。从六大区域角度来看，我国建筑垃圾排放量的整体差异主要是由区域内差异导致的，区域内差异的平均贡献率为59.21%，区域间差异的贡献率为40.79%，区域内贡献率略大于区域间贡献率。在区域内差异中，2013—2018年华北地区平均贡献率为5.97%；东北地区平均贡献率为2.82%；华东地区平均贡献率为31.05%；中南地区平均贡献率为11.50%；西北地区平均贡献率为2.25%；西南地区平均贡献率为5.61%。从时间和空间两个维度来看，华东地区建筑垃圾排放量差异性最大，西北地区差异性最小。除华东和西南地区外，其他区域泰尔指数整体上均呈现增长趋势，华东、西南区域泰尔指数降幅分别为11.02%和41.28%，华北、东北、中南、西北区域泰尔指数涨幅分别为35.03%、15.23%、68.47%、196.64%。以西南地区为例，经济方面，研究结果表明西南地区作为我国经济发展速度最快的地区之一，省份经济发展差距并未大幅拉开；制度方面，重庆市、成都市于2014年分别颁布《重庆市建筑垃圾管理办法》《成都市建筑垃圾处置管理条例》，因此西南地区泰尔指数呈下降趋势。就六大区域而言，发展态势各不相同，体现了我国发展不平衡、不充分的现状。华东地区虽然年均建筑垃圾排放量最大，但其省份间差距较小，所以泰尔指数呈下降趋势；同样呈现下降趋势的还有西南地区；华北、中南、西北地区泰尔指数呈上升趋势，目前尚未看到明显顶点，但中南、西北地区泰尔指数仍小于华东、西南地区，华北地区平均泰尔指数最高；东北地区泰尔指数先升高后下降，平均泰尔指数居于中等水平。

4.2 中国建筑垃圾空间相关性

现实中，空间异质性是由于事物和现象在空间分布上的非均匀性或非随机性导致的。空间异质性是指每一个空间区位上的事物和现象都具有和其他区位上事物和现象不同的特点。事物和现象在空间上存在异质性，一方面是由于各种事物和现象本身在空间上的结构是不平稳的；另一方面是因为空间单位本身在面积、形状等方面差别很大，并不是均质的。当空间上出现相邻地区随机变量的高值或低值集聚的现象时，为正的空间自相关，而当某一地理区域的随机变量值与其相邻区域的随机变量值相异时为负的空间自相关。空间自相关是空间相关性的主体内容，用来刻画观测数据的集聚程度，若研究的经济变量因距离的缩短而变得相似，则称为空间正相关，若经济变量存在相互排斥，则称为空间负相关。探索性回归分析通常是用来识别空间自相关的方法，并判断数据是否存在空间集聚效应，具体分为全局空间自相关以及局部空间自相关。

莫兰指数的计算简洁且易于理解，在不同的计量模型中有成熟的估算方法，被广泛应用于多数文献中。在应用空间计量模型之前，需要检验不同地理单元之间的空间依赖，前提是显著的空间相关性。本书将采用Moran's I指数对建筑垃圾排放进行空间自相关检验分析。进行空间自相关检验之前需要度量区域间的空间距离，通常用空间权重矩阵来表示。全局 Moran's I 指数用来描述不同区域单一变量值是否显著地与其相邻空间的变量值相关联，数学表达式见公式（4-8）。

$$\text{Moran's I} = \frac{n\sum_{i=1}^{n}\sum_{j=1}^{n} w_{ij}(x_i - \bar{x})(x_j - \bar{x})}{\sum_{i=1}^{n}\sum_{j=1}^{n} w_{ij}\sum_{i=1}^{n}(x_i - \bar{x})^2} \tag{4-8}$$

式中，x_i，x_j分别代表第i和第j省域建筑垃圾排放量的测算值；$\bar{x}$为建筑垃圾排放量的均值；w_{ij}为空间权重矩阵，表示任意两个省份之间相互关联程度。

研究中利用全局莫兰指数来刻画建筑垃圾排放量的空间关联状态，数值区间为［-1，1］。若莫兰指数为正，则表明研究对象在各省份间存在空间正相关，建筑垃圾排放量相似的省份呈现集聚趋势，表现为高值聚集或低值聚集，数值越接近1，则集聚性越强。若莫兰指数为负，则各省份建筑垃圾排放量表现为空间负相关，呈现“高低聚集”或“低高聚集”。莫兰数值越临近-1，表明区域之间建筑垃圾排放量的空间差异性越大；若莫兰指数为零，则表示各省份建筑垃圾变量独立无关联性。为研究我国建筑垃圾排放量的空间分布状况与变化趋势，本书使用探索性空间分析方法（ESDA）进行空间自相关分析，引入Moran's I指数探讨2005—2018年间省际建筑垃圾排放量的全局和局部空间变化特征。

4.2.1 全局空间自相关分析

研究中根据Queen标准构建一阶空间权重矩阵，使用ArcGIS10.2软件的空间统计工具，对我国2005—2018年各省域的建筑垃圾排放量进行全局空间自相关分析，将计算得到的Moran's I指数与相应的P值和Z值进行汇总。从表4-3中可知，各年垃圾排放量的莫兰指数均显著为正，P值都通过了显著性水平为0.05的显著性检验。从表4-3中Moran's I指数变化趋势可知，2005—2011年间，Moran's I指数出现了上下波动，在2013年达到了最低值。而从2014年开始，Moran's I指数呈现出明显的上升趋势，在2018年达到了较高水平。由此可知，在研究期间内，我国建筑垃圾排放量有较为明显的正向空间相关性，但这种聚集效应在波动中呈现上升趋势。整体来看，建筑垃圾排放量的全局莫兰指数在样本考察期内呈现出先波动变化后持续上升的态势，可见我国建筑业在不断发展的过程中，逐渐进入了稳步向前推进的状态。建筑业的进步加强了省际垃圾排放量的联系，使全国的空间关联愈发明显，空间集聚性逐渐增强。

表4-3　2005—2018年中国省域建筑垃圾排放量的全局空间Moran's I指数

年份	Moran's I	P-value	Z
2005	0.270	0.004	2.849
2006	0.288	0.002	3.039
2007	0.275	0.003	2.963
2008	0.291	0.002	3.147
2009	0.285	0.002	3.101
2010	0.291	0.002	3.154
2011	0.272	0.003	2.985
2012	0.273	0.003	2.996
2013	0.261	0.004	2.877
2014	0.273	0.003	2.977
2015	0.296	0.001	3.198
2016	0.293	0.002	3.139
2017	0.311	0.001	3.293
2018	0.323	0.001	3.378

4.2.2 局部空间自相关分析

全局莫兰指数只能描述区域内某种现象整体的空间集聚状况，而不能分析每个个体的空间自相关性和具体的集聚位置。全局 Moran's I 指数仅能在整体上反映建筑垃圾排放量的空间相关性，且可能存在区域之间指数正负相抵的情况，造成全局Moran's I 指数趋于0，由此可能造成结果的不准确性，即无法准确表现其内部具体空间分布特征。为更深入地研究我国各省份与周围省份建筑垃圾排放量的空间关联情况，采用局部空间自相关Moran's I指数进行分析。

以局部Moran's I指数的结果绘制出局部散点图，四个象限分别表示不同的空间相关性关系。其中，横坐标表示各省份建筑垃圾排放量水平，纵坐标为经空间权重矩阵加权后的各省份建筑垃圾排放量水平，即各省份建筑垃圾排放量的空间滞后水平，散点图的四个象限的含义如表4-4所示。

表4-4　　局部莫兰指数检验图像含义

象限	表示	含义
第一象限	H-H	自身建筑垃圾排放量较高，其相邻省份的建筑垃圾排放量较高
第二象限	L-H	自身建筑垃圾排放量较低，其相邻省份的建筑垃圾排放量较高
第三象限	L-L	自身建筑垃圾排放量较低，其相邻省份的建筑垃圾排放量较低
第四象限	H-L	自身建筑垃圾排放量较高，其相邻省份的建筑垃圾排放量较低

其中，H-H 和 L-L 区域的省份存在典型的空间正相关，分别为高集聚区和低集聚区，即自身的建筑垃圾排放量与相邻省份具有相似性，具有空间依赖性；而 H-L 和 L-H 则表现为典型的负空间相关性，即观测值与其邻近区域之间的差异性较大，表现为空间异质性。

第一象限（HH）内的中心省域及其相邻省域的建筑垃圾排放量均较高；第二象限（LH）内的中心省域的垃圾排放量较低，而其相邻省域的垃圾排放量较高；第三象限（LL）内的中心省域及其相邻省域的垃圾排放量均较低；第四象限（HL）内的中心省域具有较高的排放量，而其相邻省域的垃圾排放量较低。

其中，第一、三象限内省域的建筑垃圾排放量展现出较强的空间正相关及均质性；而第二、四象限中省域的垃圾排放量存在较强的空间负相关及异质性。将四个象限内的省域汇总，见表4-5。

表4-5　**中国各省域建筑垃圾排放量的空间关联演化表**

年份	象限	数量	省域
2005	Ⅰ（HH）	4	山东、江苏、上海、浙江
	Ⅱ（LH）	5	天津、安徽、江西、福建、海南
	Ⅲ（LL）	16	黑龙江、内蒙古、新疆、吉林、辽宁、甘肃、河北、山西、陕西、宁夏、青海、河南、重庆、云南、贵州、广西
	Ⅳ（HL）	5	北京、四川、湖北、湖南、广东
2008	Ⅰ（HH）	4	山东、江苏、浙江、福建
	Ⅱ（LH）	4	安徽、上海、江西、海南
	Ⅲ（LL）	16	黑龙江、内蒙古、新疆、吉林、辽宁、甘肃、河北、山西、天津、陕西、宁夏、青海、重庆、云南、贵州、广西
	Ⅳ（HL）	6	北京、河南、四川、湖北、湖南、广东
2011	Ⅰ（HH）	5	山东、江苏、安徽、浙江、福建
	Ⅱ（LH）	3	天津、上海、江西
	Ⅲ（LL）	14	黑龙江、内蒙古、新疆、吉林、甘肃、山西、陕西、宁夏、青海、重庆、云南、贵州、广西、海南
	Ⅳ（HL）	8	辽宁、河北、北京、河南、四川、湖北、湖南、广东
2014	Ⅰ（HH）	4	山东、江苏、浙江、福建
	Ⅱ（LH）	4	天津、安徽、上海、江西
	Ⅲ（LL）	15	黑龙江、内蒙古、新疆、吉林、甘肃、河北、山西、陕西、宁夏、青海、重庆、云南、贵州、广西、海南
	Ⅳ（HL）	7	辽宁、北京、河南、四川、湖北、湖南、广东
2016	Ⅰ（HH）	5	山东、河南、江苏、浙江、福建
	Ⅱ（LH）	5	天津、安徽、重庆、上海、江西
	Ⅲ（LL）	15	黑龙江、内蒙古、新疆、吉林、辽宁、甘肃、河北、山西、陕西、宁夏、青海、云南、贵州、广西、海南
	Ⅳ（HL）	5	北京、四川、湖北、湖南、广东
2018	Ⅰ（HH）	6	山东、河南、江苏、安徽、浙江、福建
	Ⅱ（LH）	5	天津、重庆、上海、江西、海南
	Ⅲ（LL）	14	黑龙江、内蒙古、新疆、吉林、辽宁、甘肃、河北、山西、陕西、宁夏、青海、云南、贵州、广西
	Ⅳ（HL）	5	北京、四川、湖北、湖南、广东

在各年的象限分布中，第三象限的省份数量均是最多的，占据总省份数的50%左右。其中长期呈现出低集聚特征的省份为黑龙江、内蒙古、吉林、陕西和青海等，其大多位于我国的北部和中部地区，且不具有较强的地理位置优势，在建筑业发展方面很少与周边省份进行交流与合作，导致其自身与附近地区的建筑垃圾排放量均较低。江苏、浙江和山东为我国建筑垃圾排放量排名前三的省份，并长期位于第一象限，表明其建筑业在高速发展的同时，有效地带动了周边省份的建筑业发展，使自身和邻近省份的排放量均较高。第四象限的北京、四川、湖北和广东等是排放量较高的省份，其周边省份的建筑业发展有很大的上升空间，则这些省份可在其建筑业发展状况较好的基础上，带领附近的省份一同扩大建筑业规模。天津、江西、上海等省份长期呈现出低高集聚的特征，可利用周边省份建筑业较发达的优势，积极参与省际合作，加快自身经济建设和建筑业的发展。

在样本期间内，安徽在第一、二象限中反复跳动，其周围的江苏、浙江和山东等省份的垃圾排放量长期较高，而安徽的排放量起初较低，在经历了一段时间的稳定增长后，于2016年出现了小幅度下降，又持续增长至2018年，从而导致其集聚特征发生变化。辽宁的建筑垃圾排放量增长速度从2011年开始下降，排放量又在2015年出现了大幅降低，使其在2011年和2014年时位于高低集聚的第四象限，但在2016年又回到了第三象限。由于辽宁周围省份的建筑垃圾排放量长期较低，其受到空间关联的影响，在排放量提高后又逐渐下降至较低水平。可见我国各省份建筑垃圾排放量的空间集聚效应非常明显，会在很大程度上影响各省份的建筑业发展状况与建筑垃圾排放量的变化趋势。

4.3 中国建筑垃圾双变量空间自相关分析

4.3.1 双变量全局空间自相关分析

双变量莫兰指数可以有效识别建筑垃圾排放量的空间外部特征。区位熵指数能够衡量某个产业在某区域内的集聚水平，可用于评估区域内的产业专业化程度。本书使用区位熵指数来测度建筑业空间集聚水平，其计算公式为：

$$B_{LQ}=\frac{B_i/P_i}{B/P} \tag{4-9}$$

式中，B_i为i省份的建筑业生产总值，B为全国建筑业生产总值；P_i为i省份的地区生产总值，P为全国的地区生产总值。

本书选取建筑业空间集聚水平和建筑垃圾排放量这两项指标进行双变量空间自相关性检验，计算结果见表4-6。

表4-6　2005—2018年双变量全局空间Moran's I

年份	B_{LQ}-C&DW	P值	C&DW-B_{LQ}	P值
2005	0.1832	0.027	0.1508	0.048
2006	0.2215	0.014	0.1990	0.014
2007	0.2206	0.016	0.1932	0.019
2008	0.2553	0.011	0.2499	0.011
2009	0.2032	0.019	0.1866	0.025
2010	0.1846	0.022	0.1639	0.034
2011	0.1831	0.027	0.1548	0.043
2012	0.1889	0.024	0.1543	0.040
2013	0.1821	0.031	0.1337	0.056
2014	0.2067	0.023	0.1564	0.042
2015	0.2353	0.014	0.1949	0.023
2016	0.2253	0.013	0.1818	0.027
2017	0.2461	0.011	0.2034	0.017
2018	0.2520	0.005	0.2248	0.007

由表4-6的统计结果可知，B_{LQ}-C&DW的Moran's I和C&DW-B_{LQ}的Moran's I基本通过了显著性水平为0.05的显著性检验，可见建筑业空间集聚水平与建筑垃圾排放量在省域空间上存在显著的空间依赖性。B_{LQ}-C&DW的Moran's I的P值相对较低，显著性较高，表明建筑垃圾排放量对建筑业空间集聚水平的解释力度相对较强，同时建筑垃圾排放量也对建筑业空间集聚水平有较大的依赖性。从全局来看，我国省域建筑业空间集聚水平对邻近地区建筑垃圾排放量的增长具有明显的带动和辐射作用。

4.3.2 双变量局部空间自相关分析

为研究各省份与其邻近地区的空间分布格局，对30个省份进行双变量局部Moran's I检验。选取建筑业空间集聚水平B_{LQ}为解释变量，以建筑垃圾排放量C&DW为被解释变量，即空间滞后变量。使用散点图的形式来展现解释变量与被解释变量之间的空间相关关系。多数省域集中分布于第三象限和第四象限，而第一、第二象限中的省域分布比较零散，见表4-7。可以看出，各年象限分布中第三象限的省份数最多，长期位于第三象限的省份为黑龙江、内蒙古、新疆、吉林、宁夏和青海等。这些省份自身的建筑业空间集聚水平较低，同时没有对其周边省份的建筑垃圾排放量产生有效的促进作用。天津、江苏、安徽和浙江等省份的经济和建筑业发展状况相对较好，长期呈现出高高集聚的特征，其自身较高的建筑业空间集聚水平对邻近省份的建筑垃圾排放量的增长起到了明显的推动作用。位于第四象限的辽宁、北京、陕西、四川和湖北等省份在建筑业空间集聚水平较高的同时，能够对邻近省份的建筑垃圾排放量产生有效的控制，使其自身的建筑业得到了良好的发展。山东和海南等省份呈现出低高集聚的特征，其建筑业空间集聚水平较低，但邻近省份的建筑垃圾排放量较高，导致其自身的建筑业发展容易受到负面影响。这些省份应及时提高当地的建筑业发展能力，提升综合水平，从而和周围地区达到平衡。

表4-7 省域建筑业空间集聚水平与建筑垃圾排放量的空间相关性演化表

年份	象限	数量	省域
2005	Ⅰ（HH）	5	天津、江苏、安徽、上海、浙江
	Ⅱ（LH）	4	山东、江西、福建、海南
	Ⅲ（LL）	11	黑龙江、内蒙古、新疆、吉林、甘肃、河北、河南、云南、贵州、广西、广东
	Ⅳ（HL）	10	辽宁、北京、山西、陕西、宁夏、青海、四川、湖北、重庆、湖南
2008	Ⅰ（HH）	4	江苏、安徽、上海、浙江
	Ⅱ（LH）	4	山东、江西、福建、海南
	Ⅲ（LL）	13	黑龙江、内蒙古、新疆、吉林、甘肃、河北、宁夏、青海、河南、云南、贵州、广西、广东
	Ⅳ（HL）	9	辽宁、北京、山西、天津、陕西、四川、湖北、重庆、湖南
2011	Ⅰ（HH）	5	天津、江苏、安徽、上海、浙江
	Ⅱ（LH）	3	山东、江西、福建
	Ⅲ（LL）	16	黑龙江、内蒙古、新疆、吉林、甘肃、河北、山西、宁夏、青海、河南、湖南、云南、贵州、广西、海南、广东
	Ⅳ（HL）	6	辽宁、北京、陕西、四川、湖北、重庆
2014	Ⅰ（HH）	6	天津、江苏、安徽、浙江、江西、福建
	Ⅱ（LH）	2	山东、上海
	Ⅲ（LL）	14	黑龙江、内蒙古、吉林、河北、山西、宁夏、青海、河南、湖南、云南、贵州、广西、海南、广东
	Ⅳ（HL）	8	新疆、辽宁、甘肃、北京、陕西、四川、湖北、重庆
2017	Ⅰ（HH）	6	江苏、安徽、重庆、浙江、江西、福建
	Ⅱ（LH）	4	天津、山东、河南、上海
	Ⅲ（LL）	13	黑龙江、内蒙古、新疆、吉林、辽宁、河北、山西、宁夏、青海、贵州、广西、海南、广东
	Ⅳ（HL）	7	甘肃、北京、陕西、四川、湖北、湖南、云南

4.4 中国建筑垃圾影响因素空间异质性分析

4.4.1 分析方法

地理加权回归（GWR）是一种空间分析技术，广泛应用于地理学及涉及空间模式分析的相关学科研究当中。地理加权回归模型是对一般线性回归模型的一种改进，主要表现为模型系数不再是用全局信息来获取，而是利用邻近的子抽样数据的局部信息来进行估计，因而模型系数值会受到地理位置的影响，随着空间地理位置的变化而发生变化。GWR通过建立空间范围内每个点处的局部回归方程，进而来探索研究对象在某一尺度下的空间变化情况及相关驱动影响因素，并可用于对未来结果进行预测。GWR考虑了空间对象的局部效应，因此具有更高的准确性。

由于各地区经济发展、资源分布的不均衡性，以及空间位置的不同，建筑垃圾排放量的影响会表现出空间差异性。而在GWR模型的设置中，加入了建筑垃圾排放量的空间坐标数据，通过空间位置来计算不同的权重，能够精确地描述出建筑垃圾排放量与其影响因素之间的关系会随着空间位置的不同而产生相异的变化。另外，在一定程度上根据实际情况，建筑垃圾排放量受到局部范围的作用要胜过整体区域。因此，GWR模型适用于对建筑垃圾排放量空间异质性的分析。地理加权回归模型是解决截面数据空间异质性的有效方法之一。在GWR模型中，解释变量的回归系数用来表示解释变量对被解释变量的影响程度的大小和方向，且各回归点会随着空间位置的不同而具有不同的回归系数，可以定量地描绘出各影响因素对每个地区建筑产业综合实力的具体作用大小和方向，即存在空间差异性的特征。为研究建筑垃圾排放量的影响因素及影响程度的地区差异，本节采用GWR方法，选取各省份的垃圾排放量为因变量，以各省份人口规模、人均GDP、劳动效率与建筑产业规模为自变量，并对所有变量进行归一化处理，构建如下形式的地理加权回归模型：

$$CDW = aPOP + b\frac{GDP}{POP} + cEL + dBD + e_i \tag{4-10}$$

4.4.2 实证结果

一般情况下，模型中各指标由于属性不同，会具有不同的数量级和量纲。当各指标间的水平差距很大时，如果直接用原始指标值进行分析，那么数值较高的指标在分析中的作用就会被凸显出来，会相对削弱数值水平较低指标的作用。因此，为了提高模型结果的稳定性和可靠性，需要在建模拟合前对原始指标数据进行标准化处理。由于我国各省、自治区、直辖市在地理形状、面积上的差异较大，而各省会城市（包括自治区首府）也并非都处在行政区划中心位置。因此，为提高回归点的代表性，研究中选择各省、自治区、直辖市的空间形状中心为回归样点，取这些回归样点的空间坐标作为参数。这样设置后，各回归点之间的空间分布较为均匀，故空间权函数选择固定型 Bi-square 函数。将各年地理加权回归模型的整体估计回归结果进行汇总，如表4-8所示。可以看出，各年回归方程的拟合优度均较高。

表4-8　GWR模型的整体估计回归结果

指标	2005	2008	2011	2014	2016	2018
R^2	0.869	0.871	0.856	0.920	0.890	0.841
调整 R^2	0.794	0.793	0.764	0.859	0.824	0.742
残差平方和	0.208	0.215	0.237	0.124	0.168	0.243
AICc	-30.394	-28.571	-23.695	-37.472	-36.059	-23.772

可以看出，GWR 模型中解释变量影响因素对被解释变量建筑垃圾排放量的解释能力较好，能够准确地反映出实际情况，能切实准确地反映出各因素的影响作用。考虑到各省份建筑垃圾排放量在空间地理位置上的差异，每个省份在每年均可得到一个回归方程。各地区回归方程的拟合系数在0.7左右，表明模型的解释能力较强。每个方程的拟合系数和各因素的回归系数均存在一定差异，表明各地区的垃圾排放量存在空间异质性。从回归系数中可看出，建筑产业规模对建筑垃圾排放量的影响程度最大，人口规模其次，人均GDP和劳动效率的影响相对较小。其中，人口规模、人均GDP和建筑产业规模表现为促进作用，劳动效率表现为抑制作用。2018年，由于全国整体的建筑业水平较高，建筑

产业规模的影响程度被削弱，而劳动力投入在不同省份对建筑垃圾排放量表现出不同形式的影响。

（1）人口规模因素

从表4-9中可知，各年人口规模的回归系数均为正，说明建筑垃圾排放量会随着人口规模的扩大而提高。安徽、江苏和上海的回归系数在各年均较高，且人口规模的影响程度以东部沿海地区的省份为中心，向四周逐渐扩散，新疆、青海和四川等内陆地区的回归系数较低。这是由于沿海地区的经济发展速度和人民生活水平普遍较高，发展空间较大，吸引了很多来自其他地区的人才。随着人口的增多，人们对建筑产品的需求也逐渐提高，这促使当地建筑业高速发展，提高了建筑垃圾的排放。而西北地区的气候状况较差，经济发达程度较低，从而导致人口流失严重，建筑业的发展也比较缓慢。为平衡各省份人口规模对建筑垃圾排放量的影响，应根据不同地区的人口发展状况，制定相对应的人口管理策略。安徽、江苏等较发达的省份，需控制其他地区的人口流入，减缓人口规模的扩大，从而降低人口增长对建筑垃圾排放的促进作用。新疆、青海、四川等省份应调整人口福利政策，吸引其他地区的人才前来发展，加快这些地区的经济建设，同时减轻其他省份的人口负担。辽宁、吉林和内蒙古等地区人口规模对建筑垃圾排放的影响程度适中，应保持现状，充分利用现有的人才与资源继续发展当地生产力，并控制建筑垃圾的排放。

（2）人均GDP因素

由表4-10中结果可知，各年人均GDP的回归系数均为正，则在各省份中人均GDP的增长均会导致建筑垃圾排放量的提高。回归系数较大的省份一般集中于我国南部或东部的沿海地区，这些省份的生产力发展较为迅速，环境气候舒适，能够吸引各地区的人才，从而提高当地的人均生产总值。在富裕程度和生活水平提高后，人们的消费质量也随之提高，更多的人开始购买高质量的住宅，并根据自身喜好进行装修，导致了大量建筑垃圾的排放。而偏远地区由于生产力发展较缓慢，建筑业发达程度较低，则人均GDP的提高不会对建筑垃圾的排放产生较强的促进作用。

表4-9 人口规模因素回归系数

省域	2005	2008	2011	2014	2016	2018	省域	2005	2008	2011	2014	2016	2018
黑龙江	0.522	0.528	0.592	0.524	0.519	0.574	江苏	0.669	0.625	0.692	0.628	0.600	0.669
内蒙古	0.488	0.474	0.520	0.500	0.483	0.511	安徽	0.661	0.606	0.664	0.627	0.593	0.662
新疆	0.323	0.294	0.305	0.302	0.317	0.295	四川	0.357	0.324	0.321	0.294	0.322	0.298
吉林	0.535	0.543	0.614	0.533	0.529	0.589	湖北	0.548	0.495	0.526	0.515	0.496	0.521
辽宁	0.545	0.548	0.618	0.540	0.531	0.592	重庆	0.428	0.386	0.394	0.311	0.379	0.362
甘肃	0.350	0.321	0.336	0.330	0.348	0.324	上海	0.668	0.621	0.679	0.662	0.600	0.661
河北	0.542	0.533	0.596	0.546	0.519	0.581	浙江	0.620	0.570	0.620	0.605	0.558	0.607
北京	0.536	0.529	0.591	0.542	0.517	0.576	湖南	0.450	0.406	0.425	0.371	0.390	0.383
山西	0.526	0.497	0.547	0.532	0.498	0.538	江西	0.515	0.468	0.503	0.449	0.447	0.463
天津	0.551	0.543	0.611	0.551	0.526	0.591	云南	0.316	0.280	0.281	0.242	0.259	0.240
陕西	0.484	0.441	0.468	0.436	0.452	0.452	贵州	0.394	0.353	0.361	0.249	0.330	0.312
宁夏	0.423	0.388	0.412	0.387	0.414	0.398	福建	0.514	0.466	0.506	0.436	0.447	0.461
青海	0.327	0.299	0.305	0.304	0.315	0.297	广西	0.390	0.346	0.360	0.231	0.313	0.298
山东	0.589	0.567	0.628	0.599	0.545	0.601	海南	0.379	0.333	0.352	0.213	0.291	0.277
河南	0.594	0.546	0.598	0.567	0.537	0.588	广东	0.426	0.380	0.405	0.315	0.347	0.339

表4-10 人均GDP因素回归系数

省域	2005	2008	2011	2014	2016	2018	省域	2005	2008	2011	2014	2016	2018
黑龙江	0.271	0.382	0.305	0.355	0.546	0.363	江苏	0.286	0.447	0.357	0.403	0.538	0.479
内蒙古	0.305	0.369	0.292	0.334	0.518	0.328	安徽	0.303	0.451	0.341	0.397	0.522	0.496
新疆	0.266	0.199	0.160	0.125	0.212	0.173	四川	0.480	0.395	0.279	0.203	0.376	0.366
吉林	0.269	0.394	0.318	0.361	0.550	0.377	湖北	0.373	0.469	0.317	0.369	0.493	0.481
辽宁	0.279	0.409	0.331	0.367	0.548	0.386	重庆	0.446	0.455	0.294	0.366	0.458	0.444
甘肃	0.285	0.247	0.190	0.160	0.274	0.207	上海	0.276	0.442	0.322	0.418	0.526	0.490
河北	0.297	0.416	0.345	0.374	0.540	0.379	浙江	0.305	0.453	0.273	0.391	0.498	0.495
北京	0.296	0.411	0.339	0.371	0.540	0.374	湖南	0.453	0.512	0.282	0.364	0.471	0.497
山西	0.318	0.415	0.332	0.361	0.516	0.375	江西	0.374	0.472	0.238	0.353	0.472	0.476
天津	0.294	0.420	0.348	0.376	0.544	0.388	云南	0.658	0.502	0.336	0.310	0.414	0.459
陕西	0.338	0.391	0.299	0.281	0.478	0.369	贵州	0.490	0.482	0.283	0.396	0.454	0.463
宁夏	0.321	0.333	0.257	0.232	0.422	0.295	福建	0.376	0.490	0.223	0.334	0.466	0.486
青海	0.281	0.223	0.172	0.133	0.210	0.190	广西	0.500	0.514	0.276	0.407	0.459	0.488
山东	0.302	0.436	0.347	0.397	0.538	0.425	海南	0.505	0.528	0.264	0.393	0.456	0.497
河南	0.327	0.445	0.347	0.374	0.519	0.446	广东	0.457	0.521	0.243	0.352	0.458	0.493

广东、江苏和浙江等南部和东南部生产力较发达的地区，应当在提高人民生活水平的同时，将一部分创造的价值投入建筑垃圾资源化的建设中，减少垃圾排放对环境造成的污染，维持居民正常有序的生活。新疆、青海和甘肃等人均GDP回归系数长期较低的地区，应加强人才素质的培养，在各行业推行优良的就业政策，加快生产力的发展，并且及时对建筑垃圾的排放进行管控，为当地居民提供更好的生活环境。

（3）劳动效率因素

由表4-11中结果可知，劳动效率的回归系数大多为负值，仅在个别年份出现了正值，可见劳动效率的提高对建筑垃圾排放的影响整体表现为抑制作用。从表中可知，各年系数较大的区域主要集中于新疆、青海、四川和云南等我国西部和西南部的内陆地区，由于其地理位置较偏远，不易与周边省份进行贸易往来，经济发展速度相对缓慢，则其劳动效率的提高对建筑垃圾排放的抑制程度较低，甚至可能会小幅度促进垃圾排放量的增长。各年的劳动效率回归系数从我国西部至东部地区逐渐递减，表明东部地区具有沿海的地理位置优势，交通运输更加方便，建筑业达到了比较发达的水平，劳动效率较高，能在很大程度上抑制建筑垃圾排放量的增长。

可见，东部经济较发达的省份，应保持良好现状，继续维持经济和建筑业的平稳发展。劳动力相对过剩的区域，可将部分劳动力调动至我国西北部较偏远的地区，平衡东西方向的劳动效率。西部地区在建筑业的发展方面也应推出相应福利政策，加强其他地区劳动人员前来参与建设的积极性，从而减缓各地区的建筑垃圾排放，维持环境与经济的平衡。

（4）建筑产业规模因素

由表4-12中结果可知，各年建筑产业规模的回归系数均为正且数值较大，表明各省份建筑产业规模的扩大对建筑垃圾排放的影响有直接的促进作用。2018年的回归系数与之前年份相比，出现了一定幅度的下降，表明当年各省份的产业规模已经扩大到了较高的水平，且省际差距缩小，从而弱化了产业规模扩大对建筑垃圾排放的影响。回归系数较大的省份主要集中于我国东部沿海地区，各年产业规模的影响程度以安徽、江苏等地区为中心，逐渐向四周递减。新疆、青海、四川、云南等西部和西南部的省份，其产业规模对建筑垃圾排放的影响程度长期较低。由于我国各地

表4-11 劳动效率因素回归系数

省域	2005	2008	2011	2014	2016	2018	省域	2005	2008	2011	2014	2016	2018
黑龙江	−0.225	−0.434	−0.293	−0.421	−0.523	−0.316	江苏	−0.094	−0.395	−0.304	−0.324	−0.413	−0.273
内蒙古	−0.206	−0.389	−0.267	−0.355	−0.483	−0.222	安徽	−0.083	−0.381	−0.271	−0.297	−0.382	−0.253
新疆	−0.099	−0.128	−0.070	0.010	−0.061	0.069	四川	−0.106	−0.182	−0.039	0.032	−0.135	0.017
吉林	−0.228	−0.442	−0.305	−0.424	−0.521	−0.327	湖北	−0.107	−0.349	−0.159	−0.236	−0.338	−0.194
辽宁	−0.221	−0.444	−0.314	−0.420	−0.509	−0.318	重庆	−0.114	−0.276	−0.050	−0.024	−0.262	−0.089
甘肃	−0.133	−0.179	−0.092	−0.027	−0.126	0.050	上海	−0.072	−0.391	−0.264	−0.300	−0.390	−0.257
河北	−0.210	−0.431	−0.318	−0.388	−0.496	−0.281	浙江	−0.099	−0.403	−0.182	−0.273	−0.359	−0.230
北京	−0.213	−0.430	−0.314	−0.394	−0.499	−0.282	湖南	−0.127	−0.353	0.002	−0.153	−0.277	−0.134
山西	−0.196	−0.401	−0.287	−0.337	−0.443	−0.221	江西	−0.139	−0.395	−0.058	−0.211	−0.330	−0.187
天津	−0.211	−0.437	−0.323	−0.397	−0.498	−0.293	云南	−0.093	−0.160	0.049	0.011	−0.097	0.008
陕西	−0.164	−0.327	−0.205	−0.162	−0.366	−0.141	贵州	−0.113	−0.278	0.026	−0.036	−0.231	−0.075
宁夏	−0.168	−0.279	−0.166	−0.122	−0.309	−0.056	福建	−0.160	−0.430	−0.039	−0.209	−0.323	−0.191
青海	−0.104	−0.136	−0.062	0.021	−0.032	0.081	广西	−0.122	−0.316	0.073	−0.057	−0.229	−0.091
山东	−0.176	−0.423	−0.313	−0.378	−0.459	−0.290	海南	−0.133	−0.339	0.110	−0.053	−0.220	−0.096
河南	−0.144	−0.386	−0.277	−0.305	−0.406	−0.245	广东	−0.155	−0.389	0.065	−0.128	−0.266	−0.135

表4-12 建筑产业规模因素回归系数

省域	2005	2008	2011	2014	2016	2018	省域	2005	2008	2011	2014	2016	2018
黑龙江	0.787	0.853	0.576	0.837	0.727	0.348	江苏	1.010	0.990	0.859	0.957	0.780	0.578
内蒙古	0.663	0.699	0.476	0.733	0.668	0.281	安徽	0.988	0.947	0.854	0.962	0.774	0.609
新疆	0.281	0.208	0.179	0.241	0.209	0.107	四川	0.401	0.306	0.277	0.246	0.292	0.166
吉林	0.840	0.893	0.619	0.861	0.736	0.371	湖北	0.825	0.736	0.676	0.812	0.640	0.475
辽宁	0.859	0.898	0.638	0.872	0.731	0.380	重庆	0.590	0.509	0.476	0.342	0.451	0.276
甘肃	0.380	0.262	0.201	0.295	0.263	0.116	上海	0.992	0.984	0.884	0.988	0.782	0.606
河北	0.832	0.841	0.598	0.852	0.720	0.365	浙江	0.936	0.915	0.861	0.944	0.746	0.585
北京	0.815	0.833	0.587	0.847	0.718	0.356	湖南	0.674	0.621	0.623	0.649	0.528	0.357
山西	0.808	0.758	0.559	0.814	0.654	0.339	江西	0.786	0.748	0.730	0.782	0.614	0.431
天津	0.860	0.872	0.627	0.870	0.727	0.380	云南	0.371	0.322	0.345	0.301	0.299	0.188
陕西	0.724	0.613	0.485	0.565	0.548	0.288	贵州	0.532	0.486	0.493	0.393	0.416	0.255
宁夏	0.572	0.464	0.341	0.442	0.451	0.190	福建	0.813	0.778	0.777	0.781	0.635	0.456
青海	0.322	0.205	0.170	0.241	0.187	0.107	广西	0.558	0.525	0.559	0.483	0.438	0.274
山东	0.924	0.910	0.719	0.948	0.722	0.437	海南	0.564	0.540	0.596	0.519	0.442	0.276
河南	0.927	0.846	0.712	0.887	0.697	0.474	广东	0.661	0.626	0.661	0.636	0.512	0.334

区的经济和建筑业都处于不断发展的进程中，建筑规模不断扩大，从而导致建筑业市场的准入条件逐渐降低，产业过剩类的行业工程随之而增加，且行业规范并没有及时完善，这直接引发了建筑垃圾的大量排放。

可见，对于我国东部沿海地区的省份，应继续保持其较高的建筑产业规模，平稳发展建筑业，同时提高建筑业市场的准入条件，并完善相应的行业规范，提高建筑行业整体的质量，从而抑制建筑垃圾的大量产生。新疆、青海和四川等西部地区应利用建筑产业规模对建筑垃圾排放量促进程度较低的优势，加强和西南部建筑垃圾回收和资源化的技术建设，以便在建筑产业规模扩大时能及时合理地处置其产生的建筑垃圾。

4.5 本章小结

我国建筑垃圾排放量主要集中在华东和中南地区，其他地区产量占比仅为27.95%，东北地区建筑垃圾排放量占全国比重逐渐减小，建筑垃圾区域产量差异显著。建筑垃圾排放量的总体泰尔指数和区域间差异的变化特征比较相似，各地区和区域间差异对总体泰尔指数的贡献率在研究期间内的发展状况均比较稳定。中国建筑垃圾排放量较快和迅猛增长的省域大多集中在东部沿海地区，东西差异明显，变化趋势存在很大的空间差异性。中国建筑垃圾排放量存在显著的空间自相关性，建筑垃圾排放量的全局莫兰指数在研究期间内呈现出先波动性变化后持续上升的趋势。建筑垃圾的热点区域分布在江苏、浙江和山东这3个省份，省域建筑垃圾排放量的空间集聚效应明显。我国省域建筑业空间集聚水平对邻近地区的建筑垃圾排放量的增长具有明显的促进作用。人口规模、人均GDP和建筑产业规模因素对建筑垃圾排放量起到正向促进作用，劳动效率因素对建筑垃圾排放量起到负向抑制作用，且存在显著的时空异质性。受各项因素影响较大的省份大多集中于我国东南部沿海的经济发达地区。

5 中国建筑垃圾空间关联网络特征

随着我国城镇化进程的加快和城市更新活动的开展，全国各地建筑垃圾排放量呈逐年增长趋势。新版《中华人民共和国固体废物污染环境防治法》等相关法律的发布实施，使得建筑垃圾减量化管理不仅需要完善再生资源回收体系，还需要重视省域间建筑垃圾资源化政策关联与协调。我国幅员辽阔，在建筑垃圾减量化管理过程中，各省份的经济发展状况、资源禀赋、技术水平等存在较大差异，这在一定程度上导致各省份的建筑垃圾排放量存在时空异质性。随着区域经济一体化发展，建筑垃圾跨区域填埋和处理更加密切和复杂，突破了传统线性模式，呈现出复杂的网络结构特征。地理邻接省份和地理不邻接省份之间，建筑垃圾协同减排驱动因素迥异。精准描绘建筑垃圾排放量空间关联动态演进特征，明晰各省份在建筑垃圾排放量空间关联网络中的角色与作用，揭示建筑垃圾排放量空间关联具体影响因素，对推动区域建筑垃圾协同减排至关重要。鉴于此，本章将社会网络分析理论应用于建筑垃圾排放量空间关联研究，对中国建筑垃圾排放量空间关联网络结构演变、各省份个体网络特征变化及网络结构的影响因子展开深入探究，不但为建筑垃圾管理研究提供了新的研究视角，并对其驱动效应进行分析，揭示建筑垃圾排放量的区域协同减排机制，为“无废城市”建设和治理，以及新时代中国特色社会主义生态文明建设提供参考。

5.1 中国建筑垃圾空间关联网络

5.1.1 空间关联网络构建

社会网络分析方法是用以测定个人在群体与组织中被接受的程度，发现群体内人与人之间的现存关系，并揭示组织本身的结构特性的工具，其最基本的数学表达形式是图论法和矩阵法。它能够突破“属性数据”分析的局限，并针对“关系数据”的网络特征展开有效分析，是研究关系数据网络结构特征的有效手段。社会网络理论着眼于关系要素和结构要素，强弱联结、社会资本、结构洞是其三大核心理论。社会网络研究范式是以数学模型、图论等为基础，对网络中的各节点间、节点与整体网络间及不同网络系统间的关系展开多元探讨。网络中的节点即是行动者，从单个个体到国家都可以被作为网络中的节点，其研究尺度涉及从微观到宏观的各个层次。社会网络分析最大的优势就在于可以对关系数据进行量化分析，并对网络的结构进行探索，进而解释某些社会现象。社会网络理论研究的对象不受空间是否相邻的影响，而是以网络中各节点间的关系作为分析的基础，是对网络关系科学量化的研究方法。在建筑垃圾排放量空间网络结构当中，各省份建筑垃圾排放量是网络中的“点”，各省份之间在建筑垃圾排放量上的空间关联是网络中的“线”，这些点和线便构成了中国省域间建筑垃圾排放量的空间关联网络结构，网络中相互关系的强弱反映空间网络关联的强度。通过测度建筑垃圾排放量空间关联网络的网络密度、网络等级度、网络关联度、网络效率等指标刻画整体网络特征，通过测度各省份的度数中心度、中介中心度、接近中心度刻画个体网络结构特征，能够为建筑垃圾排放量空间关联性研究提供全新视角。

5.1.2 空间关联关系构建

由于区域发展水平、建筑业规模、技术创新水平等多重因素，中国建筑垃圾排放量呈现显著空间非均衡特征；此外，随着区域旅游协作、省际建筑垃圾减量化协同合作等纵深发展，建筑垃圾排放量空间关联格局日渐复杂化。因此，精准描绘建筑垃圾排放量空间关联动态演进特征，明晰各省、自治区、直辖市（不含西藏自治区和港澳台地区数据）在建筑垃圾排放量空间关联网络中的角色与作用，揭示建筑垃圾排放量空间关联具体影响因素，对推动区域协同减量化管理、实现建筑业绿色发展至关重要。目前，在社会网络空间中，点和点关联关系的确定方法有 VAR 模型和引力模型两种方法。其中 VAR 模型对数据时滞的选择要求较为严格，对网络结构动态刻画的精确性偏低；而引力模型作为描述区域关联的经典模型，可将经济、地理、人口等因素纳入指标体系，进而精确描绘网络系统结构及其内部关系演化特征。因此，研究中利用改进的引力模型确定我国各省份建筑垃圾排放量的空间关联关系，通过对整体网络特征指标的分析，明确我国建筑垃圾排放量空间关联结构特征，为政府把握我国建筑垃圾排放量整体情况起到科学参考作用。另外，对中国建筑垃圾排放量的空间关联网络进行块模型空间聚类分析，进一步明晰各省份在关联网络中的地位与作用。

在交通出行、社会交往、商品贸易、人口迁移、信息流通、科研合作等大量人、物、信息的空间流动现象中，都存在类似万有引力定律的规律，即两地之间的某种流动量与两地活力的乘积成正比、与两地距离的幂成反比。类比万有引力定律建立的引力模型也在交通出行分布预测、人口迁移量预测、地区间贸易量预测等诸多方面获得了广泛应用[①]。社会引力模型在许多方面都获得了广泛的研究和应用。在经济学中，社会引力模型被用来预测国家间的商品贸易量；在人口学中，社会引力模型被用来预测地区间的人口迁移量；在交通科学中，社会引力模型被用来预测地点间的交通出行量。引力模型之所以受到如此青睐，是由于在许多

① 闫小勇. 社会引力定律追根溯源［J］. 物理学报，2020，69（8）：73-80.

空间流动现象中都存在类似万有引力定律的规律。已有的研究表明建筑垃圾的排放量与区域的经济发展和单位人口等因素密切相关。空间经济引力模型可以用来描述区域间的经济联系①，计算公式如下：

$$y_{ij} = k \cdot \frac{\sqrt{P_i G_i}\sqrt{P_j G_j}}{D_{ij}^2} \tag{5-1}$$

式中，y_{ij}代表i和j两省份之间的经济关联强度；P_i和P_j分别代表的是i和j两省份年末人口数量；G_i和G_j分别代表的是i省份和j省份当年的实际GDP总值；D_{ij}代表i和j两省份之间的距离；k是通过具体问题来确定的系数。

传统的引力模型测算的空间关联，不考虑其方向性，研究中地区间的引力强度是一致的，因此忽视了由于交互作用和禀赋差异而具有双向性和非对称性问题。为突出建筑垃圾排放空间关联网络的有向性，更好地刻画和描述中国各省域建筑垃圾排放量之间的引力所受的相互影响，参考已有的相关研究②，研究中对公式（5-1）进行扩展，引入建筑垃圾排放量值，得到建筑垃圾排放量空间引力模型，修正之后的计算公式如下：

$$y_{ij}^* = k_{ij} \cdot \frac{\sqrt[3]{P_i L_i G_i}\sqrt[3]{P_j L_j G_j}}{\left[D_{ij} / \left(g_i - g_j\right)\right]^2}$$

$$k_{ij} = \frac{L_i}{L_i + L_j} \tag{5-2}$$

式中，L_i和L_j分别表示i省份和j省份当年的建筑垃圾排放量；g_i和g_j分别代表的是i省份和j省份当年的人均GDP，其差值（g_i-g_j）是用来刻画两省份之间的经济差距的变量；k_{ij}是由两省份的建筑垃圾排放量确定的占比系数；y_{ij}^*可表示i省份的建筑垃圾排放量受j省份的影响程度。通过公式（5-2）可计算出中国省域建筑垃圾排放量的空间关联关系矩阵。在建筑垃圾排放量引力模型矩阵中，计算每一行的平均值，并以该值为临界值。当矩阵中的单元格数值大于或等于其所在行的平均值时，将该单元格记为1，表示该单元格列所在的省域对行所在的省域的建筑垃圾排放量有很大影

① CUI P, LI D Z. A SNA-based methodology for measuring the community resilience from the perspective of social capitals: Take Nanjing, China as an example [J]. Sustainable Cities and Society, 2020 (53): 101880.

② 孙亚男，刘华军，刘传明，等. 中国省际碳排放的空间关联性及其效应研究——基于SNA的经验考察［J］. 上海经济研究，2016（2）：82-92.

响。若单元格值小于行平均值，则将该单元格记为0，表示该单元格列所在的省域对行所在的省域的建筑垃圾排放量影响程度很小，不存在关联关系。在此基础上形成的0-1矩阵为建筑垃圾排放量的空间关系矩阵。

5.2 中国建筑垃圾空间关联网络分析框架

5.2.1 整体网络特征分析

本节采用网络密度、网络关联度、网络等级度和网络效率刻画建筑垃圾排放量的整体网络特征。网络密度表示网络中各节点空间关联的紧密性，可以用实际存在的关系总数与理论上最多可能存在的关系总数之比来计算，网络关联性反映网络自身的稳健性和脆弱性。在空间关联网络中，如果任意两个城市之间的连接路径四通八达，那么该网络的关联性就较强，如果网络中较多的连线都与一个城市相连，那么网络对该城市的依赖性就会很高，一旦排除该城市，网络就可能崩溃。关联性用网络关联度、网络效率以及网络等级度来衡量。在社会网络方法分析中，通常采用网络密度、网络等级度和网络效率等指标进行研究分析。整体网络密度表示关联网络中省域之间影响的紧密程度，该数值越大，表示各省份之间建筑垃圾排放量的联系越紧密，省份整体之间的影响也比较大。网络等级度用于衡量关联网络中各省份之间的关系的非对称可达程度，网络等级度较高则表明网络中省份之间的等级结构较为不平等，同时有少数省份在网络中处于支配地位，应当对此加强平衡。网络效率用于度量网络中各省份之间的联系效率，与省域之间的连线数量相关，网络效率值越低表示省域间的关联线路越多，同时表明省域之间关系越复杂。

5.2.2 个体网络特征分析

建筑垃圾排放量空间关联网络中个体网络结构特征选用度数中心度、中介中心度和接近中心度指标进行分析（见表5-1）。点的度数中心度表示在关联网络中与该点直接相连接的其他点的个数，该数值越大，表示这个点在网络中的地位越重要。中介中心度测量点位于其他点中间的程度，即点在网络中的中介作用，该数值越大，则该点更能够连接其他点，对其他点之间的关联关系产生一定的作用。点的接近中心度表示该点不被其他点影响的程度，一般使用点之间的最短距离来测量，该点与其他点的距离之和越小，该点就越不受控制，越能够在网络中处于核心地位。

表5-1 **建筑垃圾排放量空间关联网络特征分析的主要指标测算与说明**

	指标	指标定义	指标含义
个体网络	度数中心度	与某成员直接关联的成员数量与最大可能关联的成员总数之比	度数中心度越高，某成员对其他成员的控制越高
	接近中心度	网络中某成员与其他成员的捷径距离之和	接近中心度越高，成员之间的距离越短，关联与协同越密切
	中介中心度	网络中成员为其他成员发挥中介作用的程度	中介中心度越高，成员在网络中的中介地位越明显
整体网络	网络密度	网络关系数与理论最大关系总数之比	密度越大，成员之间关联关系越紧密
	网络关联度	网络中任何两个成员之间直接或间接可达的程度	关联度越大，网络结构的稳健性越强
	网络等级度	网络中成员之间非对称可达程度	等级度越大，网络等级越森严，成员的支配地位越强
	网络效率	网络中存在多余连线的程度	效率越低，网络中一处路径越多，网络结构越稳定

5.2.3 网络块分析

为研究各省份在整体网络中所处的发出地位和接收地位，并将类似性质的省份归为一类，研究中采用CONCOR方法，对建筑垃圾排放量的空间关联网络进行空间聚类分析，通过重复计算矩阵中行列之间的相关系数，再将相关系数收敛成由1和-1组成的矩阵，进而将相关系数相同的省份划成一个块。根据Burt对块矩阵中块的位置划分，结合块内部的联系紧密程度和其拥有的发出关系和接收关系，社会网络中行动者主要分为主受益、双向溢出、经纪人和净溢出四类角色[①]。位于主受益位置的成员接收其他板块的溢出关系数较多，而对其他板块的溢出效应相对较小；处于双向溢出位置的成员对板块内外都产生关联效应，接收其他板块的溢出关系相对不多；经纪人板块的行动者既发送也接收外部关系，但其内部关系占比较低，在网络中担任中间人角色；净溢出类型的网络节点与外部成员之间的关联关系远大于板块内部关系，且较少接收来自其他板块的外部关系。将每个块的位置分别识别为“孤立人”、“首属人”和“经纪人”，再根据省份所处的位置，结合实际数据进行进一步分析。

Wasserman等提出了考察位置内部关系的指标：假设网络中共有g个节点，其中某板块Z_k包括g_k个节点，则Z_k板块中所有成员在网络中最大可能关系数为$g_k \times (g-1)$，其内部最大可能关系数为$g_k \times (g_k-1)$个；在理性状态下板块Z_k的期望内部关系比例为$[g_k \times (g_k-1)] / [g_k \times (g-1)] = (g_k-1) / (g-1)$，以此作为判断板块位置的指标，其具体评价方法见表5-2。

表5-2 **块模型类型划分**

板块内部比例关系	板块接收关系比例	
	≈0	>0
大于等于$(g_k-1) / (g-1)$	双向溢出板块	主受益板块
小于$(g_k-1) / (g-1)$	净溢出板块	经纪人板块

5.3 中国建筑垃圾空间关联网络特征分析

利用公式（5-2）计算建筑垃圾排放量空间引力模型，并得到建筑垃圾排放量空间关系矩阵。利用社会网络分析方法对建筑垃圾排放量的空间网络特征进行分析。图5-1绘制了2018年我国建筑垃圾排放量的空间关联网络图，建筑垃圾排放量空间关联关系较多的省份包括上海、北京、天津、江苏、浙江、广东和山东等。可以看出，我国省域建筑垃圾排放量空间关联呈现出典型的“中心-边缘”网络结构形态，所有省份都不可缺少，空间严密。建筑垃圾排放量空间网络结构加剧了省域建筑垃圾排放量的相互影响。

① BARNETT G A，DANOWSKI J A.The structure of communication：a network analysis of the international communication association [J]. Human Communication Research，1992.

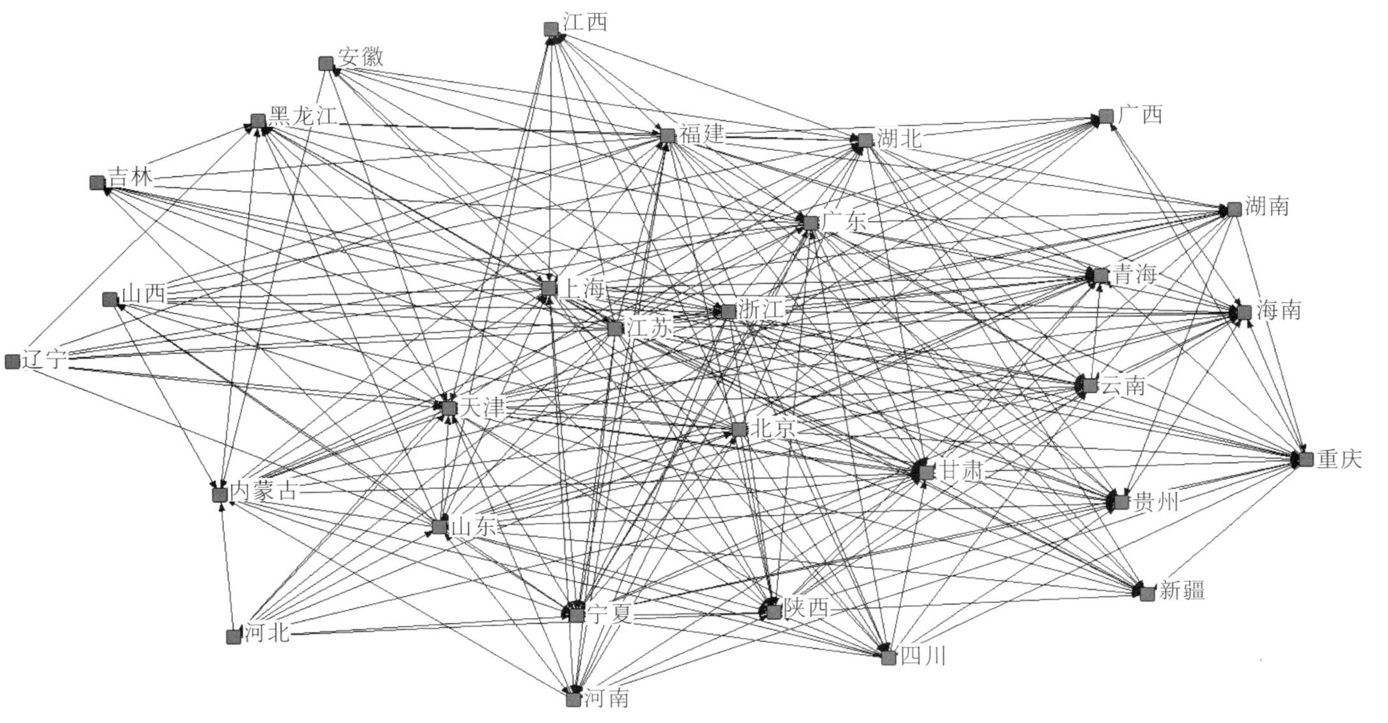

图5-1 2018年中国省域建筑垃圾排放量的空间网络

5.3.1 整体网络分析

（1）整体网络密度

2005—2018年，我国建筑垃圾排放网络的整体网络密度和关联关系如图5-2所示。由图5-2可知，网络密度值与网络关系数的变化保持一致，整体网络密度和关联关系数呈现出逐年上升的趋势。空间网络密度由2005年的0.26上升到2018年的0.32，表明我国建筑垃圾排放在省域之间整体上的空间关联是加强的。粤港澳大湾区、京津冀一体化和长三角地区经济的发展成为我国经济发展的主要增长极，使所在省份建筑垃圾排放量影响进一步增强，加强了建筑垃圾排放量空间结构网络的空间关联。空间关联关系由2005年的229个上升到2018年的276个。网络密度的逐年增加表明我国省域之间建筑垃圾排放量的空间关联关系越发密切。从我国省域建筑垃圾排放量的空间关联关系来看，我国省域建筑垃圾排放量空间关联的紧密程度不是很高，2018年的最大关系数276小于所有省份最大可能的关系总数870个。2018年，我国建筑业实现增加值61808亿元，比2017年增长4.5%。2018年，我国国内生产总值比2017年增长6.6%。由此可知，国内生产总值增速高于建筑业增长速度。建筑业增长速度的放缓使建筑垃圾排放量的增加速度减缓，省际建筑垃圾排放量空间关联关系增加缓慢。随着“一带一路”倡议不断实施，我国经济发展后劲十足，省域建筑垃圾排放量空间关联网络结构的密度会逐渐增大。因此，在经济发展的同时也要注意控制建筑垃圾排放量的增加。随着网络关系和网络密度的增加，网络结构中的冗余线条数也将上升，若冗余度超出网络承载范围，将会增加省际关联成本，进而抑制省际资源与信息要素流动，降低区域协同减排效率。为此，应促使建筑垃圾排放量空间关联网络维持合理的网络密度，以促进区域协调发展。

（2）网络等级度

建筑垃圾排放量空间关联网络等级度的计算结果如图5-3所示。由图5-3可以看出，2005—2007年网络等级度变化不大，保持在0.56左右；2008—2014年下降趋势明显，2014年下降至0.24，降幅为58%；

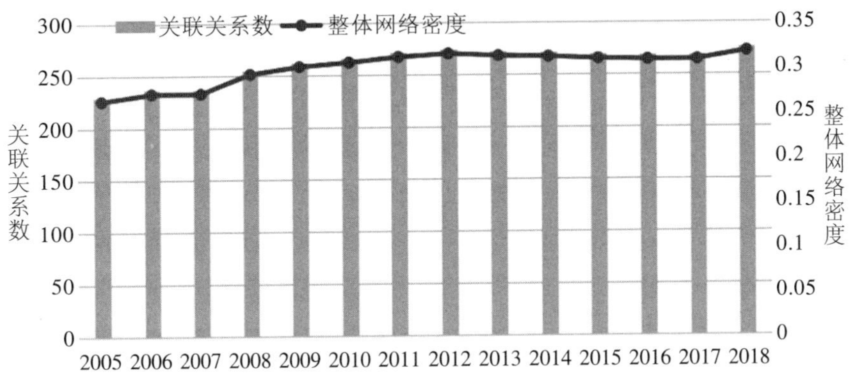

图 5-2　建筑垃圾排放网络的整体网络密度和关联关系

2015年保持在0.24左右；2016—2018年呈上升趋势，涨至2018年的0.39左右，涨幅为63%。由此可知，2005—2018年，中国省域建筑垃圾排放量空间关联结构网络的网络等级度先减小后增大，呈“V”形变化趋势。这与我国建筑业产值增长速度的变化趋势一致。这说明建筑垃圾排放量空间网络中，严格的等级结构逐步发生变化，经济发达的省份在建筑垃圾排放量空间关联网络中处于核心地位。随着我国经济的发展，省际经济发展的差距在减小，更多省份关注建筑垃圾减排和治理的“话语权”。我国在环保政策制定和落实过程中，除了限制重点省份的建筑垃圾排放，也需要兼顾到其他省份建筑垃圾排放的公平性。随着“低碳、绿色”发展理念深入人心，各省份出台政策，进行建筑垃圾资源化处理。各省份经济发展和技术的差异性，使得建筑垃圾排放量空间网络又逐渐朝严格的等级网络结构方向演变。因此，在“无废城市”治理和建设过程中，尤其在建筑垃圾减排和资源化政策制定过程中，更应该关注技术的发展。关注建筑垃圾排放量空间关联网络的网络效率和网络等级度，不仅可以推进各省份建筑垃圾减量化管理措施落实，还可以推动省际建筑垃圾排放量空间网络发展，实现资源节约型、环境友好型社会的建设。

（3）网络效率

建筑垃圾排放量空间关联网络效率的计算结果如图5-3所示。由图5-3可以看出，在前三年的平稳发展之后，网络效率在2008年出现下滑，随后几年的变化逐渐趋于稳定。可见我国2006年的经济调节和市场监管产生了效果，提高了网络联系的数量，并且2018年的下滑程度也比较高。14年的网络效率总体表现出小幅度的下降趋势，并且波动不明显，表明网络的复杂程度在逐渐缓慢提高，联系通道的数量在逐渐提高。“十一五”规划之后，原本经济规模较小的省份得到了迅速发展，而领先的省份也在此之后更进一步维护自身的主导地位。对此，应更加关注在网络中处于较弱地位的省份，采取措施减少这些省份被其他省份影响的程度，并在多方面促进这些省份的发展。

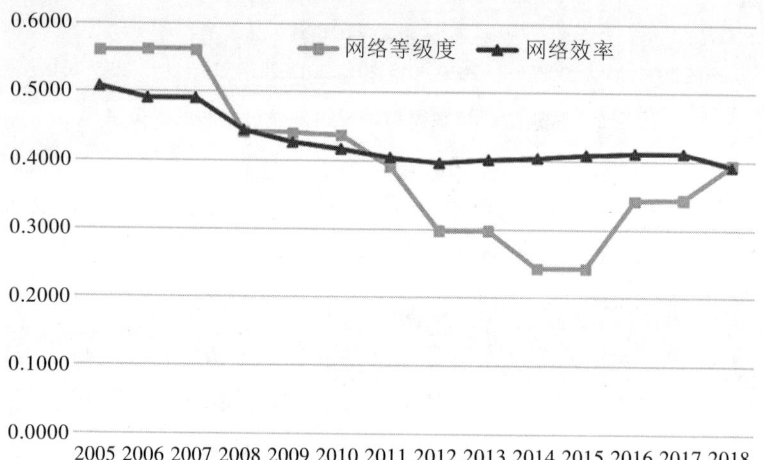

图5-3 建筑垃圾排放量网络的网络等级度和网络效率

建筑垃圾排放量空间关联结构网络的连线逐步增多，表明建筑垃圾排放量空间关联网络更加复杂和稳定。随着我国城镇化的推进，城市人口规模的不断扩大，区域一体化发展的加强，建筑垃圾排放量省域影响呈增强趋势。随着我国经济的发展，建筑垃圾排放量主要集中在发达省份的情况正在逐渐改善，省域经济发展的联系在逐步增强。2005—2018年，省际建筑垃圾排放量空间关联网络等级度的变化趋势说明，网络结构还需要进一步优化。网络效率总体呈下降趋势，省域建筑垃圾排放量空间关联的连线逐渐增多，网络稳定性逐渐增强，降低了等级严格的建筑垃圾排放量空间关联结构。

网络效率由2005年的0.55下降至2018年的0.47，下降幅度15%。2005—2018年建筑垃圾排放空间结构关联网络明显呈下降趋势。建筑垃圾排放量空间关联结构网络效率下降，这说明我国建筑垃圾排放量空间关联网络结构的关联关系数量呈上升趋势，跨省份建筑垃圾排放量空间关联关系越来越紧密。建筑垃圾排放量空间关联网络结构中各省份之间的连线增多，网络更加复杂和稳定。

综合考虑以上建筑垃圾排放量空间关联结构网络特征分析来看，随着我国建筑业的发展，新型城镇化进程的推进，城市人口规模的扩大，以及技术进步和区域一体化的发展，各省域建筑垃圾排放量逐年增多，建筑垃圾排放空间关联结构关系增多，建筑垃圾排放的空间溢出效应辐射面更加广泛，各省域建筑垃圾排放量空间关联程度逐年上升，溢出效应日益显著，各地区间建筑垃圾排放量关联的关系数逐渐增多，进一步提升了网络结构的稳定性。

5.3.2 个体网络分析

由于2018年的数据是距离现在较近的，并且该年的网络密度、网络等级度和网络效率与之前几年相比，均产生了一定波动，不符合原有的发展趋势，于是使用2018年的数据研究个体网络特征（见表5-3）。从图5-1的可视化结果中可看出整体网络呈现出明显的“核心-边缘”状态，处于中间有较多关联关系的省份分别为北京、上海、江苏、浙江和广东。这些省份的经济发展比较迅速，生产技术水平很高，所以其产生的建筑垃圾容易和其他省份产生关联。

表5-3 2018年省域建筑垃圾排放量的关联网络中心性分析

省份	度数中心度				中介中心度		接近中心度	
	点出度	点入度	指数	排名	指数	排名	指数	排名
北京	23	3	79.30	4	4.20	4	82.90	4
天津	14	11	75.90	5	4.00	5	80.60	5
河北	8	6	34.50	25	0.10	29	60.40	25
山西	3	9	37.90	24	0.30	22	61.70	24
内蒙古	3	14	58.60	13	1.20	11	70.70	13
辽宁	2	8	31.00	27	0.20	25	59.20	27
吉林	1	9	31.00	27	0.20	25	59.20	27

续表

省份	度数中心度				中介中心度		接近中心度	
	点出度	点入度	指数	排名	指数	排名	指数	排名
黑龙江	1	13	44.80	20	0.50	17	64.40	20
上海	25	10	89.70	2	5.00	2	90.60	2
江苏	27	1	93.10	1	5.10	1	93.50	1
浙江	23	3	82.80	3	4.80	3	85.30	3
安徽	8	3	27.60	30	0.10	29	58.00	30
福建	18	7	75.90	5	3.80	7	80.60	5
江西	5	8	31.00	27	0.20	25	59.20	27
山东	21	5	75.90	5	3.20	8	80.60	5
河南	10	5	41.40	22	0.30	22	63.00	22
湖北	15	7	65.50	10	1.90	9	74.40	10
湖南	10	7	44.80	20	0.30	22	64.40	20
广东	18	7	72.40	8	4.00	5	78.40	8
广西	2	9	34.50	25	0.20	25	60.40	25
海南	0	15	51.70	16	0.60	15	67.40	16
重庆	9	10	55.20	14	0.90	14	69.00	14
四川	9	8	51.70	16	0.40	20	67.40	16
贵州	3	13	51.70	16	0.50	17	67.40	16
云南	4	13	55.20	14	0.60	15	69.00	14
陕西	8	12	65.50	10	1.20	11	74.40	10
甘肃	6	15	69.00	9	1.40	10	76.30	9
青海	0	15	51.70	16	0.50	17	67.40	16
宁夏	0	18	62.10	12	1.00	13	72.50	12
新疆	0	12	41.40	22	0.40	20	63.00	22
平均值	9.20	9.20	56.09	—	1.57		70.71	

（1）度数中心度

由计算可知，在省际建筑垃圾排放量空间关联网络中，网络的平均度数中心度指数为56.09。北京、天津、内蒙古、上海、江苏、浙江、福建、山东、湖北、广东、陕西、甘肃和宁夏的度数中心度指数高于全国的平均值，在建筑垃圾排放量空间关联网络中的局部关联关系数较多。除陕西、甘肃和宁夏外，这些省份绝大部分位于环渤海、长三角和珠三角地区。其中，江苏的度数中心度指数最高，达到93.1，说明江苏经济发展与其他省份之间存在密切的空间关联。这说明东部沿海地区建筑垃圾排放量的空间关联和溢出效应具有很强的影响力。辽宁、吉林、安徽和江西等省份，网络中关联关系的数量较少，经济规模相对较小，经济发展的速度慢，较难与其他省份之间存在建筑垃圾排放的空间关联关系。

从个体网络点出度来看，排在前7位的省份分别是江苏、上海、浙江、北京、山东、福建和广东。这7个省份均位于东部沿海地区，经济发达、交通便利，每年的地区生产总值和人均收入大多位于前列。这些省份对外均有建筑垃圾排放量的溢出效应，并且大多数省份建筑垃圾的点出度大于18。建筑垃圾排放量的溢出效应不仅停留在相邻省份，而且已跨越距离，在全国范围内形成了极为广泛的空间关联关系。排名较后的省份，如辽宁、吉林、黑龙江、海南等，由于这些地区位于较为偏远的地方，经济规模较小，不易对其他省份起到影响作用。其中，辽宁位于我国东北地区，有南部沿海的优势，但辽宁的点出度排名靠后，表明其没有太高的影响力。辽宁应当利用好南部沿海的优势，充分利用物资，提高经济发展速度。

从个体网络点入度的计算结果来看，全国各省份点入度的平均值为9.2。由表5-3和表5-4可以看出，点出度中排名较前的省份，其点入度的排名会比较靠后。江苏比较明显，分别在点出度和点入度中位列第一名和最后一名，可见其在网络中具有重要的影响能力。点入度中排名较前的8个省份分别为：宁夏、青海、甘肃、海南、内蒙古、黑龙江、贵州和云南，这些省份建筑垃圾的排放受其他省份影响比较大。除海南之外，这些省份大多位于我国西部和北部，均不沿海，这不利于其运输物资，也阻碍了经济和生产力的发展。而海南位于我国华南地区，与其他省份的贸易往来不太方便。所以这些省份在关联网络中处于被动地位，应采取策略促进其社会和经济的发展，并注意控制建筑垃圾的排放量，从而和东部沿海地区进行地位平衡。

（2）中介中心度

由计算可知，建筑垃圾排放量空间关联结构网络中介中心度的平均值是1.57。北京、天津、上海、江苏、浙江、福建、山东、湖北和广东等9个省份的值超过1.57。其中，江苏的值最高，为5.1。江苏作为经济发达省份，在建筑垃圾排放量空间关联网络中处于核心地位，并在建筑垃圾排放量网络中起到“桥梁”作用。2018年，建筑垃圾排放量空间关联关系网络中介中心度总量为47.1，而排名前9位的省份的中介中心度之和占全国总量的51.1%。这些省份在建筑垃圾排放量空间关联网络中起到控制其他省份的建筑垃圾排放量空间关联关系的作用。这些省份的经济规模居我国前列，处于我国经济发达地区。这些省份因其与其他省份贸易往来频繁，影响着其他省份建筑垃圾排放量，在关联网络中起到了重要的传递作用，应该对其建筑垃圾加强管控以减少排放量。而河北、辽宁、吉林、安徽和江西等5个省份的中介中心度不大于0.2，这些省份的经济发展速度较慢。可知，建筑垃圾的排放量受各省份所处的地理位置、人口规模和经济发展水平的制约。

（3）接近中心度

由表5-3的结果可以看出，接近中心度的均值为70.71。北京、天津、上海、江苏、浙江、福建、山东、湖北、广东、陕西、甘肃和宁夏等12个省份的接近中心度高于全国均值。可以看出，这些省份是我国经济、商贸和文化领域的中心，在建筑垃圾排放量空间关联结构网络中位于省域建筑垃圾排放网络的中心，在网络中扮演着中心行动者的角色。处于网络中心地位的省份，利用自身的资源、政策、技术、资金等方面的优势与周围的省份形成建筑垃圾排放量的关联关系。而接近中心度小于均值的省份，在网络中扮演边缘行动者角色，建筑垃圾排放量会受到周边省份的影响，也会向中心省份发出建筑垃圾排放量空间关联关系。建筑垃圾排放量空间关联网络逐渐出现“中心-边缘”结构。

5.3.3 空间聚类分析

利用2018年的数据，运用CONCOR方法将30个省份分为4个板块，分析网络的空间聚类特征，如表5-4所示。其中，位于第一板块的省份主要包括北京、上海、江苏、广东、山东、福建、浙江，除北京外均为东部沿海地区，经济较为发达。第二板块包括3个省份，分别是重庆、天津、湖北，位于我国西南部、中部和沿海地区，发展状况较好。第三板块主要包括6个省份，分别为安徽、四川、河南、江西、湖南、河北，大多位于中部地区，经济发展水平一般。第四板块主要包括辽宁、内蒙古、山西、广西、海南、吉林、黑龙江、贵州、云南、陕西、甘肃、青海、宁夏和新疆等14个省份。

表5-4　**建筑垃圾排放量空间关联网络的溢出效应**

板块	接收关系数合计（个）		发出关系数合计（个）		期望内部关系比例（%）	实际内部关系比例（%）
	板块内	板块外	板块内	板块外		
板块一	13	23	13	142	20.69	8.39
板块二	1	27	1	37	6.90	2.63
板块三	0	37	0	50	17.24	0.00
板块四	28	147	28	5	44.83	84.85

注：期望内部关系比例=（板块内省份个数－1）/（网络中所有省份个数－1）；实际内部关系比例=板块内部关系数/板块的溢出关系总数。

2018年的整体网络密度约为0.3172，可将空间聚类密度矩阵中大于或等于0.3172的值替换为1，将小于0.3172的值替换为0，从而计算得到关联网络的像矩阵，如表5-4所示。图5-4直接反映了建筑垃圾排放空间关联网络四大板块之间的关联关系。

在建筑垃圾排放量空间关联网络结构中存在240个关联关系。建筑垃圾排放四个板块之间存在着明显的空间关联和溢出效应。由表5-4可以看出，第一个板块溢出效应为155个，接收其他板块的溢出关系为23个，板块内部的关系为13个，板块一期望的内部关系比例和实际的内部关系比例分别为20.69%和8.39%，板块一属于“受益者”。第二板块溢出效应为38个，接收其他板块的溢出关系为27个，板块内部的关系为28个。板块二期望的内部关系比例和实际的内部关系比例分别为6.9%和2.63%，板块二属于“经纪人”。第三板块和第四板块溢出效应分别为50和33个，板块内部的关系分别为0和28个，接收其他板块的溢出关系分别为37和147个。板块三和板块四期望的内部关系比例分别为17.24%和44.83%，实际的内部关系比例分别为0和84.85%，板块三和板块四分别属于“经纪人”和“受损者”。“经纪人”在建筑垃圾排放空间关联网络中，不仅对其他板块有发送关系，而且也接收来自外部板块的关系，在建筑垃圾排放量网络中起到“桥梁”作用。

表5-5 关联网络的密度矩阵和像矩阵

板块	密度矩阵				像矩阵			
	板块一	板块二	板块三	板块四	板块一	板块二	板块三	板块四
板块一	0.310	0.524	0.786	1.000	0	1	1	1
板块二	0.095	0.167	0.222	0.738	0	0	0	1
板块三	0.476	0.667	0.000	0.214	1	1	0	0
板块四	0.010	0.095	0.000	0.154	0	0	0	0

根据表5-5可知，板块一为“受益者”，板块二和板块三为“经纪人”，板块四为“受损者”。为直观描述板块之间的关联关系，将板块内部和板块之间的关系数画图展示，其中溢出关系的数量小于10的不会被展示。

板块一和板块四不仅自身内部存在着建筑垃圾排放量的关联关系，而且还受到板块二和板块三建筑垃圾排放量溢出效应的影响。其中，板块一有非常突出的影响能力，对网络中的其他板块都会产生影响，对板块四的影响较为突出。因为板块一所包含的北京、上海和广东等省份的经济发展较为领先，其人均收入和其他省份相比，会拉开比较大的差距，从而使其很容易对其他省份产生影响。板块二所包含的省份数较少，但依然对板块四产生了较多的溢出关系。其受到板块一和板块三的影响较多，说明其具备一定的经济实力，但在网络中的地位较为被动。板块三对其余三个板块均产生影响，但影响程度比板块一低很多。其所

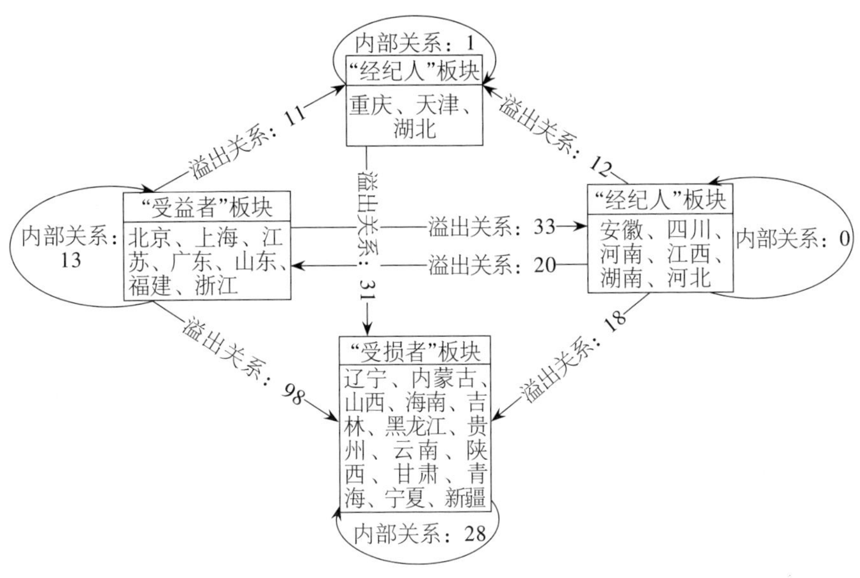

图 5-4 关联网络四大板块之间的关联关系

包含的省份与板块一相比，经济发展水平仍存在较大差距。板块二与板块三均为关联网络中的“经纪人”，内部联系不紧密，在网络中起到传递作用，是建筑垃圾排放量管理中应重点关注的板块。板块四所包含的省份均因地理位置不占优势、经济发展水平较低等原因，整体发展速度较慢，在网络中很大程度上受到其他板块的影响。提高这些省份的经济发展水平是很有必要的，应采取措施改善其在网络中的被动地位，降低其建筑垃圾产量被影响的强度，使网络中各省份的等级地位趋于平等。综上所述，网络分块中的“经纪人”作用比较明显，在网络中产生了一定的关联关系。“受损者”和“受益者”分别对其他板块产生了较多的接收和发出关系。可见在管理建筑垃圾排放量时，应该注重分块之间的联系，而对分块内部省份的联系可适当放松，将管理力度用在有效率的地方。另外，板块一的影响能力比较强，应保持并利用其经济发展水平较高的优势，这表明省际建筑垃圾排放量空间关联网络中各板块之间发挥着比较优势，建筑垃圾排放量“全国一盘棋”的联动效应更加明显。研究期内，板块间关联关系分布愈加广泛，说明各板块优势潜能得以释放，板块间空间关联性进一步加强，网络联动效应愈发显著。人口数量的差异 、环境规制水平的差异增加了我国省域建筑垃圾在空间方面的流动性。

5.4 中国建筑垃圾空间关联网络驱动效应

省域建筑垃圾排放量空间关联结构和特征对建筑垃圾排放量的影响是关注的重点，接下来将从建筑垃圾排放量的整体网络和个体网络两个维度对建筑垃圾排放强度和区域公平性效应进行分析，揭示建筑垃圾排放量的空间网络结构和特征对建筑垃圾排放量的影响。研究中分别以2005—2018年中国30个省份的省域建筑垃圾强度和建筑垃圾排放强度的标准差作为被解释变量，以2005—2018年每年的网络密度、网络等级度和网络效率作为因变量，进行OLS回归分析。研究中为了消除量纲的影响，所有变量均取自然对数。30个省份网络密度、网络等级度、网络效率数据已经在图5-2和图5-3中算出。在个体网络效应分析中，将各年各省份的建筑垃圾排放强度作为因变量，以计算出各省份建筑垃圾排放量网络的度数中心度指数、接近中心度指数和中介中心度指数，并以此作为因变量，分别以30个省份的点度中心度、中介中心度、接近中心度，建立面板数据模型（其中被解释变量和解释变量同时取自然对数）。为了消除量纲的影响，所有变量均取自然对数，同时做了Hausman检验，用于判断模型的检验结果是适用固定效应模型还是随机效应模型。

5.4.1 整体空间网络结构的效应分析

运用Stata16.0软件进行时间序列数据回归，分析结果如表5-6所示。根据表5-6的回归结果可以得到，表内所有的回归系数均通过1%的显著性检验，同时整体上拥有较高的R^2，回归模型的拟合情况较好。

（1）整体网络结构对全国建筑垃圾排放量强度的效应分析

由表5-6可以看出，在模型（5-3）至（5-5）中，全国建筑垃圾排放强度和网络密度呈正相关，和网络等级度与网络效率呈负相关，且影响均显著。在网络密度、网络等级度和网络效率分别提高1%时，建筑垃圾排放强度将分别增加18.03%、-3.535%和-21.93%。网络密度的降低、网络等级和网络效率的提高能显著降低全国建筑垃圾排放强度。随

表5-6 **中国建筑垃圾排放量整体网络结构的效应分析结果**

因变量	全国建筑垃圾排放强度			省际建筑垃圾排放强度的标准差		
模型	（5-3）	（5-4）	（5-5）	（5-6）	（5-7）	（5-8）
常数项	46.10***	20.95***	9.339***	47.23***	21.46***	9.555***
网络密度	18.03***			18.46***		
网络等级度		-3.535***			-3.650***	
网络效率			-21.93***			-22.51***
R-squared	0.727	0.589	0.745	0.713	0.587	0.734
RESET检验	0.62	7.78	0.18	0.67	7357	0.21
	（0.621）	（0.0072）	（0.9095）	（0.5928）	（0.0078）	（0.8845）
BP检验	2.64	0.04	0.92	2.63	0.04	0.99
	（0.1042）	（0.843）	（0.3364）	（0.1046）	（0.8401）	（0.3192）
BG检验	9.007	6.294	6.724	9.03	6.473	6.917
	（0.0027）	（0.0121）	（0.0095）	（0.0027）	（0.0110）	（0.0085）

注：1.***、**、*分别代表1%、5%、10%的显著性水平。2.括号内为参数估计值的P值。

着网络密度的增加，各省域建筑垃圾排放量的关联更加紧密，建筑垃圾排放量相互影响增强，增加了建筑垃圾的排放强度。网络等级度提高，建筑垃圾排放量空间网络结构不平等增加，少数省份在建筑垃圾排放量关联网络中的支配作用加强，受东南沿海省份影响，全国建筑垃圾排放强度降低。建筑垃圾排放量网络效率的提高意味着网络中有效连线的数量减少，各省份之间建筑垃圾的排放量相互影响关系减弱，建筑垃圾排放量受核心省份的影响较大，建筑垃圾排放强度降低。

（2）整体网络结构对省际建筑垃圾排放强度差异的效应分析

建筑垃圾排放的空间公平性是影响建筑垃圾减排的重要因素，本书选取省际建筑垃圾排放强度的标准差作为建筑垃圾排放强度的差异进行分析，结果如表5-6所示。在模型（5-6）至（5-8）中，整体分析指标对省际排放差异的影响与全国排放强度类似，中国省际建筑垃圾排放的空间网络密度、网络等级度和网络效率的回归系数分别为18.46、-3.65和-242.51。可以看出，我国建筑垃圾排放量空间关联网络结构对建筑垃圾排放强度的差异具有显著的影响。网络密度的降低、网络等级度和网络效率的提高能显著降低建筑垃圾的排放强度差异。上述结果进一步证明，合理配置和调整中国省际建筑垃圾排放空间网络结构有助于降低我国建筑垃圾排放量，缩小省际建筑垃圾排放的强度差异。

5.4.2 个体空间网络结构的效应分析

运用Stata16.0软件进行时间序列数据回归，分析结果如表5-7所示。根据Hausman检验结果，模型（5-10）和（5-11）支持随机效应，模型（5-9）有很强的固定效应。在模型（5-9）至（5-11）中，各分析指标均通过了1%的显著性检验，可见其对建筑垃圾排放强度有显著影响。

表5-7 **个体网络结构的效应分析结果**

模型	（5-9）	（5-10）	（5-11）
常数项	24.25***	23.11***	25.19***
度数中心度指数	1.280***		
接近中心度指数		-0.342***	
中介中心度指数			0.407***
Wald	55.13***	63.54***	99.5***
Hausman	7.56***	3.31	0.18
FE/RE	FE	RE	RE

注：1.***、**、*分别代表1%、5%、10%的显著性水平。2.FE：固定效应；RE：随机效应。

当度数中心度指数和中介中心度指数提高时，排放强度会提高，而接近中心度指数的提高会使排放强度降低。由表5-7中模型（5-9）的回归结果可知，度数中心度指数的回归系数为1.28。在中国建筑垃圾排放量的空间网络中，各省份的度数中心度指数每提高1%，对应的建筑垃圾排放强度则提高128%。也就是说，各省份在建筑垃圾排放量网络中与其他省份的关联性变得广泛，建筑垃圾排放量整体网络密度提高，网络等级度和网络效率降低，促进了建筑垃圾排放强度的提高。度数中心度排名前7位的省份依次为江苏、上海、浙江、北京、福建、山东和广东，是建筑垃圾排放量空间网络中局部建筑垃圾排放量空间关系最多的几个省份，这些省份位于东部沿海，覆盖“京津冀”“长三角”“粤港澳大湾区”等经济发达地区，这些省份建筑垃圾排放量的空间关联关系较多，各地区之间的经济、人才和技术等方面的交流较多，经济一体化的快速发展，缩小了建筑垃圾排放量的空间差异，导致建筑垃圾排放强度的提高。由模型（5-10）的回归结果可以看出，在中国省域建筑垃圾排放量关系的空间网络中，各省份的接近中心度指数每提高1%，建筑垃圾排放强度则下降34.2%。接近中心度指数的提高使建筑垃圾排放量空间网络中各省份建筑垃圾排放量的空间关联关系更为紧密，建筑垃圾排放量的空间关联关系更为稳定，可以有效降低省际建筑垃圾排放强度。由模型（5-11）的回归结果可以看出，在中国省域建筑垃圾排放量的空间网络结构中，各省份的中介中心度指数每提高1%，则建筑垃圾的排放强度增加40.7%。中介中心度越高的省份，其在建筑垃圾排放量空间网络结构中的“中介”作用越强，调节各省份建筑垃圾排放量的空间关联关系，缩小省域建筑垃圾排放量的空间差异，导致建筑垃圾排放强度整体提高。

5.5 本章小结

2005—2018年，中国建筑垃圾排放省际空间关联的网络密度呈逐年增大的趋势，各省份之间的建筑垃圾排放量空间关联越来越密切。中国省域建筑垃圾排放量空间关联的网络等级度先下降后上升，呈“V”形。网络效率总体呈现下降趋势，等级森严的网络结构逐渐被打破，空间关联网络更加复杂和稳定。在个体网络分析中，北京、天津、上海、江苏、浙江、福建、山东、湖北、广东、陕西、甘肃和宁夏的度数中心度指数高于全国的平均值。北京、天津、上海、江苏、浙江、福建、山东、湖北和广东等9个省份的中介中心度值超过整体网络平均值，在建筑垃圾排放空间关联网络中处于核心地位，并在网络中起到“桥梁”作用。北京、天津、上海、江苏、浙江、福建、山东、湖北、广东、陕西、甘肃和宁夏等12个省份的接近中心度高于全国均值，扮演中心行动者的角色。建筑垃圾排放空间关联网络逐渐出现“中心-边缘”结构。空间块模型分析结果显示，北京、上海、江苏、广东、山东、福建和浙江等7个省份属于第一板块，在建筑垃圾排放空间关联结构模型当中处于“受益者”地位；重庆、天津和湖北等3个省份属于第二板块，在建筑垃圾排放空间关联结构模型当中处于“经纪人”地位；安徽、四川、河南、江西、湖南和河北等6个省份属于第三板块，在建筑垃圾排放量空间关联结构模型当中处于“经纪人”地位；辽宁、内蒙古、山西、广西、海南、吉林、黑龙江、贵州、云南、陕西、甘肃、青海、宁夏和新疆等14个省份属于第四板块，在建筑垃圾排放量空间关联结构模型当中处于“受损者”地位。效应分析结果显示，网络密度、网络等级度和网络效率等指标均对全国建筑垃圾排放强度有显著影响，度数中心度等指标也会显著影响各省份的建筑垃圾排放强度。建筑垃圾排放量空间关联网络结构对建筑垃圾排放强度的差异具有显著的影响。网络密度的降低、网络等级度和网络效率的提高能显著降低建筑垃圾的排放强度差异。中国建筑垃圾排放量个体空间网络结构对建筑垃圾排放强度有显著影响。

6 中国建筑垃圾脱钩效应研究

经济活动是建筑垃圾排放量增加的主要因素。建筑业作为国民经济的支柱产业，随着城镇化率的提高和社会进步仍会刺激建筑行业的产业规模增长，进而导致建筑垃圾排放量的持续增加。因此，研究建筑垃圾排放量与建筑业经济增长关系具有重要意义。目前，对建筑垃圾排放量与其行业经济发展的关系尚未深入探讨，未能具体反映建筑垃圾排放量与其行业经济发展的关系。因此，揭示建筑垃圾排放量与其行业经济发展的脱钩关系，主要是研究环境负荷与行业经济增长之间是否存在动态相关性，模拟环境负荷和经济增长之间是否具有同步增长的关系。通过脱钩理论可以有效控制或者阻断经济增长和资源消耗之间的关系。本书研究的脱钩状态指的是建筑垃圾排放量和建筑行业经济发展之间不再具有相互影响的关系。通过对建筑垃圾排放量和建筑业行业经济增长之间的脱钩分析，可以保证在稳定经济增长的同时实现建筑垃圾减量化的目标，为“可持续发展”奠定良好的基础，以期为国家“无废社会”的建设和经济发展提供参考。

6.1 建筑垃圾脱钩效应

6.1.1 脱钩的内涵界定

经济合作与发展组织（OECD）对脱钩下的定义是打破环境危害和经济财富之间的关系，使本来经济与环境之间的相互制约、相互依托的关系逐渐减弱甚至脱离。在资源环境领域，脱钩指的是一定时期内某种资源消耗量的变化速度，或者某种污染物排放量的变化速度与经济产出变化的速度不同步的过程。人类的活动对资源环境具有正向和负向作用。一方面，人类的经济活动会增加资源环境的压力；另一方面，人类可以通过制定政策法规、增加财政补贴和增加科技投入等减轻资源环境压力。在探究人类活动与资源环境之间的关系时，需将工业生产视为人类、经济和资源环境的复合系统。压力-状态-响应（Pressure-State-Response，PSR）模型，1979年由加拿大统计学家David J. Rapport和Tony Friend提出，是用来探究在同一时期，人类的活动与资源环境之间变化关系的框架。人类从自然界获取经济、社会发展所需要的物质和能量，给环境和自然资源带来了压力，促进社会经济发展的同时改变了环境与自然资源质量，社会通过环境、经济、土地等政策、决策或管理措施对这些变化发生响应，减缓由于人类活动对环境的压力，维持环境健康，周而复始，即构成了人与自然的“压力-状态-响应”关系，这一逻辑思维体现了人类与环境之间的相互作用关系。其中，压力指标反映人类活动对环境造成的影响，并对造成此环境影响的原因进行解释；状态指标描述的是环境现状和自然资源数量与质量随时间的变化，回答系统发生了怎样的变化的问题；响应指标是人类社会对环境变化及问题的响应程度，通过立法、税收、减排以及资源化等途径进行预防、减轻和恢复补救环境负面影响。PSR模型充分体现了人类活动与资源环境和自然之间的因果关系。基于PSR模型分析框架，构建经济发展与资源环境压力脱钩分析的PSR框架如图6-1所示。

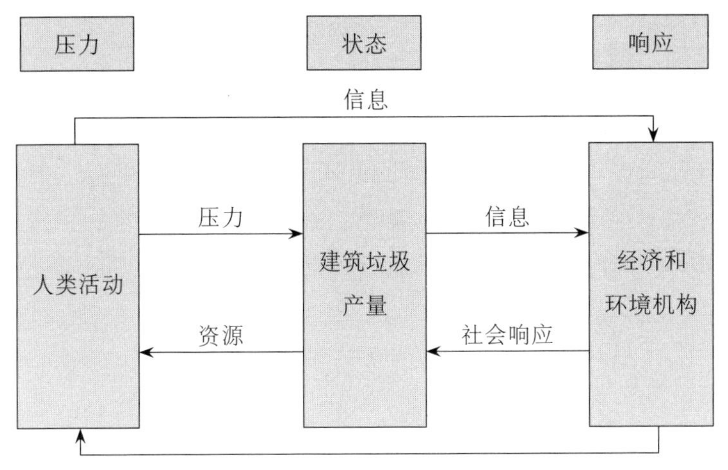

图 6-1　建筑垃圾 PSR 模型框架体系结构图

6.1.2　脱钩的目标

经济的发展与环境是高度关联的。一方面，经济的增长促进了建筑业的发展，建筑业的发展导致了建筑垃圾排放量的增加；另一方面，经济的发展使得环保投入加大，有利于改善自然环境。经济系统与自然环境系统之间、经济增长与自然供给之间既有对立矛盾的一面，也有统一协调的一面。经济系统与自然环境系统二者之间的关系如何，主要取决于人类和经济活动的调控作用。建筑垃圾排放脱钩意味着建筑业在满足人类需求的前提下，不破坏自然生态系统的稳定性，能维持自然系统的正常功能，实现经济系统与自然环境系统二者之间相互平衡与协调发展。

在经济发展过程中，依靠技术进步来实现资源循环利用，提高资源使用率，降低资源消耗和环境污染物排放。这样可以在满足经济发展的同时，维持资源环境系统稳定性。因此，要求系统要素之间和谐一致、配合得当。在建筑业发展过程中，环境治理促进环境承载能力上升的速度应当高于经济系统排污造成环境承载能力下降的速度。要实现经济系统可持续发展，建筑业发展促进经济增长的速度应当高于建筑垃圾排放与环境承载力相冲突而限制经济增长的速度。

6.1.3 脱钩的路径

建筑垃圾排放量脱钩意味着建筑垃圾排放量与经济增长开始发生背离。环境库兹涅茨曲线表明：环境污染的排放量随着经济发展而增加，当环境污染的排放量达到某一水平后，就会出现转折，即环境污染排放量与经济发展进入正相关阶段。以产业经济增长为横轴，以环境污染为纵轴，二者的关系一般会呈现倒“U”形曲线，称为“环境高山”曲线[①]。以曲线峰值为界线，将“环境高山”划分为两个区间，即“两难区间”和“双赢区间”。在“两难区间”中，污染物排放和经济增长二者难以兼顾，呈现出此消彼长的趋势；而在“双赢区间”中，人类的经济活动不仅获得经济增长，而且改善了资源环境质量。发达国家近百年的经济发展实践表明，翻越“环境高山”不是一蹴而就的，这一过程体现了前进性和曲折性的统一，经历了“两难区间”和“双赢区间”的反复交替，但总体的发展趋势是向好的。可以看出，建筑业发展实现脱钩的可能性是存在的，在建筑业跨越“环境高山”的过程中，应当吸收发达国家的经验教训，通过技术创新、环境规制、产业结构优化等手段，降低建筑垃圾排放，实现建筑垃圾资源化，将付出的资源环境代价降低到最低水平。

6.1.4 脱钩的手段

一方面，经济的快速发展，不可避免地会遇到工业扩张、城市化进程的推进以及对不可再生能源的持续开发，因此往往会造成严重的环境污染。传统的经济发展模式通过投资驱动经济增长，并通过大量索取自然资源来满足人类需求。在经济发展的同时，给环境和资源带来沉重负担，导致大量废弃物、垃圾以及各种污染物的产生。“先排放，后治理”的发展模式，不符合可持续发展原则，有悖于“美丽中国”的建设。另一方面，经济的快速发展也可以为人类积累大量财富，从而为改善环境提供更多资金支持。未来经济发展应遵循可持续发展原则，通过源头管

① 郑易生．环境与经济双赢乌托邦的误区与现实选择［J］．中国人口·资源与环境，2000（3）：113-115.

控、过程监督和末端治理来减少废物、垃圾和污染物的产生。经济发展模式的转变关键在于减物质化，减物质化是实现经济增长与污染物排放压力脱钩的有效手段。人类生产生活活动给环境资源承载力带来了沉重压力，减物质化是化解资源短缺和环境污染矛盾的重要研究思路。在人口迅速增长的前提下，在达到经济效益增长目标的同时，减物质化通过改进生产技术水平和提高资源利用效率等手段，减少输入经济系统的自然资源数量和输出经济系统的污染物数量，实现规模限制下经济可持续发展，从而实现经济发展与环境污染物排放脱钩。

6.2 建筑垃圾与经济增长的脱钩效应分析

6.2.1 建筑垃圾脱钩模型构建

“脱钩模型”用来研究经济消耗与经济增长不同步变化的程度和不确定关系。本研究在Tapio模型的基础上，将建筑垃圾排放量与建筑业经济增长之间的脱钩指数计算公式表示为：

$$\varepsilon = \frac{\Delta L(CW)/L(CW)}{\Delta R(GDP)/R(GDP)} \tag{6-1}$$

式中，ε 表示建筑垃圾排放量与建筑业经济增长之间的脱钩指标；R（GDP）为建筑业总产值（亿元）；L(CW) 为建筑垃圾排放量（吨）。

基于 Tapio 构建的脱钩分类体系，构建建筑垃圾排放量与经济增长相关的脱钩关系分类体系及相应含义，主要划分了由强脱钩到弱负脱钩八种类型。这几种不同类型依次代表了从建筑业经济总量发展过程中相应的建筑垃圾产生量降低的可持续状态到伴随经济非常态发展引起的建筑垃圾产生量增加的不可持续状态，其中强脱钩是两者关系中的可持续发展状态，弱脱钩是较为乐观状态，扩张性联结是发展较不理想状态，剩下的其他脱钩状态均代表两者关系发展的不可持续性。从理论上讲，在经济日益增长的基础上主要通过观测脱钩弹性值判别两者的可持续发展状态。依据公式（6-1）右边变量的变化方向及弹性值大小，按表6-1判断脱钩状态。

表6-1 Tapio脱钩指标分类

总体状态	具体状态	Δ(CW)	ΔR	ε	含义
脱钩	强脱钩	<0	>0	(-∞，0)	建筑业经济增长，建筑垃圾排放量减少
	弱脱钩	>0	>0	(0，0.8)	建筑垃圾产生速度小于建筑业经济增长速度
	衰退脱钩	<0	<0	(1.2，+∞)	建筑垃圾产生速度大于建筑业经济衰退速度
联结	衰退联结	<0	<0	(0.8，1.2)	建筑垃圾产生速度与建筑业经济衰退速度相当
	扩张性联结	>0	>0	(0.8，1.2)	建筑垃圾产生速度与建筑业经济增长速度相当
负脱钩	强负脱钩	>0	<0	(-∞，0)	建筑业经济衰退，建筑垃圾排放量增加
	扩张性负脱钩	>0	>0	(1.2，+∞)	建筑业经济增长，建筑垃圾产生速度大于经济增长速度
	弱负脱钩	<0	<0	(0，0.8)	建筑业经济衰退，建筑垃圾产生速度小于经济衰退速度

6.2.2 中国建筑垃圾脱钩关系

根据建筑业总产值及建筑垃圾排放量与建筑业发展的脱钩关系（见表6-2），由计算结果可知，中国建筑垃圾脱钩状态大致可以分成三大阶段：2005—2010年为第一阶段，中国建筑业总产值和建筑垃圾排放量变化关系稳定，呈弱脱钩状态；2010—2014年为第二阶段，建筑垃圾排放量增加速度与建筑业总产值之间呈扩张性联结状态；2014—2018年为第三阶段，其中2014—2015年建筑业总产值增长与建筑垃圾排放量呈强脱钩状态，而2015—2018年二者之间又呈现弱脱钩状态。这种发展态势反映出我国在建筑业发展过程中，对建筑垃圾的处理和整治更加有效，技术更加完善。

表6-2 2005—2018年建筑业垃圾排放量与建筑业发展的脱钩关系

年份	2005—2006	2006—2007	2007—2008	2008—2009	2009—2010	2010—2011	2011—2012	2012—2013	2013—2014	2014—2015	2015—2016	2016—2017	2017—2018
全国	弱脱钩	弱脱钩	弱脱钩	弱脱钩	弱脱钩	扩张性联结	扩张性联结	扩张性联结	扩张性联结	强脱钩	弱脱钩	弱脱钩	弱脱钩

如表6-3所示，在第一阶段，重庆、山东、山西、陕西、四川和云南6个省份的建筑垃圾排放量与行业经济增长的脱钩状态与全国趋势一致，均为弱脱钩，占全国比重的19.4%，建筑垃圾排放量的增长速度小于建筑行业经济增长速度。北京、河北、湖北、安徽、辽宁和青海6个省份建筑垃圾排放量与行业经济增长的脱钩状态变化趋势一致，除辽宁外，其他5个省份均由2005—2009年的弱脱钩转变为2009—2010年的扩张性联结状态，占全国比重的16.1%。天津、河南、浙江和广西4个省份建筑垃圾排放量与行业经济增长的脱钩状态变化趋势一致，由2005—2007年的扩张性联结转变为2009—2010年的弱脱钩状态。湖南、江西、福建、海南、贵州、甘肃、江西、宁夏和新疆9个省份建筑垃圾排放量与行业经济增长的脱钩状态在扩张性联结和弱脱钩二者间呈波动状态，占全国比重的32.3%。吉林建筑垃圾排放量与行业经济增长的脱钩状态由2005—2007年的扩张性负脱钩转化为2007—2010年的弱脱钩状态。黑龙江、广东和内蒙古建筑垃圾排放量与行业经济增长的脱钩状态变动较大，黑龙江呈现出强脱钩、扩张性联结、弱脱钩和扩张性联结状态，广东则在弱脱钩和强脱钩之间转化，内蒙古呈现出扩张性联结状态、弱脱钩和扩张性负脱钩。总体来看，2005—2010年，我国各省份建筑业经济增长与建筑垃圾排放量脱钩差异性较大，这与我国各省份经济发展、减排技术和发展模式有关。

在第二阶段，北京和山西两省份的建筑垃圾排放量与行业经济增长的脱钩状态变化趋势一致，均为扩张性负脱钩状态，而浙江一直处于弱脱钩状态。天津和河北则分别处于扩张性负脱钩和弱脱钩状态。陕西、青海和西藏3个省份在强脱钩、强负脱钩、弱负脱钩和扩张性负脱钩波动状态中。其他省份的建筑垃圾排放量与建筑业经济增长脱钩关系表现更为多样化，差异性较大。2013年，西藏建筑业总产值出现负增长，江苏和浙江两省建筑业继续领跑，建筑业总产值双双超过2万亿元，辽宁位于第3位，超过7 000亿元。2014年，辽宁、黑龙江、内蒙古、海南和西藏5个省份建筑业总产值出现负增长。其中，黑龙江和内蒙古2个省份建筑业总产值出现了超过10%的负增长，辽宁出现了大于8%的负增长。在第二阶段变化最明显的辽宁，由2012—2013年的弱脱钩变为2013—2014年的强负脱钩。

在第三阶段，只有山东和云南2个省份的建筑垃圾排放量与行业经济增长的脱钩状态与全国变化趋势一致，由2014—2015年的强脱钩状态转化为2015—2018年的弱脱钩状态。其他省份的建筑垃圾排放量与行业经济增长的脱钩状态则呈现出不同特征状态。湖南和福建2个省份建筑垃圾排放量与行业经济增长的脱钩状态一直呈现弱脱钩状态。北京和江苏2个省份变化状态一致，由2014—2015年的扩张性负脱钩状态转化为2015—2018年的弱脱钩状态。陕西则由2014—2015年的扩张性联结状态转化为2015—2018年的弱脱钩状态。浙江、四川和江西3个省份建筑垃圾排放量与行业经济增长的脱钩状态在强脱钩和弱脱钩二者之间波动。其他省份呈现出三种以上脱钩状态，无明显变化趋势。2015年，中国经济下行压力增大，建筑业全年增加值46 456亿美元，全年国内生产总值为676 708亿美元，建筑业增速低于国内生产总值增速0.1个百分点，为6.8%。辽宁和黑龙江2个省份建筑业总产值出现了超过20%的负增长。

从2005—2018年中国各省域建筑垃圾排放量与行业经济增长的脱钩计算结果分析可知，只有山东和云南2个省份的建筑垃圾排放量与行业经济增长的脱钩状态与全国变化趋势一致，由2014—2015年的强脱钩状态转化为2015—2018年的弱脱钩状态。其余大部分省份表现为脱钩状态和联结状态，其中浙江和云南2个省份出现了10年脱钩状态，占90.9%，重庆、山东、陕西、四川出现了9年脱钩状态，占81.8%。只有极少省份在11年内出现过4～5次负脱钩状态，如北京、上海、山西、内蒙古。西藏、内蒙古、天津、黑龙江、辽宁、吉林、河北和海南则呈

表6-3 2005—2018年建筑业垃圾排放量与建筑业发展的脱钩关系

年份	2005—2006	2006—2007	2007—2008	2008—2009	2009—2010	2010—2011	2011—2012	2012—2013	2013—2014	2014—2015	2015—2016	2016—2017	2017—2018
北京	弱脱钩	弱脱钩	弱脱钩	弱脱钩	扩张性联结	扩张性负脱钩	扩张性负脱钩	扩张性负脱钩	扩张性负脱钩	扩张性负脱钩	弱脱钩	弱脱钩	弱脱钩
上海	强脱钩	强脱钩	弱脱钩	弱脱钩	扩张性负脱钩	强负脱钩	扩张性联结	扩张性联结	扩张性负脱钩	扩张性负脱钩	强脱钩	扩张性负脱钩	扩张性负脱钩
天津	扩张性联结	扩张性联结	弱脱钩	弱脱钩	弱脱钩	扩张性负脱钩	扩张性负脱钩	弱脱钩	弱脱钩	扩张性联结	扩张性联结	衰退联结	衰退脱钩
重庆	弱脱钩	弱脱钩	弱脱钩	弱脱钩	弱脱钩	弱脱钩	扩张性联结	弱脱钩	弱脱钩	弱脱钩	强脱钩	弱脱钩	扩张性负脱钩
黑龙江	强脱钩	强脱钩	扩张性联结	弱脱钩	扩张性联结	扩张性负脱钩	强脱钩	强脱钩	衰退联结	衰退联结	强脱钩	衰退脱钩	衰退联结
辽宁	弱脱钩	弱脱钩	弱脱钩	扩张性联结	扩张性联结	扩张性联结	弱脱钩	弱脱钩	强负脱钩	衰退脱钩	衰退联结	衰退脱钩	衰退脱钩
吉林	扩张性负脱钩	扩张性负脱钩	弱脱钩	弱脱钩	弱脱钩	扩张性联结	扩张性负脱钩	强脱钩	扩张性联结	衰退脱钩	强脱钩	衰退脱钩	衰退脱钩
河北	弱脱钩	弱脱钩	弱脱钩	弱脱钩	扩张性联结	扩张性负脱钩	弱脱钩	弱脱钩	弱脱钩	弱负脱钩	强脱钩	强脱钩	扩张性负脱钩
河南	扩张性联结	扩张性联结	弱脱钩	弱脱钩	弱脱钩	扩张性联结	弱脱钩	扩张性联结	扩张性联结	扩张性负脱钩	弱脱钩	弱脱钩	扩张性联结
湖北	弱脱钩	弱脱钩	弱脱钩	弱脱钩	扩张性联结	扩张性联结	扩张性联结	扩张性联结	扩张性负脱钩	弱脱钩	扩张性负脱钩	弱脱钩	扩张性联结
湖南	弱脱钩	弱脱钩	扩张性联结	弱脱钩	弱脱钩	弱脱钩	扩张性联结	扩张性联结	弱脱钩	弱脱钩	弱脱钩	弱脱钩	弱脱钩
山东	弱脱钩	弱脱钩	弱脱钩	弱脱钩	弱脱钩	弱脱钩	扩张性联结	弱脱钩	扩张性联结	强脱钩	弱脱钩	弱脱钩	弱脱钩
山西	弱脱钩	弱脱钩	弱脱钩	弱脱钩	弱脱钩	扩张性负脱钩	扩张性负脱钩	扩张性负脱钩	扩张性负脱钩	弱负脱钩	弱脱钩	扩张性联结	弱脱钩
陕西	弱脱钩	弱脱钩	弱脱钩	弱脱钩	弱脱钩	强负脱钩	弱脱钩	扩张性负脱钩	弱脱钩	扩张性联结	弱脱钩	弱脱钩	弱脱钩
安徽	弱脱钩	弱脱钩	弱脱钩	弱脱钩	扩张性联结	弱脱钩	扩张性联结	弱脱钩	弱脱钩	扩张性联结	强脱钩	弱脱钩	弱脱钩

续表

年份	2005—2006	2006—2007	2007—2008	2008—2009	2009—2010	2010—2011	2011—2012	2012—2013	2013—2014	2014—2015	2015—2016	2016—2017	2017—2018
浙江	扩张性联结	扩张性联结	弱脱钩	弱脱钩	弱脱钩	弱脱钩	弱脱钩	弱脱钩	弱脱钩	弱脱钩	强脱钩	弱脱钩	弱脱钩
江苏	扩张性联结	扩张性联结	弱脱钩	弱脱钩	扩张性联结	扩张性联结	弱脱钩	扩张性联结	弱脱钩	扩张性负脱钩	弱脱钩	弱脱钩	弱脱钩
福建	扩张性联结	扩张性联结	弱脱钩	弱脱钩	扩张性联结	扩张性联结	扩张性联结	弱脱钩	弱脱钩	弱脱钩	弱脱钩	弱脱钩	弱脱钩
广东	弱脱钩	弱脱钩	强脱钩	强脱钩	弱脱钩	弱脱钩	扩张性联结	扩张性联结	弱脱钩	强脱钩	扩张性联结	弱脱钩	扩张性联结
海南	弱脱钩	弱脱钩	弱脱钩	扩张性联结	弱脱钩	扩张性负脱钩	强脱钩	强脱钩	衰退脱钩	扩张性负脱钩	强脱钩	强脱钩	扩张性负脱钩
四川	弱脱钩	弱脱钩	弱脱钩	弱脱钩	弱脱钩	弱脱钩	弱脱钩	扩张性负脱钩	扩张性联结	强脱钩	弱脱钩	弱脱钩	强脱钩
云南	弱脱钩	弱脱钩	弱脱钩	弱脱钩	弱脱钩	弱脱钩	扩张性联结	弱脱钩	弱脱钩	强脱钩	弱脱钩	弱脱钩	弱脱钩
贵州	扩张性联结	扩张性联结	弱脱钩	弱脱钩	扩张性联结	弱脱钩	扩张性联结	扩张性负脱钩	弱脱钩	扩张性联结	弱脱钩	强脱钩	强脱钩
青海	弱脱钩	弱脱钩	弱脱钩	弱脱钩	扩张性联结	弱脱钩	扩张性负脱钩	扩张性负脱钩	强脱钩	衰退脱钩	强脱钩	衰退联结	扩张性负脱钩
甘肃	弱脱钩	弱脱钩	扩张性负脱钩	弱脱钩	弱脱钩	弱脱钩	弱脱钩	扩张性联结	扩张性负脱钩	强脱钩	强脱钩	衰退脱钩	强负脱钩
江西	弱脱钩	弱脱钩	扩张性联结	弱脱钩	弱脱钩	弱脱钩	弱脱钩	扩张性联结	扩张性联结	弱脱钩	强脱钩	弱脱钩	弱脱钩
内蒙古	扩张性联结	扩张性联结	弱脱钩	弱脱钩	扩张性负脱钩	扩张性联结	扩张性负脱钩	强脱钩	弱负脱钩	弱负脱钩	强脱钩	衰退脱钩	弱负脱钩
宁夏	弱脱钩	弱脱钩	扩张性联结	弱脱钩	弱脱钩	扩张性联结	扩张性联结	扩张性联结	强脱钩	衰退脱钩	衰退脱钩	强脱钩	强脱钩
新疆	强脱钩	扩张性联结	弱脱钩	扩张性联结	扩张性联结	扩张性联结	扩张性联结	弱脱钩	扩张性联结	衰退脱钩	强脱钩	强脱钩	衰退脱钩
广西	扩张性联结	扩张性联结	弱脱钩	弱脱钩	弱脱钩	弱脱钩	弱脱钩	扩张性联结	扩张性联结	扩张性联结	弱脱钩	强脱钩	弱脱钩
全国	弱脱钩	弱脱钩	弱脱钩	弱脱钩	弱脱钩	扩张性联结	扩张性联结	扩张性联结	扩张性联结	强脱钩	弱脱钩	弱脱钩	弱脱钩

多种情况交替出现的动态变化，呈现出强脱钩、弱脱钩、扩张性联结、弱负脱钩、强负脱钩、扩张性负脱钩等状态。这表明，我国不少省份建筑垃圾排放控制不够稳定，可能受各省份经济发展驱动力不同、产业结构差异、建筑业技术发展水平不同等因素影响，中国各省份建筑业经济增长与建筑垃圾排放脱钩程度趋于差异化。

6.3 中国建筑垃圾脱钩效应分解研究

分解分析法作为分析事物变化特征和其作用机理的一种方法，被国内外众多学者广泛采用。分解分析法主要包括结构分解分析法和指数分解分析法两种方法。其中，结构分解分析法是由Chang Lin提出的。该方法以投入产出表为基础，并在不断完善的过程中逐渐解决了分解残值等诸多问题。然而，投入产出表缺乏长时间序列的面板数据，所以这种方法的应用也受到了一定限制。指数分解分析法起源于20世纪70年代，该方法的最大优点是通过对总指标的分解，找出影响总指标的各个影响因素，分析各个影响因素对总指标的影响强度，从而找出总指标呈某种变化趋势的原因，最终提出行之有效的对策建议。指数分解分析法主要包括Divisia指数分解分析和Laspeyres指数分解分析两种方法。Divisia指数分解分析主要包括算术平均Divisia指数法（AMDI）和对数平均Divisia指数法（LMDI），其中对数平均Divisia指数法的分解结果最为稳健，应用也最为广泛。与LMDI相比，AMDI有两个缺点：一是在某些情况下会产生较大的残差项；二是不能解决数据集的零值问题。LMDI（Logarithmic Mean Divisia Index）方法由Ang等首先提出，广泛应用于能源需求、碳排放量变化的影响因素分解分析，逐步应用于资源消耗量、消耗强度等环境资源领域的驱动因素分析。

6.3.1 分解方法

1989年，日本学者提出了Kaya模型。此后，该模型广泛用于碳排放、能源消耗等领域影响因素分解的研究中。目前已有很多学者利用Kaya模型从经济水平、森林覆盖、工业产出、人口密度等多个方面分析CO_2排放的影响因素。其原始表达式为：

$$C = P \times \frac{GDP}{P} \times \frac{ENG}{GDP} \times \frac{C}{ENG} \tag{6-2}$$

表达式中变量的解释见表6-4。

表6-4 **Kaya恒等式各变量**

变量	变量含义	单位
C	碳排放总量	万吨
GDP	生产总值	亿元
ENG	能源消耗量	万吨
P	人口规模	亿

为了更好地对建筑垃圾排放量影响因素进行分析研究，在已有研究的基础上，本书针对建筑垃圾排放量的特点，对Kaya恒等式进行改进，引入LMDI分解方法，对我国省域建筑垃圾排放量的驱动因素进行分析，定量研究全国及各省域建筑垃圾排放量的驱动因素及内在机制，为建筑垃圾减量化管理提供统计数据及系统分析，以期为制定和实施建筑垃圾减量化管理政策提供相应依据和参考。基于Kaya模型的改进建筑垃圾排放影响效应分解如下：

$$CW = POP \times \frac{GDP}{POP} \times \frac{EP}{GDP} \times \frac{LP}{EP} \times \frac{FI}{LP} \times \frac{CW}{FI} \tag{6-3}$$

式中，CW、POP、GDP、EP、LP和FI分别表示建筑垃圾排放量、各个省份常住人口、建筑业总产值、建筑业环保支出、按建筑业总产值计算的建筑业企业劳动生产率（元/人）和建筑业固定资产投资（不含农户）。

在建筑垃圾排放量测算的基础上，为了消除残差项的影响，利用加和分解法来对我国建筑垃圾排放影响因素进行分解。第t期建筑垃圾排放量相对于基期的差值和比值可按下式进行计算：

$$\begin{aligned} CW &= CW^t - CW^0 \\ &= \Delta CW_{POP} + \Delta CW_{\frac{GDP}{POP}} + \Delta CW_{\frac{EP}{GDP}} + \Delta CW_{\frac{LP}{EP}} + \Delta CW_{\frac{FI}{LP}} + \Delta CW_{\frac{CW}{FI}} + \Delta CW_{rsd} \end{aligned} \tag{6-4}$$

$$\begin{aligned} D &= CW^t/CW^0 \\ &= D_{CW_{POP}} + D_{CW_{\frac{GDP}{POP}}} + D_{CW_{\frac{EP}{GDP}}} + D_{CW_{\frac{LP}{EP}}} + D_{CW_{\frac{FI}{LP}}} + D_{CW_{\frac{CW}{FI}}} + D_{CW_{rsd}} \end{aligned} \tag{6-5}$$

式中，POP代表人口规模效应；GDP/POP代表建筑业经济产出效应；

EP/GDP代表环保效应；LP/EP代表技术效应；FI/LP代表投资结构效应；CW/FI代表排放强度效应；$D_{CW_{POP}}$、$D_{CW_{GDP/POP}}$、$D_{CW_{EP/GDP}}$、$D_{CW_{LP/EP}}$、$D_{CW_{FI/LP}}$、$D_{CW_{CW/FI}}$分别表示其对建筑垃圾排放量变化的贡献率；ΔCW_{rsd}与D_{rsd}表示分解余量。各因素贡献值的计算如下：

$$\Delta CW_{POP} = L(CW^t, CW^0) \times \left(\ln POP^t - \ln POP^0\right) \tag{6-6}$$

$$\Delta CW_{\frac{GDP}{POP}} = L(CW^t, CW^0) \times \left(\ln \frac{GDP^t}{POP^t} - \ln \frac{GDP^0}{POP^0}\right) \tag{6-7}$$

$$\Delta CW_{\frac{EP}{GDP}} = L(CW^t, CW^0) \times \left(\ln \frac{EP^t}{GDP^t} - \ln \frac{EP^0}{GDP^0}\right) \tag{6-8}$$

$$\Delta CW_{\frac{LP}{EP}} = L(CW^t, CW^0) \times \left(\ln \frac{LP^t}{EP^t} - \ln \frac{LP^0}{EP^0}\right) \tag{6-9}$$

$$\Delta CW_{\frac{FI}{LP}} = L(CW^t, CW^0) \times \left(\ln \frac{FI^t}{LP^t} - \ln \frac{FI^0}{LP^0}\right) \tag{6-10}$$

$$\Delta CW_{\frac{CW}{FI}} = L(CW^t, CW^0) \times \left(\ln \frac{CW^t}{FI^t} - \ln \frac{CW^0}{FI^0}\right) \tag{6-11}$$

$$\Delta CW_{rsd} = 0 \tag{6-12}$$

式（6-6）~（6-11）中的对数平均函数$L(CW^t,\ CW^0)$定义如下：

$$L(CW^t, CW^0)\begin{cases} \dfrac{CW^t - CW^0}{\ln CW^t - \ln CW^0}, CW^t \neq CW^0 \\ CW^t, CW^t = CW^0 \\ 0, CW^t = CW^0 = 0 \end{cases} \tag{6-13}$$

从式（6-6）到式（6-11）将建筑垃圾排放量增量拆分为各类效应，通过公式计算可得到影响因素的效应，效应数值表示对应地区建筑垃圾排放量增量中该因素所产生的影响大小。当结果为正值时表示该影响因素对建筑垃圾排放量有促进作用，即增加建筑垃圾排放量；当结果为负值时表示该影响因素对建筑垃圾排放量有抑制作用，即降低建筑垃圾排放量。绝对值越大影响效果越强，各个效应的总和为建筑垃圾排放量。基于LMDI分解方法，对我国建筑垃圾排放影响因素进行分解，计算结果如表6-5所示。从表6-5可看出，2006—2018年，人口规模效应、投资结构效应、排放强度效应对建筑垃圾排放量的影响程度都较小，而技术效应是影响建筑垃圾排放量最大的正向效应，环保效应则是影响建筑垃圾排放量最大的负向效应。6个影响因素的贡献方向和贡献程度不同，且不同省份之间存在差异。

表6-5 **建筑垃圾排放量影响因素分解**

省份	人口规模效应	经济产出效应	环保效应	技术效应	投资结构效应	排放强度效应	总效应
全国	30 651 020.13	952 001 099.85	−1 664 992 862.91	1 333 543 288.83	−544 634 539.38	67 438 359.22	5 262 169.03
北京	9 361 118.51	36 494 473.97	−117 163 312.60	114 127 273.03	−36 849 606.2	−707 777.68	2 757 117.13
天津	2 615 524.65	7 690 335.50	−23 586 076.58	18 306 058.77	−4 887 516.08	2 618 790.87	−1 128 365.92
河北	1 516 449.86	26 534 626.09	−53 319 629.12	49 404 503.39	−23 046 468.57	−2 217 847.57	3 363 240.36
山西	699 296.01	9 412 290.94	−13 721 756.34	9 858 522.99	−5 061 586.30	2 176 473.06	−11 799 126.31
内蒙古	64 313.06	1 757 080.27	−1 074 320.61	1 504 245.48	−2 464 901.42	−11 585 543.09	3 742 611.51
辽宁	430 738.03	24 427 881.30	−17 100 464.05	6 341 307.90	−16 647 061.01	6 290 209.34	3 603 196.79
吉林	36 704.45	8 196 034.01	−9 380 484.70	7 159 835.65	−3 241 476.43	832 583.81	−37 621.65
黑龙江	6 848.67	2 672 932.35	−3 124 539.91	1 769 468.02	−1 635 437.50	273 106.72	2 785 085.99
上海	2 993 222.20	13 179 603.04	−42 036 793.75	39 955 727.71	−11 359 989.18	53 315.97	57 910 216.65
江苏	4 614 888.45	168 635 928.61	−284 781 882.60	206 782 403.35	−76 138 173.77	38 797 052.61	36 188 555.35
浙江	9 169 192.78	129 876 215.71	−266 407 099.68	202 110 016.67	−62 119 141.95	23 559 371.82	4 548 196.86
安徽	92 726.40	36 223 287.61	−58 426 075.14	49 602 779.81	−23 256 174.75	311 652.93	32 693 210.55
福建	2 572 545.81	62 286 299.75	−129 860 002.74	91 985 528.47	−17 638 613.78	23 347 453.04	10 577 865.73
江西	982 871.80	36 555 690.20	−66 176 009.15	49 709 688.26	−16 129 927.66	5 635 552.28	−2 777 719.92

续表

省份	人口规模效应	经济产出效应	环保效应	技术效应	投资结构效应	排放强度效应	总效应
山东	1 999 290.65	39 644 824.01	−76 442 725.11	72 279 952.23	−32 270 596.99	−7 988 464.71	6 070 425.81
河南	500 311.25	45 691 009.34	−80 048 815.04	67 752 132.87	−27 591 058.26	−233 154.35	23 706 431.83
湖北	1 387 242.35	81 916 055.83	−118 128 303.02	92 972 572.00	−45 045 845.00	10 604 709.67	9 306 995.2
湖南	2 009 704.68	38 248 983.48	−63 935 216.01	50 500 754.69	−20 878 494.56	3 361 262.92	−223 195.48
广东	2 684 398.92	22 445 098.84	−48 807 285.38	44 523 905.04	−14 507 038.74	−6 562 274.16	6 263 367.36
广西	124 336.81	23 867 459.38	−36 855 324.82	26 362 880.98	−10 216 092.23	2 980 107.24	−380 215.52
海南	99 761.67	1 799 496.05	−2 957 628.56	2 897 737.85	−1 762 610.41	−456 972.12	1 399 449.95
重庆	1 356 269.72	31 058 269.17	−49 140 482.96	35 899 602.31	−16 052 165.77	−1 722 042.52	1 253 564.91
四川	305 104.53	44 296 360.89	−55 711 882.50	42 205 383.95	−25 880 924.24	−3 960 477.72	−21 046 638.05
贵州	−27 081 161	19 477 378.54	−30 217 906.38	23 150 455.17	−9 748 644.72	3 373 240.34	3 005 056.33
云南	556 873.69	16 761 402.06	−27 342 129.40	21 343 596.18	−9 027 163.25	712 477.05	10 604 191.9
陕西	432 626.28	24 919 113.89	−35 140 659.63	24 383 595.87	−11 207 407.20	7 216 922.69	−128 441.87
甘肃	143 475.14	9 422 367.70	−13 739 364.60	11 779 095.52	−7 726 522.66	−7 492.97	38 885.5
青海	37 323.01	708 612.24	−887 746.24	723 859.72	−536 275.77	−6 887.46	−33 346 106.48
宁夏	184 091.32	2 761 198.78	−37 172 168.62	2 877 567.31	−2 220 365.04	223 569.77	3 293 557.42
新疆	914 695.31	12 428 075.58	−17 466 873.84	10 716 733.21	−6 848 296.39	3 549 223.55	5 262 169.03

表6-6 中国建筑垃圾排放量因素分解贡献率

年份	人口规模效应	经济产出效应	环保效应	技术效应	投资结构效应	建筑垃圾排放强度效应
2006	—	—	—	—	—	—
2007	1.00	1.00	1.00	1.00	1.00	1.00
2008	1.00	1.02	0.97	1.02	0.99	1.00
2009	1.00	1.07	0.90	1.07	0.96	1.00
2010	1.00	1.19	0.70	1.21	0.90	1.02
2011	1.01	1.34	0.45	1.39	0.81	1.04
2012	1.01	1.48	0.20	1.66	0.65	1.00
2013	1.02	1.63	-0.07	1.86	0.56	1.02
2014	1.02	1.72	-0.26	1.97	0.54	1.09
2015	1.02	1.73	-0.41	2.13	0.53	1.08
2016	1.03	1.78	-0.70	2.40	0.50	1.06
2017	1.03	1.85	-1.06	2.70	0.47	1.07
2018	1.03	1.94	—	—	—	—
均值	1.02	1.52	0.07	1.74	0.69	1.04

6.3.2 人口规模效应分析

由表6-6可知，影响全国建筑垃圾排放量的人口规模效应贡献率均值为1.02，表明其对建筑垃圾排放量有轻微的正向作用，与表6-7中影响各省份建筑垃圾排放的大多数人口规模效应贡献率相一致。

有个别省份人口规模效应的贡献率小于1，如安徽、广西，人口规模效应在2010—2013年这3年对其有轻微的负向作用，究其原因，2009—2011年安徽和广西的常住人口数据显示，安徽常住人口在2009年

表6-7 各省份人口规模效应贡献率

POP	2006	2007	2008	2009	2010	2011	2012	2013	2014	2015	2016	2017	2018	均值
北京	—	1.00	1.00	1.02	1.06	1.09	1.12	1.14	1.17	1.18	1.18	1.18	1.18	1.12
上海	—	1.00	1.00	1.01	1.03	1.04	1.06	1.07	1.08	1.08	1.08	1.09	1.10	1.06
天津	—	1.00	1.00	1.01	1.04	1.08	1.13	1.16	1.18	1.21	1.22	1.20	1.18	1.13
重庆	—	1.00	1.00	1.00	1.01	1.01	1.02	1.03	1.03	1.04	1.05	1.05	1.06	1.03
黑龙江	—	1.00	1.00	1.00	1.00	1.00	1.00	1.00	1.00	1.00	1.00	1.00	1.00	1.00
辽宁	—	1.00	1.00	1.00	1.01	1.01	1.01	1.01	1.02	1.01	1.01	1.00	1.00	1.01
吉林	—	1.00	1.00	1.00	1.00	1.00	1.00	1.00	1.01	1.01	1.00	1.00	1.00	1.00
河北	—	1.00	1.00	1.00	1.01	1.02	1.03	1.03	1.04	1.04	1.04	1.05	1.05	1.03
河南	—	1.00	1.00	1.00	1.00	1.00	1.00	1.00	1.00	1.01	1.01	1.01	1.02	1.01
湖北	—	1.00	1.00	1.00	1.00	1.00	1.01	1.01	1.01	1.02	1.02	1.03	1.03	1.01
湖南	—	1.00	1.00	1.00	1.01	1.02	1.02	1.03	1.03	1.04	1.04	1.05	1.05	1.03
山东	—	1.00	1.00	1.00	1.01	1.01	1.01	1.02	1.02	1.03	1.03	1.04	1.04	1.02
山西	—	1.00	1.00	1.00	1.02	1.02	1.03	1.04	1.05	1.05	1.05	1.06	1.06	1.03
陕西	—	1.00	1.00	1.00	1.00	1.00	1.01	1.01	1.01	1.02	1.02	1.02	1.03	1.01
安徽	—	1.00	1.00	1.00	0.99	0.99	0.99	0.99	1.00	1.00	1.01	1.01	1.02	1.00

续表

POP	2006	2007	2008	2009	2010	2011	2012	2013	2014	2015	2016	2017	2018	均值
浙江	—	1.00	1.00	1.00	1.02	1.02	1.03	1.03	1.04	1.04	1.05	1.05	1.06	1.03
江苏	—	1.00	1.00	1.00	1.01	1.01	1.01	1.02	1.02	1.02	1.02	1.02	1.03	1.01
福建	—	1.00	1.00	1.00	1.01	1.01	1.02	1.03	1.04	1.04	1.05	1.06	1.06	1.03
广东	—	1.00	1.00	1.00	1.00	1.01	1.02	1.03	1.04	1.04	1.05	1.06	1.09	1.03
海南	—	1.00	1.00	1.01	1.01	1.02	1.03	1.03	1.04	1.04	1.05	1.05	1.06	1.03
四川	—	1.00	1.00	1.00	1.00	1.00	1.00	1.00	1.00	1.01	1.01	1.01	1.02	1.00
云南	—	1.00	1.00	1.00	1.01	1.01	1.02	1.02	1.03	1.03	1.04	1.04	1.05	1.02
贵州	—	1.00	1.00	0.99	0.99	0.98	0.98	0.98	0.98	0.98	0.98	0.99	0.99	0.98
青海	—	1.00	1.00	1.00	1.01	1.01	1.02	1.03	1.03	1.04	1.04	1.04	1.05	1.03
甘肃	—	1.00	1.00	1.00	1.00	1.00	1.01	1.01	1.01	1.01	1.02	1.02	1.02	1.01
江西	—	1.00	1.00	1.00	1.01	1.01	1.02	1.02	1.03	1.03	1.04	1.04	1.05	1.02
内蒙古	—	1.00	1.00	1.00	1.00	1.01	1.01	1.01	1.01	1.01	1.00	1.00	1.00	1.00
宁夏	—	1.00	1.00	1.01	1.02	1.03	1.04	1.05	1.06	1.05	1.05	1.05	1.05	1.04
新疆	—	1.00	1.00	1.01	1.02	1.03	1.04	1.06	1.07	1.08	1.09	1.10	1.09	1.05
西藏	—	1.00	1.00	1.01	1.01	1.00	1.00	1.00	1.01	1.03	1.02	1.06	1.09	1.02
广西	—	1.00	1.00	1.00	0.99	0.99	0.99	0.99	1.00	1.00	1.01	1.02	1.02	1.00

和2010年有所下降，而广西常住人口则在2010年下降，导致其之后3年的建筑物消耗量下降，人口规模效应对建筑垃圾排放量呈现出轻微负向作用。2016年国家全面放开二孩政策后，安徽和广西的人口呈现上升趋势，这种轻微负向作用才转变为轻微正向作用。而贵州在2006—2018年整体对建筑垃圾排放量有轻微的负向作用，主要原因是贵州常住人口虽然中间年份略有增长，但整体呈现净流出状态。大致来看，除了几个特殊的省份之外，其余省份中人口规模效应对建筑垃圾排放量都有轻微的正向作用，并且随着年份增加，正向作用逐渐增强。

6.3.3 经济产出效应分析

由表6-8可见，经济产出效应对各省份建筑垃圾排放量拉动作用较大，贡献率都大于1，与该因素的全国贡献率值保持一致。在空间分布方面，北京、上海、广东、浙江和山东等发达省份，经济产出效应对建筑垃圾排放量推动作用较小。这些省份通常位于东部沿海地区，具有人口密度大、经济发展水平高和城市化率高的特点，经济增长方式多样，建筑业依赖程度低，相应建筑垃圾排放量小。与此同时，如贵州、江西、湖北等中西部省份经济产出效应对建筑垃圾排放量推动作用位于全国前列，原因在于随着国家政策的支持，中西部省份经济增速加快，房地产业不断升温，建筑业规模不断扩大。这些省份的建筑业消耗量有较大幅度增长，建筑垃圾排放量也随之增大。特别是贵州在2014年发布《贵州省人民政府关于加快建筑业发展的意见》，进一步推进贵州建筑业持续快速发展，提升建筑业占其地区生产总值的比重，经济产出效应对其建筑垃圾排放量贡献率居于全国前列。

相比之下，东北三省和内蒙古等地区，由于产业结构相对单一，行业可持续发展能力不足，加上建筑市场主体不规范，建筑业投资有限，导致大量劳动力向东部地区迁移。经济和人口的双重影响导致地区建筑业发展缓慢，排放量降低。作为传统工业发展基地的东北，未来应抓住新兴产业的发展机会，采取积极的政策吸引人才，营造良好的营商环境。

表6-8 各省份经济产出效应贡献率

GDP/POP	2006	2007	2008	2009	2010	2011	2012	2013	2014	2015	2016	2017	2018	均值
北京	—	1.00	1.01	1.06	1.20	1.32	1.40	1.51	1.60	1.63	1.67	1.75	1.87	1.46
上海	—	1.00	1.02	1.05	1.11	1.13	1.20	1.24	1.31	1.34	1.37	1.45	1.55	1.25
天津	—	1.00	1.03	1.09	1.23	1.38	1.58	1.74	1.88	1.95	2.00	2.06	2.11	1.64
重庆	—	1.00	1.03	1.09	1.23	1.38	1.58	1.74	1.88	1.95	2.00	2.06	2.11	1.64
黑龙江	—	1.00	1.03	1.07	1.27	1.42	1.48	1.48	1.34	1.14	1.12	1.03	0.92	1.21
辽宁	—	1.00	1.01	1.13	1.39	1.65	1.83	1.95	1.91	1.47	1.18	1.07	0.97	1.42
吉林	—	1.00	1.05	1.09	1.16	1.30	1.63	1.68	1.82	1.67	1.63	1.53	1.46	1.46
陕西	—	1.00	1.05	1.17	1.39	1.48	1.65	1.81	1.94	1.98	2.06	2.21	2.34	1.74
甘肃	—	1.00	1.01	1.06	1.18	1.32	1.66	1.91	1.99	1.97	1.99	1.90	1.89	1.62
青海	—	1.00	1.01	1.10	1.34	1.43	1.45	1.76	1.76	1.63	1.61	1.59	1.71	1.49
宁夏	—	1.00	1.04	1.17	1.35	1.57	1.66	1.87	1.88	1.65	1.54	1.51	1.46	1.52
新疆	—	1.00	1.05	1.16	1.32	1.59	1.81	2.04	2.14	2.04	1.99	1.95	1.75	1.71
四川	—	1.00	1.01	1.06	1.16	1.31	1.44	1.63	1.76	1.80	1.88	2.00	2.07	1.56
贵州	—	1.00	1.01	1.09	1.20	1.38	1.59	1.95	2.13	2.33	2.54	2.68	2.74	1.87
云南	—	1.00	1.03	1.12	1.13	0.96	0.99	0.99	1.01	1.13	1.07	1.27	1.47	1.11

续表

GDP/POP	2006	2007	2008	2009	2010	2011	2012	2013	2014	2015	2016	2017	2018	均值
西藏	—	1.00	1.03	1.12	1.13	0.96	0.99	0.99	1.01	1.13	1.07	1.27	1.47	1.11
河北	—	1.00	1.03	1.10	1.27	1.46	1.63	1.69	1.73	1.67	1.68	1.68	1.70	1.51
山西	—	1.00	1.03	1.12	1.20	1.30	1.45	1.59	1.63	1.59	1.67	1.75	1.85	1.47
内蒙古	—	1.00	1.00	1.03	1.14	1.28	1.33	1.29	1.22	1.10	1.06	0.98	0.96	1.13
河南	—	1.00	1.03	1.11	1.23	1.38	1.50	1.65	1.77	1.81	1.89	1.98	2.12	1.59
湖北	—	1.00	1.02	1.09	1.24	1.45	1.69	1.90	2.11	2.15	2.29	2.41	2.55	1.81
湖南	—	1.00	1.02	1.05	1.16	1.30	1.39	1.56	1.67	1.72	1.81	1.94	2.05	1.51
广西	—	1.00	1.01	1.06	1.20	1.37	1.53	1.74	1.90	2.03	2.19	2.30	2.39	1.70
广东	—	1.00	1.00	0.99	1.00	1.08	1.15	1.31	1.34	1.33	1.40	1.53	1.73	1.26
海南	—	1.00	1.02	1.14	1.32	1.72	1.72	1.72	1.64	1.66	1.70	1.70	1.76	1.56
山东	—	1.00	1.01	1.05	1.13	1.22	1.31	1.43	1.52	1.51	1.56	1.65	1.74	1.38
江苏	—	1.00	1.02	1.07	1.18	1.33	1.48	1.65	1.75	1.76	1.79	1.86	1.95	1.53
安徽	—	1.00	1.03	1.09	1.24	1.42	1.58	1.71	1.80	1.84	1.85	1.97	2.08	1.60
江西	—	1.00	1.06	1.15	1.28	1.44	1.70	1.93	2.12	2.22	2.30	2.45	2.58	1.84
浙江	—	1.00	1.01	1.06	1.15	1.29	1.41	1.53	1.63	1.66	1.67	1.73	1.77	1.45
福建	—	1.00	1.02	1.06	1.23	1.42	1.58	1.76	1.96	2.06	2.17	2.29	2.43	1.73

6.3.4 环保效应分析

建筑工程在经济建设中扮演的角色愈发重要，而伴随的环境问题也日益凸显。影响建筑工程可持续发展的重要因素包括建筑垃圾的大量堆放、资源的低效消耗、环保方式落后、资源回收利用体系不完善等，环保效应则反映环保支出在建筑总产值中的占比情况。环保效应对建筑垃圾排放量具有抑制作用。由表6-9可以看出，自2010年起环保效应的贡献率均小于1，2011年北京首次呈现负值（-0.01），从2013年开始全国大多数省份呈现负值，2017年除个别省份（内蒙古、黑龙江、辽宁）外，其他省份均为负值。经济快速发展带来的环境问题日益受到重视，国家财政对建筑环保的投入力度变得越来越大，各省份也开始增加对城市建筑垃圾处理的环保投入和技术研发。建筑垃圾减量化管理逐渐被重视，技术进步和建筑垃圾减量化管理政策效果逐步显现。政府引导和规范建筑业健康快速发展，对建筑垃圾的排放起到了很好的抑制作用。

近几年来，各地政府先后出台建筑环保标准和措施，建筑工程的环境问题越来越受到重视。以北京、重庆和江西为例，北京市2011年发布了《北京市“十二五”时期民用建筑节能规划》，将住宅产业化目标任务提升为建筑节能工作的一项约束性指标。2013年，北京市发布了《北京市发展绿色建筑推动生态城市建设实施方案》和《北京市绿色建筑行动实施方案》，推进绿色建筑和住宅产业化相关工作。2014年，北京市又出台了《北京市2014年节能低碳技术产品推荐目录》、《北京市民用建筑节能管理办法》、《关于组织开展服务业清洁生产审核三年推广计划的通知》及《北京市金融工作局等九部门关于进一步促进北京地区辖内金融行业节能减排工作的通知》等7项节能环保政策。这些环保政策推出后，从数值上看，环保效应的贡献率呈现快速下降趋势，对建筑垃圾产生的抑制作用愈加明显。重庆市的建筑垃圾年产量在2014—2017年呈现缓慢增长状态，这是因为重庆市为切实加强城乡建设领域生态文明建设，确保完成国家明确的目标任务，根据《国务院办公厅关于转发发展改革委住房城乡建设部绿色建筑行动方案的通知》，结合实际情况发布了《重庆市绿色建筑行动实施方案

表6-9 各省份环保产出效应贡献率

EP/GDP	2006	2007	2008	2009	2010	2011	2012	2013	2014	2015	2016	2017	2018	均值
北京	—	1.00	0.98	0.87	0.52	-0.01	-0.28	-0.62	-1.19	-1.40	-1.84	-2.10	—	-0.37
上海	—	1.00	0.94	0.87	0.62	0.44	0.29	0.15	-0.10	-0.29	-0.53	-0.93	—	0.22
天津	—	1.00	0.98	0.93	0.77	0.45	0.04	-0.19	-0.43	-0.99	-1.32	-1.44	—	-0.02
重庆	—	1.00	0.96	0.91	0.66	0.49	0.18	-0.12	-0.42	-0.70	-0.93	-1.23	—	0.07
黑龙江	—	1.00	0.91	0.92	0.64	0.58	0.54	0.47	0.84	0.86	0.77	0.91	—	0.77
辽宁	—	1.00	0.99	0.99	0.89	0.86	0.57	0.25	0.36	0.53	0.73	0.85	—	0.73
吉林	—	1.00	0.98	0.96	0.96	0.84	0.61	0.45	0.08	0.06	0.09	-0.10	—	0.54
陕西	—	1.00	0.91	0.80	0.45	0.31	-0.16	-0.21	-0.32	-0.40	-0.79	-1.41	—	0.02
甘肃	—	1.00	0.99	0.95	0.75	0.57	0.17	-0.17	-0.38	-0.53	-0.69	-0.69	—	0.18
青海	—	1.00	1.01	1.00	0.72	0.73	0.50	0.09	0.08	0.11	-0.20	-0.17	—	0.44
宁夏	—	1.00	0.89	0.82	0.57	0.28	0.29	0.10	-0.05	0.10	-0.02	-0.07	—	0.36
新疆	—	1.00	0.99	0.97	0.82	0.58	0.22	-0.26	-0.48	-0.60	-0.80	-0.99	—	0.13
四川	—	1.00	0.99	0.93	0.84	0.69	0.45	0.14	0.01	-0.06	-0.38	-0.66	—	0.36
贵州	—	1.00	0.98	0.81	0.65	0.35	-0.01	-0.62	-0.87	-1.19	-1.81	-2.14	—	-0.26
云南	—	1.00	0.96	0.81	0.60	0.46	-0.03	-0.41	-0.46	-0.55	-1.02	-1.56	—	-0.02

续表

EP/GDP	2006	2007	2008	2009	2010	2011	2012	2013	2014	2015	2016	2017	2018	均值
西藏	—	1.00	0.88	0.86	0.71	1.11	1.02	1.03	0.90	0.56	0.66	−0.10	—	0.78
河北	—	1.00	0.93	0.87	0.52	0.22	−0.16	−0.37	−0.39	−0.37	−0.54	−0.99	—	0.07
山西	—	1.00	0.97	0.85	0.75	0.59	0.32	0.09	0.14	0.06	−0.23	−0.55	—	0.36
内蒙古	—	1.00	1.00	0.98	0.92	0.89	0.80	0.83	0.88	0.96	0.93	1.04	—	0.93
河南	—	1.00	0.95	0.78	0.49	0.25	−0.03	−0.30	−0.41	−0.51	−0.85	−1.20	—	0.02
湖北	—	1.00	0.99	0.94	0.67	0.49	0.04	−0.24	−0.55	−0.81	−1.50	−2.00	—	−0.09
湖南	—	1.00	0.98	0.94	0.80	0.66	0.30	−0.10	−0.15	−0.32	−0.77	−1.17	—	0.20
广西	—	1.00	0.98	0.95	0.80	0.46	0.13	−0.24	−0.30	−0.60	−1.25	−1.92	—	0.00
广东	—	1.00	1.03	1.04	1.00	0.88	0.69	0.35	0.32	0.07	−0.43	−0.96	—	0.45
海南	—	1.00	0.99	0.86	0.58	0.18	0.04	−0.03	−0.26	−0.06	−0.55	−0.98	—	0.16
山东	—	1.00	0.99	0.93	0.79	0.78	0.46	0.13	0.05	−0.15	−0.39	−0.89	—	0.34
江苏	—	1.00	0.98	0.95	0.80	0.62	0.32	−0.04	−0.33	−0.29	−0.73	−1.23	—	0.19
安徽	—	1.00	0.93	0.84	0.62	0.42	0.09	−0.15	−0.39	−0.53	−0.65	−1.08	—	0.10
江西	—	1.00	0.90	0.72	0.44	0.23	−0.24	−1.00	−1.18	−1.33	−1.65	−2.61	—	−0.43
浙江	—	1.00	0.98	0.94	0.75	0.47	0.18	−0.09	−0.23	−0.52	−0.69	−0.99	—	0.16
福建	—	1.00	0.98	0.89	0.50	0.16	−0.24	−0.75	−1.02	−1.29	−2.20	−2.67	—	−0.42

（2013—2020年）》的通知。这一举措使得环保力度加大，进一步降低了建筑垃圾的排放量。江西省在2005年发布了《江西省建设项目环境影响评价文件分级审批规定》，并在2015年发布了《江西省民用建筑节能和推进绿色建筑发展办法》，进一步加快了节能环保产业的发展，促进了建筑业的持续健康发展。这些成果得益于环保政策的支持，江西省在抑制建筑垃圾排放方面取得了显著成效。目前，全国建筑垃圾资源化处理行业处于起步阶段。随着国家环保政策的完善和推广，建筑垃圾资源化处理技术的提升，建筑施工质量的不断改进，以及科学的建筑垃圾减量化管理体系的构建，我国将会出现更多从事建筑垃圾综合利用的企业。这些企业的涌现也将有效减少建筑业垃圾产量，实现建筑工程施工和环境保护的同步发展。

6.3.5 技术效应分析

技术效应是反映建筑业企业生产效率和劳动节约情况的重要指标。在投入劳动相同的情况下，企业创造的价值越多，劳动生产率越高，技术效应的贡献率越大；反之则越小。从表6-10可以看出，2006—2017年平均贡献率值均大于1，对建筑垃圾排放的正向拉动作用较强。这主要与我国社会生产力的发展水平相关。随着工程技术的不断进步，建筑企业生产力提高，对于建筑垃圾排放量的驱动作用呈现逐年增加态势。

按地区看，内蒙古、西藏、青海等西部省份的技术效应贡献率相对较低。2006—2017年，这些地区的平均贡献率仅为1.2左右。原因之一是这些地区多处于西部，地理气候环境差，施工条件恶劣。政府对于建筑产业的科研经费投入有限，资金利用效率较低，导致这些省份建筑企业的自主创新和研发能力薄弱，影响企业劳动生产率。原因之二是专业人员的匮乏。相较于东部沿海省份，西部地区对人才吸引力不足，尤其是高科技人才极为紧缺。在人才建设方面，北京、上海等经济发达地区和江苏、浙江等建筑强省储备了大量的技术研发高水平人才。北京地区在工程勘察、设计、施工方面的中高级职称人员占到25%以上，而西部地区的高科技人才极为紧缺，大部分地区的中高级职称人员不到2%，

表6-10 各省份技术产出效应贡献率

LP/EP	2006	2007	2008	2009	2010	2011	2012	2013	2014	2015	2016	2017	2018	均值
北京	—	1.00	1.02	1.10	1.33	1.86	2.51	2.88	3.08	3.27	3.70	3.93	—	2.33
上海	—	1.00	1.06	1.12	1.35	1.53	1.70	1.80	2.00	2.21	2.46	2.88	—	1.74
天津	—	1.00	1.02	1.03	1.13	1.39	1.82	1.95	1.96	2.56	2.80	2.99	—	1.79
重庆	—	1.00	1.01	1.05	1.21	1.25	1.59	1.83	2.04	2.26	2.44	2.68	—	1.67
黑龙江	—	1.00	1.05	1.02	1.19	1.23	1.24	1.31	1.04	1.11	1.22	1.09	—	1.14
辽宁	—	1.00	1.00	0.92	0.82	0.63	1.10	1.47	1.32	1.42	1.32	1.19	—	1.11
吉林	—	1.00	0.98	1.00	0.94	1.09	1.30	1.47	1.66	1.66	1.70	2.05	—	1.35
陕西	—	1.00	1.03	1.09	1.32	1.56	1.90	1.87	1.78	1.91	2.25	2.77	—	1.68
甘肃	—	1.00	1.00	1.03	1.21	1.37	1.73	2.00	2.12	2.32	2.47	2.48	—	1.70
青海	—	1.00	0.99	0.97	1.20	1.20	1.40	1.70	1.73	1.77	2.02	2.00	—	1.45
宁夏	—	1.00	1.09	1.09	1.26	1.48	1.61	1.61	1.78	1.78	1.93	1.92	—	1.50
新疆	—	1.00	0.99	0.96	1.00	1.12	1.37	1.70	1.86	2.03	2.27	2.49	—	1.53
四川	—	1.00	1.01	1.05	1.08	1.10	1.46	1.70	1.74	1.83	2.09	2.24	—	1.48
贵州	—	1.00	1.02	1.16	1.30	1.55	1.93	2.41	2.45	2.66	3.06	3.30	—	1.99
云南	—	1.00	1.04	1.16	1.33	1.40	1.84	2.11	2.14	2.19	2.55	3.00	—	1.80

续表

LP/EP	2006	2007	2008	2009	2010	2011	2012	2013	2014	2015	2016	2017	2018	均值
西藏	—	1.00	1.08	1.12	1.25	0.90	0.98	0.94	1.15	1.53	1.39	2.10	—	1.22
河北	—	1.00	1.05	1.11	1.42	1.65	2.07	2.36	2.27	2.28	2.43	2.86	—	1.86
山西	—	1.00	1.01	1.09	1.13	1.21	1.49	1.64	1.56	1.68	1.89	2.25	—	1.45
内蒙古	—	1.00	1.00	1.02	1.06	1.08	1.30	1.23	1.21	1.15	1.13	0.93	—	1.10
河南	—	1.00	1.03	1.16	1.40	1.62	1.94	2.15	2.18	2.21	2.56	2.89	—	1.83
湖北	—	1.00	1.00	1.04	1.25	1.27	1.78	2.03	2.20	2.37	2.96	3.45	—	1.85
湖南	—	1.00	1.00	1.04	1.13	1.26	1.62	1.87	1.87	2.01	2.43	2.71	—	1.63
广西	—	1.00	1.01	1.03	1.13	1.42	1.68	1.96	1.87	2.07	2.59	3.13	—	1.72
广东	—	1.00	0.97	0.96	1.00	1.09	1.31	1.59	1.60	1.85	2.33	2.79	—	1.50
海南	—	1.00	1.00	1.05	1.25	1.84	2.03	2.10	2.25	2.01	2.48	2.90	—	1.81
山东	—	1.00	1.01	1.06	1.16	1.20	1.51	1.85	1.88	2.11	2.33	2.78	—	1.63
江苏	—	1.00	1.01	1.01	1.10	1.24	1.45	1.71	1.94	1.89	2.31	2.77	—	1.58
安徽	—	1.00	1.05	1.12	1.27	1.45	1.75	1.96	2.16	2.32	2.44	2.83	—	1.76
江西	—	1.00	1.08	1.21	1.42	1.64	1.98	2.65	2.64	2.64	2.95	3.67	—	2.08
浙江	—	1.00	1.02	1.02	1.15	1.39	1.61	1.83	1.88	2.14	2.32	2.60	—	1.63
福建	—	1.00	0.98	1.03	1.29	1.36	1.87	2.27	2.35	2.58	3.40	3.73	—	1.99

劳动者的平均熟练程度较低，进而导致建筑企业劳动生产率低。在技术效应贡献率上，东部和中部地区排名靠前。这些地区的资本投入大，技术转化率高。其中北京最为抢眼，2006—2017年平均贡献率达到2.33。

北京作为全国的政治中心、国际交往中心、文化中心、科技创新中心，城市吸引力强，聚集了众多的高新企业和人才。生产水平、发展程度以及劳动力的平均熟练程度都达到一定水平，工程技术创新速度快，建筑产品竞争力强，对建筑垃圾的排放量起较大的正向拉动作用。2014年住房和城乡建设部将北京市列入“国家住宅产业现代化综合试点城市”，标志着北京市住宅产业化工作进入了新的阶段。为了全面提升建设水平和工程质量，北京市人民政府在2017年发布了《关于加快发展装配式建筑的实施意见》，充分发挥先进技术的引领作用，加快建筑产业化发展。随着社会的进步，我国科学技术水平不断提高且广泛运用于生产过程中，使得劳动生产率提高；同时，我国的生产过程的组织和管理能力不断加强，生产资料的规模和效能不断增加，也促进了劳动生产率的提升，技术效应的贡献率也随之产生正向增长。

6.3.6 投资结构效应分析

由表6-11可知，建筑业固定资产投资不仅包括对新增固定资产的投资，还包括对现存建筑的维修和改造。固定资产投资与建筑垃圾的排放量紧密相关，投资结构效应反映出一地区建筑业固定资产投资对其建筑垃圾的贡献率。从地区上看，除吉林外，其余省份投资结构对建筑垃圾排放量贡献率均小于1，这表明投资结构效应对绝大部分省份的建筑垃圾排放起到抑制作用。

某些突出地区如河北、海南等，其贡献率小于0.6，主要原因是与政策规划有关。就河北而言，“十三五”期间，为响应国家号召，《河北省建筑节能与绿色建筑发展“十三五”规划》中提出了全面执行绿色建筑标准、全面执行居民建筑75%节能设计标准；发展建筑节能新技术，推广新材料等，在一定程度上抑制了建筑垃圾排放量。

对海南而言，前期建筑垃圾排放量呈迅猛增长态势，这与海南的建筑业发展密不可分。2013年5月1日实施的《海南经济特区海岸带保护与开发管理规定》中规定，海南全省海岸严控开发强度和高层建筑，使得海南建筑垃圾排放量有所抑制。另外，自2014年起，海南全面执行政府投资的建筑和大型公共建筑绿色建筑标准。2017年所有新建建筑全面执行绿色建筑标准，推动海南省建筑业升级。因此，海南建筑垃圾排放量得到了很好的控制，尤其在建筑业总产值还持续上升的情况下，建筑业垃圾产量却出现了下降。

值得注意的是，2007—2017年，吉林成为全国仅有平均贡献率大于1的省份，达到1.35，且呈现逐年增长趋势。这主要是受经济政策影响。2003年国务院发布《关于实施东北地区等老工业基地振兴战略的若干意见》，这标志着振兴东北老工业基地战略的正式实施。在实行部分税收减免的同时，加大了对东北老工业基地的科技创新投入，进一步完善交通、电力、通信等基础设施建设，加强地区生态建设和环境保护。截至2004年年底，振兴战略初显成效，黑、吉、辽三省的固定资产投资额大幅增加，投资增速迅速提高，投资集中度排名上升，其中以吉林最为明显。仅2007年全年固定资产投资就达到4 003.18亿元，同比增长42.8%，增速位居全国第3位。自2005年来，吉林省三年内累计完成投资超过8 600亿元，就相当于中华人民共和国成立后55年的投资总量。2007—2014年，吉林建筑垃圾排放量也随着固定资产投资总量逐年攀升。2012年吉林省政府发布《吉林省固定资产投资“十二五”规划》，进一步加快建筑业的发展，到2014年全省建筑垃圾量达到高峰，约为2 298万吨。2015年后，东北三省投资所占比例下降，人口流失，资金外流加快，经济增速放缓，导致固定资产投资与企业劳动生产率同时下降，建筑垃圾排放量下降明显，企业投资结构效应贡献值反而提高。

6.3.7 建筑垃圾排放强度效应分析

由表6-12可知，影响全国建筑垃圾排放的建筑垃圾排放强度效应均值为1.04，表明对我国整体的建筑垃圾排放的拉动作用较强，对建筑垃圾排放有正向作用。从区域上看，各省份建筑垃圾排放量存在显著差异。2006—2018年，全国有19个省份建筑垃圾排放量呈现上升趋势，这些地区主要分布于东部、中部和部分西部，如江苏、浙江等。这些地区在经济实力、产业结构、科技能力和基础环境等方面具有明显优

表6-11 各省份投资结构效应贡献率

FI/LP	2006	2007	2008	2009	2010	2011	2012	2013	2014	2015	2016	2017	2018	均值
北京	—	1.00	0.99	0.95	0.89	0.74	0.25	0.09	0.35	0.32	0.29	0.23	—	0.56
上海	—	1.00	0.98	0.96	0.89	0.86	0.76	0.74	0.70	0.65	0.62	0.51	—	0.79
天津	—	1.00	1.00	0.97	0.92	0.77	0.62	0.62	0.76	0.62	0.61	0.68	—	0.78
重庆	—	1.00	1.00	0.95	0.89	0.86	0.63	0.51	0.47	0.45	0.44	0.44	—	0.69
黑龙江	—	1.00	1.02	0.99	0.89	0.77	0.74	0.74	0.77	0.90	0.89	0.97	—	0.88
辽宁	—	1.00	0.99	0.96	0.88	0.84	0.49	0.33	0.40	0.58	0.77	0.89	—	0.74
吉林	—	1.00	0.98	1.00	0.94	1.09	1.30	1.47	1.66	1.66	1.70	2.05	—	0.70
河北	—	1.00	0.99	0.92	0.77	0.64	0.43	0.29	0.35	0.38	0.39	0.41	—	0.60
河南	—	1.00	0.98	0.94	0.87	0.75	0.58	0.51	0.45	0.48	0.38	0.32	—	0.66
湖北	—	1.00	0.99	0.94	0.84	0.79	0.48	0.30	0.23	0.28	0.23	0.11	—	0.56
湖南	—	1.00	1.00	0.97	0.90	0.77	0.67	0.63	0.57	0.54	0.49	0.47	—	0.73
山东	—	1.00	0.99	0.96	0.91	0.79	0.70	0.57	0.53	0.51	0.47	0.42	—	0.71
山西	—	1.00	0.99	0.94	0.90	0.87	0.70	0.63	0.63	0.62	0.61	0.50	—	0.76
陕西	—	1.00	1.01	0.93	0.84	0.65	0.60	0.52	0.59	0.49	0.46	0.41	—	0.68
安徽	—	1.00	0.99	0.95	0.87	0.71	0.60	0.49	0.44	0.37	0.36	0.27	—	0.64

续表

FI/LP	2006	2007	2008	2009	2010	2011	2012	2013	2014	2015	2016	2017	2018	均值
浙江	—	1.00	0.99	0.97	0.94	0.82	0.78	0.70	0.68	0.68	0.65	0.60	—	0.80
江苏	—	1.00	0.99	0.97	0.92	0.81	0.75	0.67	0.62	0.62	0.60	0.57	—	0.77
福建	—	1.00	1.02	1.01	0.97	1.04	0.77	0.69	0.67	0.61	0.58	0.59	—	0.81
广东	—	1.00	1.01	1.02	1.00	0.94	0.83	0.71	0.71	0.71	0.65	0.58	—	0.83
海南	—	1.00	0.99	0.94	0.84	0.24	0.18	0.17	0.33	0.34	0.33	0.32	—	0.52
四川	—	1.00	1.00	0.96	0.93	0.91	0.64	0.53	0.49	0.43	0.40	0.41	—	0.70
云南	—	1.00	0.98	0.91	0.83	0.76	0.56	0.47	0.45	0.46	0.42	0.36	—	0.66
贵州	—	1.00	0.99	0.95	0.86	0.74	0.52	0.28	0.32	0.23	0.24	0.17	—	0.57
青海	—	1.00	0.99	0.93	0.74	0.63	0.63	0.42	0.40	0.45	0.53	0.53	—	0.66
甘肃	—	1.00	0.99	0.96	0.86	0.73	0.42	0.25	0.25	0.22	0.22	0.29	—	0.56
江西	—	1.00	0.96	0.91	0.85	0.68	0.55	0.40	0.39	0.44	0.37	0.44	—	0.63
内蒙古	—	1.00	1.00	0.98	0.88	0.74	0.56	0.63	0.68	0.79	0.89	1.06	—	0.84
宁夏	—	1.00	0.97	0.91	0.80	0.64	0.40	0.37	0.33	0.42	0.50	0.60	—	0.63
新疆	—	1.00	0.97	0.90	0.85	0.67	0.56	0.45	0.41	0.44	0.44	0.45	—	0.65
西藏	—	1.00	1.02	0.90	0.91	1.03	1.01	1.03	0.93	0.75	0.87	0.67	—	0.92
广西	—	1.00	0.99	0.96	0.89	0.76	0.67	0.54	0.53	0.50	0.46	0.47	—	0.71

表6-12 各省份建筑垃圾排放强度效应贡献率

FI/LP	2006	2007	2008	2009	2010	2011	2012	2013	2014	2015	2016	2017	2018	均值
北京	—	1.00	0.99	0.99	1.06	1.05	0.69	0.67	1.06	1.09	1.09	1.10	—	0.98
上海	—	1.00	0.99	0.98	0.97	0.98	0.95	0.99	1.06	1.04	1.00	1.01	—	1.00
天津	—	1.00	1.00	0.97	0.92	0.77	0.62	0.62	0.76	0.62	0.61	0.68	—	0.78
重庆	—	1.00	1.01	0.98	0.99	1.03	0.94	0.92	0.96	0.95	0.92	0.94	—	0.97
黑龙江	—	1.00	1.05	1.02	1.08	1.12	1.06	1.03	0.96	0.95	0.93	0.97	—	1.02
辽宁	—	1.00	1.00	1.05	1.23	1.42	1.19	1.10	1.25	0.94	0.87	0.91	—	1.09
吉林	—	1.00	0.99	0.96	0.93	0.77	0.46	0.39	0.43	0.62	0.58	0.53	—	0.70
河北	—	1.00	1.01	0.98	0.99	1.07	0.98	0.87	0.95	0.93	0.91	0.91	—	0.96
河南	—	1.00	1.00	1.00	1.00	0.98	0.92	0.95	1.00	1.08	1.04	0.98	—	1.00
湖北	—	1.00	1.00	0.98	0.98	1.09	0.98	1.00	1.15	1.21	1.32	1.28	—	1.09
湖南	—	1.00	1.01	1.00	1.01	0.99	0.97	1.08	1.10	1.07	1.08	1.14	—	1.04
山东	—	1.00	1.00	0.98	0.99	0.93	0.92	0.88	0.92	0.87	0.86	0.86	—	0.93
山西	—	1.00	1.01	1.00	1.01	1.09	1.10	1.19	1.25	1.23	1.26	1.22	—	1.12
陕西	—	1.00	1.03	1.01	1.06	1.05	1.15	1.26	1.44	1.38	1.36	1.40	—	1.19
安徽	—	1.00	1.01	1.01	1.05	1.02	1.03	1.01	1.03	1.01	0.96	0.96	—	1.01

续表

FI/LP	2006	2007	2008	2009	2010	2011	2012	2013	2014	2015	2016	2017	2018	均值
浙江	—	1.00	1.00	1.02	1.05	1.04	1.09	1.10	1.16	1.16	1.12	1.10	—	1.08
江苏	—	1.00	1.01	1.01	1.04	1.06	1.11	1.17	1.20	1.21	1.21	1.22	—	1.11
福建	—	1.00	1.03	1.04	1.15	1.38	1.24	1.30	1.45	1.43	1.47	1.50	—	1.27
广东	—	1.00	1.01	1.02	1.00	0.96	0.89	0.87	0.88	0.85	0.84	0.84	—	0.92
海南	—	1.00	0.99	1.02	1.02	0.92	0.75	0.73	0.79	0.84	0.80	0.76	—	0.87
四川	—	1.00	1.00	0.98	0.98	1.05	0.86	0.90	0.96	0.90	0.89	0.96	—	0.95
云南	—	1.00	1.00	0.98	0.98	0.99	1.01	1.06	1.06	1.04	1.08	1.05	—	1.02
贵州	—	1.00	1.00	0.99	0.98	0.96	0.90	1.03	1.21	1.31	1.49	1.37	—	1.11
青海	—	1.00	0.99	0.98	0.98	0.93	0.97	1.13	1.05	0.92	0.96	0.96	—	0.99
甘肃	—	1.00	1.01	1.01	0.99	0.97	0.94	0.99	1.11	1.01	0.97	0.95	—	1.00
江西	—	1.00	1.01	1.02	1.03	0.96	1.01	1.06	1.20	1.31	1.24	1.38	—	1.11
内蒙古	—	1.00	1.00	0.99	0.98	0.95	0.83	0.80	0.80	0.84	0.90	1.06	—	0.92
宁夏	—	1.00	1.01	1.06	1.10	1.17	1.03	1.23	1.09	0.91	0.84	0.85	—	1.03
新疆	—	1.00	1.00	1.01	1.11	1.18	1.28	1.37	1.42	1.28	1.19	1.06	—	1.17
西藏	—	1.00	1.04	0.98	0.95	1.03	1.01	1.03	0.94	0.84	0.89	0.84	—	0.96
广西	—	1.00	1.00	0.98	0.97	0.95	0.97	1.00	1.13	1.20	1.28	1.26	—	1.07

势，建筑产业竞争力强。此外，相比于其他影响因素，其贡献率相对更接近于1，对建筑垃圾排放量抑制和拉动作用都较轻微。与之不同的是东北三省和西北省份，包括青海、甘肃、宁夏、新疆等，建筑垃圾排放量在2013—2014年达到高点，随后逐年下滑。这主要受经济环境影响，建筑垃圾排放强度效应贡献值也呈现出轻微负向作用。

6.4 本章小结

在全国层面上，2005—2018 年建筑垃圾排放量与建筑业经济增长的脱钩关系呈现弱脱钩状态、扩张性联结状态、强脱钩状态、弱脱钩状态变化趋势。在省域层面上，2005—2018 年，我国大部分省份的建筑垃圾排放量与经济增长关系表现为脱钩状态和联结状态，部分省份呈现出强脱钩、弱脱钩、扩张性联结、弱负脱钩、强负脱钩、扩张性负脱钩等多种状态交替出现的动态变化，建筑垃圾排放量与行业经济增长脱钩程度趋于差异化。从建筑业垃圾产量驱动因素的LMDI分解可知，在建筑垃圾排放量增加的驱动因素中，全国的技术效应、经济产出效应对建筑垃圾产生量的贡献率最大，且在2012年之后其增长呈现快速上升趋势，技术效应、经济产出效应对建筑垃圾的排放量有着很强的拉动作用，人口规模效应的拉动作用轻微，劳动生产率的增加，人口规模的扩大、都将导致建筑垃圾排放量的增加，而环保效应、投资结构效应则对建筑垃圾排放具有一定的抑制作用。

7 中国建筑垃圾达峰研究

经济增长与环境质量之间的关系一直是学术界关注的热点问题，环境库兹涅茨曲线（EKC）理论是研究两者关系的常用理论。环境库兹涅茨曲线理论认为在经济发展的低水平阶段，环境污染会随着经济的增长而增加，当增加到某一个时点时，曲线会拐弯呈倒“U”形。建筑业在快速发展的同时给环境带来了巨大的压力，建筑垃圾排放问题日益突出。建筑垃圾的大量堆放带来一系列严重的环境污染问题，成为构建绿色、低碳发展、生态文明社会的掣肘。建筑垃圾排放量达峰，是指在某个时间点，建筑垃圾排放量不再增长，达到峰值，之后逐步回落。建筑垃圾排放量达峰是我国经济低碳转型与高质量发展的现实要求。鉴于此，本章在环境库兹涅茨曲线理论解释的基础上，研究建筑垃圾排放量与经济发展的关系，并判断建筑垃圾排放量与经济增长环境库兹涅茨曲线在我国是否成立。

7.1 环境库兹涅茨曲线的理论解释

7.1.1 环境库兹涅茨曲线

(1) 环境库兹涅茨曲线的内涵

经济的发展会破坏环境，环境库兹涅茨曲线被用来研究经济发展与环境污染之间的关系，是环境经济学研究的热点问题。环境库兹涅茨曲线认为当一个国家或地区经济发展水平较低时，对环境污染的程度较轻，但随着人均收入的增加，环境污染程度会随经济的增长而加剧；当经济发展达到一定水平后，即某个临界点或称“拐点”后，环境污染又随着人均收入的增加而逐渐减缓，环境质量逐渐得到改善，呈倒“U”形曲线关系，即为“环境高山”理论。由此可知，环境库兹涅茨曲线的逻辑含义在于，任何事情在变好之前可能不得不经历一个糟糕痛苦的过程。环境库兹涅茨曲线给人们一种错觉，认为在经济发展初级阶段，可以牺牲环境来促进经济增长。当经济发展到一定程度后，自然环境状况会自发得到好转，可以走“先污染，后治理”的经济发展路径。但并不是所有的环境污染指标和经济发展之间的环境库兹涅茨曲线假说都成立。环境库兹涅茨曲线最重要的意义在于给出了一个系统分析经济增长与环境污染之间关系的框架和视角。

(2) 环境库兹涅茨曲线的理论解释

第一为规模、结构与技术效应。随着经济的发展和增长，环境污染将随着总产出的增长而加剧。经济规模和环境污染间存在正相关的关系，即规模效应。粗放型的经济发展模式将导致资源和能源的快速消耗，这种粗放型的增长方式导致了资源的低利用率和大量的工业废弃物。当经济发展到一定水平时，产业结构由资源密集型重工业逐渐调整，向以低能耗、低污染物排放和技术密集型的服务业为主转型。第三产业贡献不断提高，环境质量将得到持续改善。技术水平改进后，可以采用先进技术降低污染物排放程度。技术进步可以提升废弃物处理能力，减少环境污染，提升环境质量。

第二为不同的经济发展阶段。在发展初期，依靠大量物质资本投入带动经济发展，促进工业，尤其是重工业的发展，环境恶化。在经济发展的中后期，生产方式开始发生变化，主要依靠人力资本投资来推动经济发展。随着产业结构的调整，转向信息密集型产业和服务业，同时，由于环境意识的增强、环境管制的加强、技术水平的提高和环境治理投入的增加，环境恶化的速度将逐步得到控制，环境质量不断改善。

第三为不同的人均收入水平阶段。当人均GDP较低时，消费者觉得消费获得的价值大于环境质量提升的价值，环境质量逐渐恶化。当人均GDP较高时，达到曲线拐点，消费者更追求环境质量，将以更多方式降低环境污染，环境质量不断改善。

7.1.2 环境库兹涅茨曲线形成机制

（1）经济结构方面

经济结构理论认为，在经济发展初期，随着经济规模的不断增大，资源的需求和投入越来越多。伴随着经济产出的持续增加，环境污染物的排放也随之增加，进而导致环境承载力水平降低，使环境遭受污染和恶化。当经济发展到高质量阶段时，随着技术进步和产业结构升级，能源密集型重工业逐步向技术密集型产业和服务业转移，使自然环境得到保护和改善。

（2）技术效应方面

科技水平的发展提升了生产效率，降低了单位产品产出过程的要素投入，提高了资源的使用效率，减少了生产过程中污染物的排放和给环境带来的污染。此外，随着清洁生产技术的不断研发和应用，大量资源的循环使用成为可能，极大减少了废弃资源和固体废弃物的排放，降低了生产过程中单位产出的污染物排放。可见，科学技术水平的提高和发展，在发展经济的同时，改善了环境质量。

（3）市场机制方面

市场机制是在企业生产成本的视角下，考虑企业的生产成本。由于自然资源的自身属性，随着经济的发展，很多自然资源成为稀缺资源。资源的稀缺性、资源的配置不均衡会导致企业生产成本增加。企业为了追求利润和生存，降低生产成本，采用新技术，提升生产效率，降低资源的消耗，减少污染物的排放。这样，环境得到保护，环境质量逐渐好转。

(4) 国际贸易和国家政策方面

不同收入水平的国家对环境质量的要求不一样，高收入国家更关注环境质量，通过国际贸易等手段将高污染的产品转移到低收入国家，导致两极分化。当经济发展到一定水平后，政府将有足够的条件对自然资源和环境进行保护，实施有效的环境政策，提高环境管理监督水平，改善环境质量。

(5) 需求者偏好变化

经济的发展和人们物质生活水平的不断提高，促使人们对自然环境的关注逐步提高，人们通过选择消费环保产品和向环境组织捐款，增加环境保护的预算。另外，社会公众通过选举、游行等形式给政府施加压力，促使政府采取更为严格的环境保护政策。人们对环境质量的需求上升，改变了经济增长与环境之间的矛盾关系。此时便出现了环境库兹涅茨曲线中环境质量改善的阶段。

可以看出，生态经济系统——与人类生产、生活息息相关的复杂自适应系统的EKC曲线现象是由众多复杂的效应共同作用的结果。过快的经济增长往往伴随着大机器的扩张、城镇化的发展、一些新资源的开发和利用，所以对环境有负面影响，也有可能成为环境的敌人[142]。

7.1.3 环境库兹涅茨曲线模型

环境库兹涅茨曲线用来研究经济增长与环境质量二者之间长期关系趋势，同样也可以用于建筑垃圾排放量与经济增长二者之间的关系研究。国内外学者对EKC曲线进行了大量的理论与实证研究，建立了多个回归分析模型。其中，最为经典的是三次项库兹涅茨方程，计算公式如下：

$$E_t = \beta_0 + \beta_1 Y_t + \beta_2 Y_t^2 + \beta_3 Y_t^3 + \varepsilon \tag{7-1}$$

式中，E_t表示在t时刻国家（或者地区）的环境质量，通常用t时刻污染物的产生量表示（本研究中用建筑垃圾的排放量进行表征）；Y_t表示在t

时刻国家（或者地区）的经济产值（本研究中采用人均GDP来表征）；β_0为常数项，β_1，β_2，β_3分别为回归系数；ε则为模型的随机误差。

根据估计系数的不同，EKC曲线可分为直线形（递增或递减）、“U”形、倒“U”形、“N”形和倒“N”形等，如表7-1所示。

表7-1 **模型中参数变化及曲线关系**

参数值	y值变化	曲线关系	曲线形状
$\beta_1=\beta_2=\beta_3=0$	常数，$y=\beta_0$	无关	直线
$\beta_1<0$，$\beta_2=\beta_3=0$	随X的增加单调递减	一次曲线	直线
$\beta_1>0$，$\beta_2=\beta_3=0$	随X的增加单调增加	一次曲线	直线
$\beta_1<0$，$\beta_2>0$，$\beta_3=0$	先减少后增加	二次曲线	“U”形
$\beta_1>0$，$\beta_2<0$，$\beta_3=0$	先增加后减少	二次曲线	倒“U”形
$\beta_1>0$，$\beta_2<0$，$\beta_3>0$	增加-减少-增加	三次曲线	“N”形
$\beta_1<0$，$\beta_2>0$，$\beta_3<0$	减少-增加-减少	三次曲线	倒“N”形

7.2 建筑垃圾达峰路径研究

7.2.1 模型构建

根据Shafik和Bandyopadhyay提出的对数形式的EKC模型，本书将建筑垃圾EKC计量分析模型设定如下：

$$\ln garbage_{i,t}=\beta_0+\beta_1\ln pgdp_{i,t}+\beta_2(\ln pgdp_{i,t})^2+\beta_3(\ln pgdp_{i,t})^3+\varepsilon_{i,t} \quad (7-2)$$

式中，$garbage_{i,t}$表示第i个地区在t时刻的建筑垃圾排放量；$pgdp_{i,t}$表示第i个地区在t时刻的人均GDP；β_0为常数项，β_1，β_2，β_3分别为模型回归系数；$\varepsilon_{i,t}$是模型的随机误差。

研究中模型的变量的名称、所用符号和单位，以及变量的描述性统计分析结果如表7-2所示。为了避免伪回归，在构建模型分析之前需要检验所选变量的平稳性。研究中先后采用Levin-Lin-Chu（LLC）测试、Im-Pesaran-Shin（IPS）测试、Fisher-ADF测试和Fisher-PP测试等4种方法进行变量的检验，检验结果如表7-3所示。接下来，采用Kao检验对变量之间的协整关系进行检验，协整检验结果如表7-4所示。可以看出，协整检验通过1%的显著性水平检验，可以得出变量之间存在长期稳定的均衡关系。

表7-2 **变量名称、符号、单位和描述性统计**

变量名称	变量符号	单位	Obs	Mean	Std.Dev.	Min	Max
建筑垃圾产生量	lngarbage	万吨	420	7.764895	1.241126	4.01675	10.52555
人均GDP	lnpgdp	元/人	420	10.41918	0.6441868	8.527539	11.85091

表7-3 **协整检验**

单位根检验	变量	LLC 检验	IPS 检验	Fisher-ADF检验	Fisher-PP检验
标准	lngarbage	−0.6042 （0.2729）	4.8142 （1.0000）	71.3598 （0.1496）	27.5830 （0.9999）
	lnpgdp	−2.5891*** （0.0048）	−1.6051* （0.0542）	368.3053*** （0.0000）	85.8532** （0.0159）
一阶差分	lngarbage	−10.9328*** （0.0000）	−2.5436*** （0.0055）	120.8957*** （0.0000）	188.4178*** （0.0000）
	lnpgdp	−10.9328*** （0.0000）	−3.5153*** （0.0002）	224.5963*** （0.0000）	330.0919*** （0.0000）

注：Kao检验取值为Modified Dickey-Fuller test，括号内为对应P值。

由表7-4可知，建筑垃圾排放量（lngarbage）与人均GDP（lnpgdp）的一次方、二次方及三次方均有显著的协整关系，可以进行模型参数估计。

表7-4 **单位根检验结果**

检验变量	Kao检验	是否协整
lngarbage lnpgdp	2.4863（0.0065）	是
lngarbage lnpgdp ln^2pgdp	3.0200（0.0013）	是
lngarbage lnpgdp ln^3pgdp	3.0177（0.0013）	是
lngarbage ln^2pgdp ln^3pgdp	3.0277（0.0012）	是
lngarbage lnpgdp ln^2pgdp ln^3pgdp	2.7348（0.0031）	是

注：括号内为相应的P值，*、**、*** 分别表示在10%、5%和1%的显著性水平下，变量拒绝“存在单位根”的原假设。

7.2.2 建筑垃圾总产量达峰

结合EKC曲线计量回归结果和图7-1来看，全国建筑垃圾排放EKC曲线不是典型的倒“U”形，而呈现出倒“N”形，但这在图7-1中没有显示出来。倒“N”形曲线的第二个拐点还未到达，目前处于持续上升阶段。可以看出，全国总体建筑垃圾产生量随经济的增长而增长，城市环境治理压力巨大。目前需要做的是采取各种垃圾治理措施减少建筑垃圾的排放量，尽早到达峰值并使达到峰值的垃圾总量减少，使建筑垃圾增长与经济增长脱钩，实现绿色发展。我国地域辽阔，各省份的地理环境、文化习俗、经济状况和人们的消费观念、环保观念各不相同，建筑垃圾的排放状况和处理状况及要求各不相同，因此要分区域来分析建筑垃圾产生量与经济增长的特点，找到减少建筑垃圾产生量的关键因素。

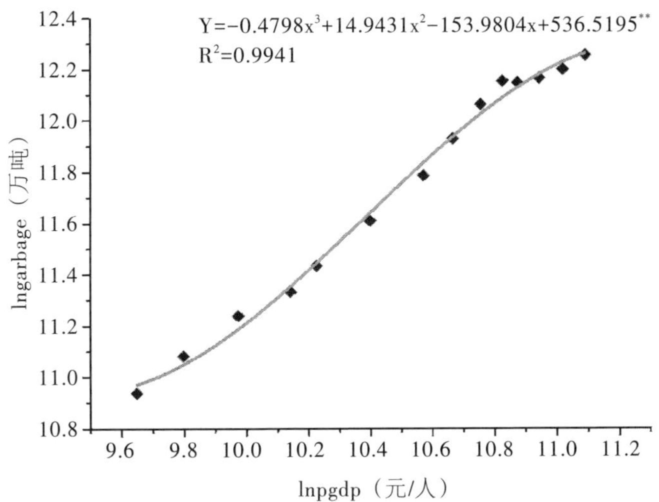

图7-1 中国建筑垃圾排放量与经济增长的环境库兹涅茨曲线

注：$Y = \text{lngarbage}$；$x = \text{lnpgdp}$；$x^2 = \ln^2\text{pgdp}$；$x^3 = \ln^3\text{pgdp}$；*、**、*** 分别表示在10%、5%和1%水平上显著。

中国建筑垃圾排放量与人均GDP之间呈现倒“N”形曲线关系。第一个拐点出现在2005年前后，第二个拐点出现在2022年前后。随着经济的快速发展、人口增长和城镇化率的提高，住房建设、改扩建和装修数量增加，但建筑垃圾管理和处置措施并不完善，导致建筑垃圾排放量随着经济增长而持续增加。

7.2.3 区域建筑垃圾排放量达峰

为了避免伪回归，研究中分别利用不同方法对变量进行平稳性检验（具体见表7-7），然后利用Kao检验对变量之间的协整关系进行检验。协整检验通过了5%的显著性水平，因此可以使用EKC模型对变量进行参数估计研究。

表7-7 单位根检验结果

单位根检验	变量	LLC检验	IPS检验	Fisher-ADF检验	Fisher-PP检验
标准	lngarbage	1.1349 （0.8718）	−1.4589* （0.0723）	23.0663* （0.0592）	0.9513 （1.0000）
	lnpgdp	4.6999 （1.0000）	2.4507 （0.9929）	61.1111** （0.0000）	0.2834 （1.0000）
一阶差分	lngarbage	−3.5053** （0.0002）	−1.8288** （0.0337）	80.2597** （0.0000）	34.8554** （0.0015）
	lnpgdp	−3.3821** （0.0004）	−1.3264* （0.0924）	63.7163** （0.0000）	23.0160* （0.0600）

注：*、**、*** 分别表示在10%、5%和1%的水平上显著。

在区域层面上，建筑垃圾排放量与经济增长的EKC曲线计算结果如表7-8所示。从表7-8可以看出，华北、华东、西南和西北地区的EKC曲线形状为倒“N”形。在到达第一个拐点之前，城市建筑垃圾排放量随着经济增长而不断增加，城市环境卫生治理压力增大。在到达拐点后，建筑垃圾排放量随着经济增长而下降，实现短期脱钩。这段时间建筑垃圾排放量的减少主要是因为国家加大了建筑垃圾处理投资，实行垃圾分类收集，并转变了建筑垃圾处理理念，加强了建筑垃圾源头减量化，使建筑垃圾排放量减少。达到最低点之后，这些地区的建筑垃圾排放量又开始随着经济增长而不断增加，建筑垃圾治理压力增大。中南地区的EKC曲线形状为“U”形，东北地区的EKC曲线形状为单调递增，建筑垃圾排放量与经济增长之间仍然呈现正相关关系。目前，我国建筑垃圾治理压力巨大，需要采取相关措施治理建筑垃圾，减少建筑垃圾排放量，使建筑垃圾增长与经济增长脱钩，实现党的十九大报告中提出的“低碳、绿色”发展。

表7-8　　**中国六大区域建筑垃圾排放量曲线形状和回归方程**

序号	地区	曲线形状	回归方程
1	华北	倒“N”形	$Y=-1.005x^3+31.9146x^2-336.4049x+1186.344^{***}$
2	东北	单调递增	$Y=0.8205x+0.0480^{***}$
3	华东	倒“N”形	$Y=-0.4532x^3+14.3429x^2-150.1348x+530.6416^{**}$
4	中南	“U”形	$Y=0.208x^2-3.3075x+21.9005^{**}$
5	西南	倒“N”形	$Y=-0.3476x^3+10.3965x^2-102.7094x+344.3502^{***}$
6	西北	倒“N”形	$Y=-0.8279x^3+24.8381x^2-247.0033x+822.4016^{***}$

注：Y=lngarbage；x=lnpgdp；$x^2=\ln^2$pgdp；$x^3=\ln^3$pgdp；*、**、*** 分别表示在10%、5%和1%水平上显著。

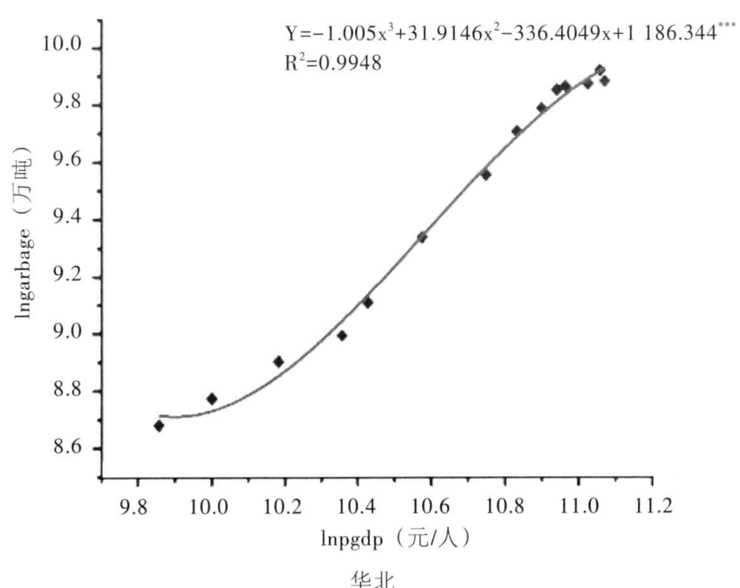

华北

Y=0.8205x+0.0480***
R²=0.6045
lngarbage（万吨）
lnpgdp（元/人）
9.4
9.2
9.0
8.8
8.6
8.4
8.2
8.0
7.8
9.6
9.8
10.0
10.2
10.4
10.6
10.8
11.0

东北

Y=−0.4532x³+14.3429x²−150.1348x+530.6416**
R²=0.9947
lngarbage（万吨）
lnpgdp（元/人）
11.8
11.6
11.4
11.2
11.0
10.8
10.6
10.4
10.2
9.8
10.0
10.2
10.4
10.6
10.8
11.0
11.2
11.4

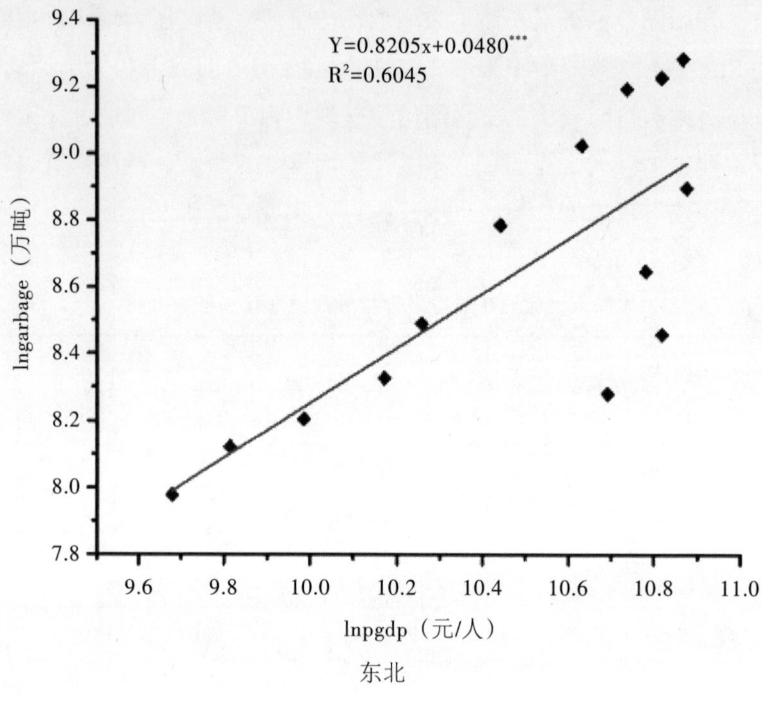

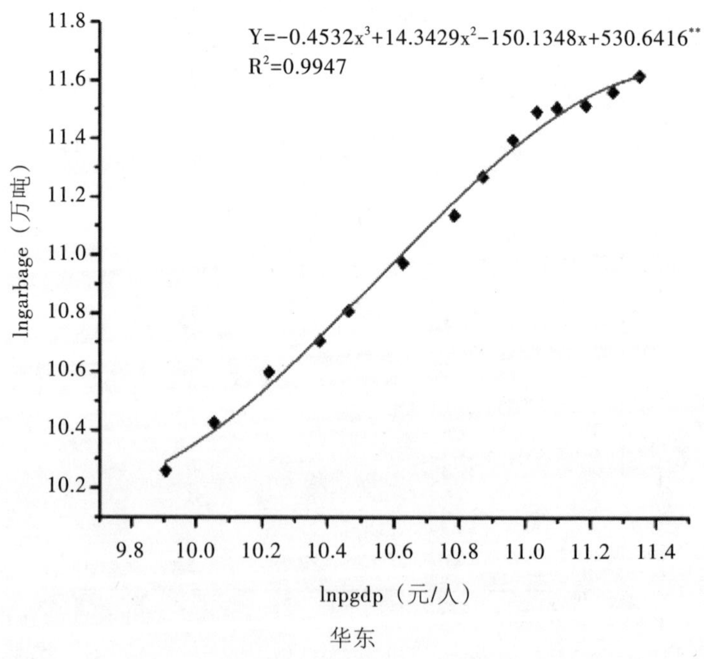

华东

Y=0.208x²−3.3075x+21.9005**
R²=0.9915
lngarbage（万吨）
lnpgdp（元/人）
10.8
10.6
10.4
10.2
10.0
9.8
9.6
9.4
9.2
9.4 9.6 9.8 10.0 10.2 10.4 10.6 10.8 11.0 11.2

中南

Y=−0.3476x³+10.3965x²−102.7094x+344.3502***
R²=0.9906
lngarbage（万吨）
lnpgdp（元/人）
10.0
9.8
9.6
9.4
9.2
9.0
8.8
8.6
9.0 9.2 9.4 9.6 9.8 10.0 10.2 10.4 10.6 10.8 11.0

西南

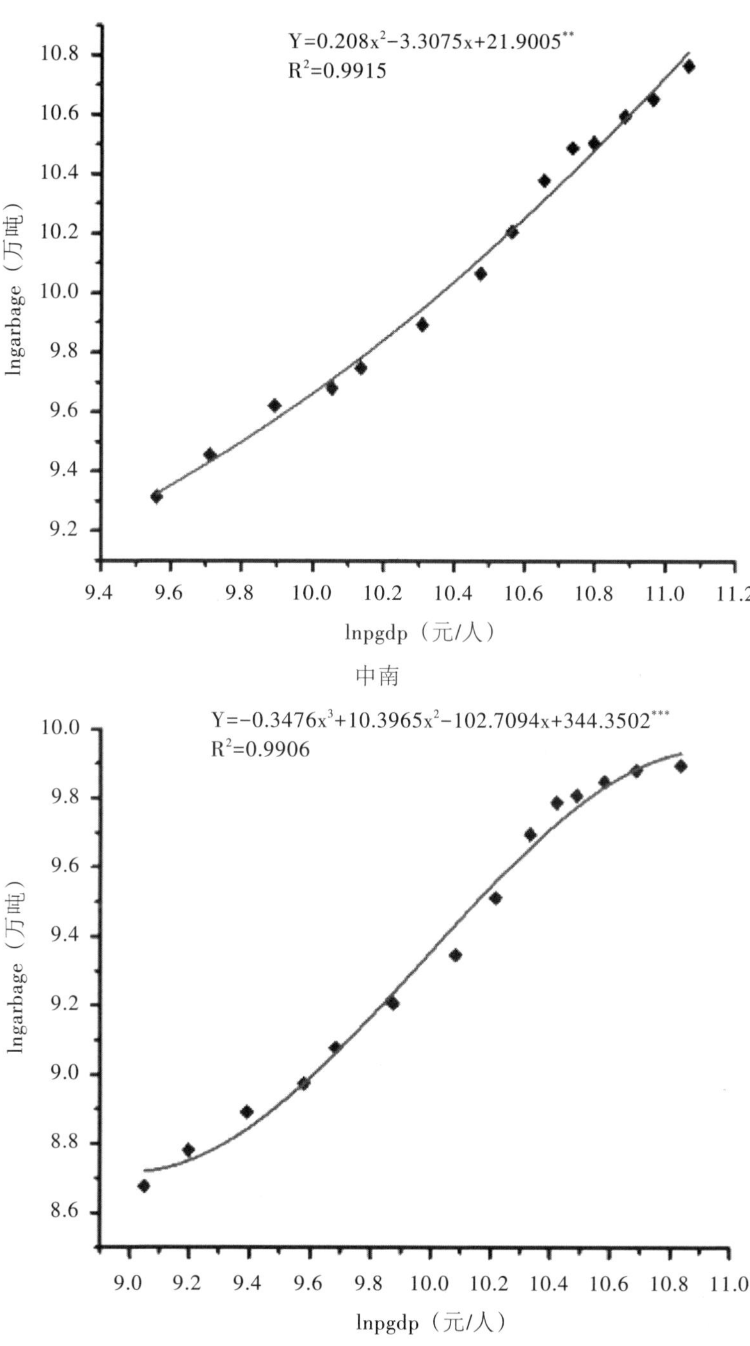

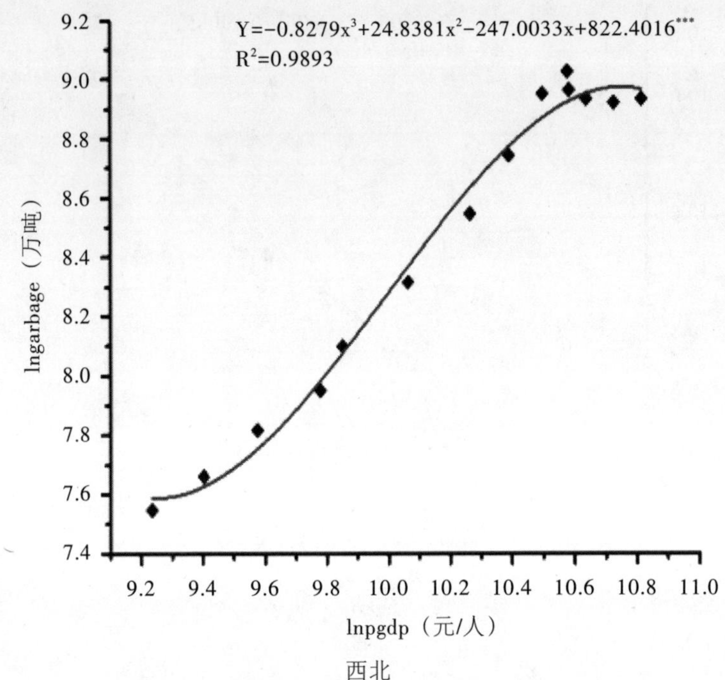

图 7-2 中国六大区域建筑垃圾排放量与经济增长的环境库兹涅茨曲线

7.2.4 省域建筑垃圾达峰

我国地域辽阔，各省份的地理环境、文化习俗、经济状况以及人们的消费观念和环保观念各不相同，建筑垃圾排放量状况、处理状况和要求也各不相同，因此，需要分区域来分析建筑垃圾排放量与经济增长的特点，找到减少建筑垃圾排放量的关键因素。中国省域建筑垃圾排放EKC曲线如表7-9所示，主要分为倒“N”形、“U”形、倒“U”形和单调递增曲线4种类型。

(1) 倒“N”形曲线

曲线形状为倒“N”形的区域有北京、河北、黑龙江、上海、江苏、浙江、山东、海南、重庆、贵州、云南、陕西、甘肃、青海、宁夏和新疆共16个区域，在30个区域中占比51.6%，也是占比最多的一种曲线形状。为了更好地预测建筑垃圾排放量与经济增长之间的未来走势，研究中假设国内生产总值以8%的速度增长。根据统计年鉴，我国

表7-9　　中国省域建筑垃圾排放量曲线形状和回归方程

序号	地区	曲线形状	R^2	回归方程	拐点1	年份	拐点2	年份
1	北京	倒“N”形	0.9929	$Y=-2.9449x^3+99.630x^2-1\ 121.373x+4\ 207.45^{***}$	48 141	2006	129 619	2017
2	天津	单调递增	0.9553	$Y=1.112\ 4x-5.2952^{***}$	无		无	
3	河北	倒“N”形	0.9913	$Y=-2.488\ 1x^3+75.914x^2-770.35x+2\ 608.113^{***}$	16 167	2006	42 185	2016
4	山西	“U”形	0.9573	$Y=0.45829x^2-8.104x+42.114^{*}$			6 916	1998
5	内蒙古	倒“U”形	0.6549	$Y=-0.56752x^2+12.429x-60.991^{*}$			56 970	2011
6	辽宁	单调递增	0.5347	$Y=0.8868x-1.3179^{***}$	无		无	
7	吉林	单调递增	0.8412	$Y=0.8828x-2.098^{***}$	无		无	
8	黑龙江	倒“N”形	0.8905	$Y=-6.798x^3+204.988x^2-2\ 058.325x+6\ 889.709^{***}$	16 837	2006	31 934	2011
9	上海	倒“N”形	0.9766	$Y=-1.825\ 9x^3+62.004x^2-700.339x+2\ 639.299^{*}$	48 777	2004	139 202	2018
10	江苏	倒“N”形	0.9937	$Y=-0.3285x^3+10.5525x^2-111.82x+400.464^{**}$	15 010	1999	133 127	2020
11	浙江	倒“N”形	0.9948	$Y=-0.8801x^3+28.322x^2-302.4707x+1\ 081.644^{***}$	22 382	2002	92 747	2017
12	安徽	倒“U”形	0.9945	$Y=-0.11905x^2+3.2451x-12.24^{**}$			829 972	2055
13	福建	倒“U”形	0.9925	$Y=-0.1401x^2+4.1827x-20.18^{*}$			3 040 558	2064
14	江西	“U”形	0.9839	$Y=0.2177x^2-3.366x+19.668^{**}$			2 277	1987
15	山东	倒“N”形	0.9925	$Y=-0.38876x^3+12.456x^2-132.06x+472.11^{*}$	17 456	2003	108 313	2023
16	河南	倒“U”形	0.9938	$Y=-0.19448x^2+5.042x-22.63^{**}$			426 246	2046
17	湖北	“U”形	0.9922	$Y=0.3416x^2-5.867x+32.640^{***}$			5 364	1995
18	湖南	“U”形	0.9954	$Y=0.13858x^2-1.9398x+13.821^{***}$			1 095	1976
19	广东	“U”形	0.9505	$Y=0.4650x^2-9.271x+54.547^{***}$			21 350	2003
20	广西	“U”形	0.9895	$Y=0.3387x^2-5.687x+30.53^{***}$			4 426	1996
21	海南	倒“N”形	0.9462	$Y=-0.9582x^3+28.435x^2-279.94x+919.559^{**}$	10 003	2004	39 063	2014
22	重庆	倒“N”形	0.9863	$Y=-0.26226x^3+8.0460x^2-81.45x+280.06^{**}$	9 877	2004	77 269	2020
23	四川	“U”形	0.9775	$Y=0.1473x^2-2.2036x+15.82^{*}$			1 772	1984
24	贵州	倒“N”形	0.9827	$Y=-0.339x^3+9.9829x^2-96.62x+314.798^{**}$	5 735	2006	58 554	2023
25	云南	倒“N”形	0.9927	$Y=-0.3967x^3+11.541x^2-110.84x+358.60^{**}$	6 282	2002	42 177	2020
26	陕西	倒“N”形	0.9954	$Y=-0.17658x^3+5.494x^2-55.826x+192.699\ 6^{*}$	7 302	2001	139 583	2028
27	甘肃	倒“N”形	0.9583	$Y=-0.97688x^3+28.55x^2-276.81x+897.0146^{*}$	8 695	2006	33 301	2019
28	青海	倒“N”形	0.9387	$Y=-1.24098x^3+37.368x^2-373.8093x+1\ 246.725^{***}$	12 772	2006	40 922	2015
29	宁夏	倒“N”形	0.9344	$Y=-1.7018x^3+50.833x^2-504.528x+1\ 669.629^{***}$	12 048	2006	36 931	2012
30	新疆	倒“N”形	0.9724	$Y=-2.568x^3+77.242x^2-772.4087x+2\ 574.648^{***}$	13 522	2005	37 812	2013

注：Y=lngarbage；x=lnpgdp；$x^2=\ln^2$pgdp；$x^3=\ln^3$pgdp；*、**、*** 分别表示在10%、5%和1%水平上显著。

人口年增长率不足1%，稳定在800万～1 000万。因此，研究中以8%的人均GDP增长速度进行预测分析。这些地区建筑垃圾排放量随人均GDP增长实现短期下降后随经济增长而不断增加，到达一定程度后又随经济增长而下降，即经济增长与环境污染呈现“好转-恶化-好转”态势。大部分省份的第一个拐点在2004—2006年，原因是在这段时间内，我国经济开始迅速发展，居民消费水平提升，人均GDP提高，对住房数量和舒适度等需求越来越高，建筑业施工企业新建、改建、扩建和装修房屋数量增多，导致建筑垃圾排放量随经济增长而增加。随着建设单位和施工企业技术水平的提高，人们消费意识也逐渐提高，越来越注重环保，我国建筑垃圾排放量随经济增长出现下降趋势。回归结果表明，除了山东、贵州和陕西以外，其他省份均已经历或正在经历第二个拐点，大部分省份到达第二个拐点的时间在2018—2020年，即目前处于或即将处于建筑垃圾排放量随经济增长而减少的阶段。其中，黑龙江在2011年前后到达曲线的第二个拐点。海南、青海、宁夏和新疆到达第二个拐点的时间也较早（2012—2015年），提前进入建筑垃圾排放量减少阶段。原因可能是这些地区经济发展较慢，地处偏远，居民对房屋建筑工程需求量和功能性要求较少，因此产生的建筑垃圾较少。

（2）“U”形曲线

建筑垃圾排放量EKC曲线形状呈“U”形的区域主要有山西、湖北、江西、湖南、广西、广东和四川等7个区域，占全国总量的22.6%。这些省份建筑垃圾排放量先随着经济增长而减少，经过一个短期脱钩之后，随着经济增长建筑垃圾排放量也随之增加。这些省份建筑垃圾排放量短期下降后继续增加，没有实现长期脱钩发展态势。广东在2003年达到“U”形曲线的拐点，而其他省份的建筑垃圾排放量最低点均在2000年之前，湖南的拐点时间最早为1976年前后。这些省份的建筑垃圾排放没有得到较好治理，正处于且将长期处于持续增长阶段。

（3）倒“U”形曲线

建筑垃圾排放量EKC曲线形状呈倒“U”形的主要区域有内蒙古、福建、安徽和河南4个省份，占全国总量的12.9%，符合EKC曲线假说。这些省份建筑垃圾排放量随着经济增长呈现出先增加后减小的趋势。其中，内蒙古、安徽、福建和河南到达曲线拐点的年份分别为2011年、2055年、2064年和2046年。建筑垃圾排放量到达拐点即峰值后随着经济增长而减少，实现脱钩，城市环境状况好转。由表7-9可以看出，目前除内蒙古外，安徽、福建和河南3个省份的建筑垃圾排放量处于逐年增长阶段，且到达峰值的时间较晚，还需30~40年的时间。因此，在“无废城市”建设过程中，政府应从经济、人口、技术、法律和管理等方面采取相关措施和方法来治理建筑垃圾排放，使建筑垃圾排放达到峰值时间提前，峰值后建筑垃圾排放量降低，尽快实现建筑垃圾排放量与经济增长脱钩，促进建筑业可持续发展，推进“无废城市”建设。

（4）单调递增曲线

曲线形状为单调递增的有天津、辽宁和吉林3个区域，占全国总量的9.7%。这3个省份建筑垃圾排放量随着经济发展呈增加趋势，建筑垃圾治理压力巨大。其中，辽宁和吉林属于东北地区省份，天津属于东部地区直辖市。天津是我国传统工业城市，近30年投资率均值高达49.6%，高出全国水平8.6个百分点，投资拉动显著高于全国水平。天津与东北老工业基地相似，“三高”特征明显（GDP中第二产业比重偏高，重工业基础产业比重偏高，制造业中规模以上大中型企业比重偏高）。伴随固定资产投资增加，在发展经济的同时，产生大量建筑垃圾。

从表7-10可以看出，我国省域建筑垃圾排放量与经济增长曲线主要为倒“N”形和“U”形。东部地区和西部地区大部分省份均为倒“N”形且已经经历两个拐点，目前呈现建筑垃圾排放量随经济增长下降趋势。符合“U”形EKC曲线的省份均早已经历拐点即建筑垃圾排放量最低点，目前处于建筑垃圾排放量持续增加阶段。符合倒“U”形EKC曲线的地区较少，且大部分省份建筑垃圾排放量仍处在拐点左侧，距离到达建筑垃圾排放量峰值时间遥远。东北地区是我国老工业基地，经济发展以投资驱动为主，基础设施建设在发展经济的同时产生大量建筑垃圾。全国建筑垃圾排放EKC曲线单调递增的3个省份中，有2个省份位于东北地区，分别是辽宁和吉林。黑龙江为倒“N”形，目前建筑垃圾排放量仍处于倒“N”形曲线下降段。全国总体上建筑垃圾排放量随经济增长而增加，做好建筑垃圾减量工作已是迫在眉睫。

表7-10 **中国省域建筑垃圾EKC曲线形状的分地区统计**

曲线形状	地区个数						合计
	华北	东北	华东	中南	西南	西北	
倒“N”形曲线	2	1	4	1	3	5	16
“U”形曲线	1		1	4	1		7
倒“U”形曲线	1		2	1			4
单调递增曲线	1	2					3

7.3 中国建筑垃圾达峰驱动机理

随着我国工业化和城镇化进程的不断推进，建筑业在快速发展的同时，导致了建筑垃圾排放量日益增多。由于各地经济发展水平和建筑垃圾处理政策不同，我国区域建筑垃圾排放量的EKC具有明显异质性。如何专项施策、因地制宜提升各地建筑垃圾资源化水平，实现建筑垃圾资源化协同发展是一个难题。

7.3.1 模型构建

Ehrlich和Holdren最早将IPAT模型用于研究人口、富裕程度和技术对环境的影响[①]。然而，传统IPAT模型具有变量少和应用范围狭窄的局限性。Dieiz和Rose在IPAT模型基础上构建了STIRPAT模型。STIRPAT模型可以进行扩展，允许加入其他解释变量，灵活度高，近年来被广泛

① EHRLICH P R, HOLDREN J P. Impact of population growth [J]. Science, 1971, 171 (3977): 1212-1217.

应用于研究环境污染影响因素。

$$I = aP^bA^cT^de \tag{7-3}$$

式中：I代表环境压力；P代表人口因素；A代表富裕程度；T代表技术水平；a为模型系数；b、c、d分别为人口、富裕程度和技术水平对环境压力的弹性系数；e为随机干扰项。

因此，在前人研究基础上，将建筑垃圾排放量作为环境变量，引入STIRPAT模型探究人口因素、富裕程度和技术等因素对建筑垃圾排放量的影响。研究中为消除模型异方差，增加数据平稳性，对各变量取自然对数，具体如下：

$$\ln I = \ln a + b\ln P + c\ln A + d\ln T + \ln e \tag{7-4}$$

基于STIRPAT模型分析视角，影响建筑垃圾排放量的主要因素包括人口因素、富裕程度和技术水平。研究中，人口因素主要从人口规模和人口结构两方面考虑，并引入城镇化水平作为人口结构变量。随着我国经济社会发展，城镇化进程加速，人口因素时空差异性显著，经济发达区域呈现人口大规模集聚。城镇化水平可以改变城市产业结构，促进技术进步，影响消费者消费习惯，进而影响建筑垃圾产生。随着我国城镇化进程不断推进，区域经济发展速度加快，城市功能性提高，对城市基础设施要求越来越高。城市基础设施建设和城市更新活动均会产生大量建筑垃圾。研究中富裕程度用人均GDP和居民消费水平两个指标衡量。其中，人均GDP代表区域经济发展水平，直接影响居民物质消费能力。居民消费水平可以反映人们生活水平。人们生活水平提高使总体消费能力增强，对生活条件改善需求增加，购买和装修房屋数量增多。参照已有相关研究，本书中用建筑垃圾排放量/地区生产总值即单位产值建筑垃圾排放量衡量技术水平，技术水平提升将抑制建筑垃圾排放量。本研究中扩展STIRPAT模型形式如下：

$$\ln garbage_{it} = \alpha + \beta_1 \ln population_{it} + \beta_2 \ln urbanization_{it} + \beta_3 \ln pgdp_{it} + \beta_4 \ln consumption_{it} + \beta_5 \ln wtp_{it} + \varepsilon_{it} \tag{7-5}$$

式中，下标i=1，2，…，30代表各省、自治区、直辖市；t代表年份；$garbage_{it}$代表第i个地区t年建筑垃圾排放量；α为模型的常数项；ε_{it}为模型随机误差项；β_1，β_2，β_3，β_4，β_5为模型估计参数；$population_{it}$、

$urbanization_{it}$、$pgdp_{it}$、$consumption_{it}$、wtp_{it}分别表示第i个地区t年的人口规模、城镇化水平、人均GDP、居民消费水平、建筑垃圾排放量/地区生产总值。扩展STIRPAT模型研究中各变量的名称、符号和单位，以及描述性统计结果如表7-11所示。

表7-11 变量名称、符号、单位和描述性统计

变量名称	变量符号	单位	Obs	Mean	Std. Dev.	Min	Max
建筑垃圾排放量	lngarbage	万吨	420	7.764895	1.241126	4.01675	10.52555
人口规模	lnpopulation	万人	420	8.177801	0.7454402	6.297478	9.33662
城镇化率	lnurbanization	%	420	3.947446	0.251567	3.29101	4.495355
人均GDP	lnpgdp	元/人	420	10.41918	0.6441868	8.527539	11.85091
居民消费水平	lnconsumption	元/人	420	9.372313	0.6023277	8.051978	10.88962
建筑垃圾排放量/地区生产总值	lnwtp	万吨/亿元	420	0.2262833	0.1256053	0.0453824	0.7607608

7.3.2 实证分析

为避免STIRPAT模型伪回归，本书采用不同方法检验变量平稳性，检验结果如表7-12所示，通过1%显著性水平检验。接下来采用Kao检验对变量之间协整关系进行检验，其中MDF-t值和ADF值分别为1.6539（0.0491）和1.3358（0.0908），通过10%显著性水平检验，变量之间存在长期稳定均衡关系。最后通过F检验和Hausman检验确定面板回归模型，如表7-12所示。通过表7-12可看出，F检验P值结果为0.0000，在1%显著性水平下强烈拒绝原假设，应使用固定效应模型分析。此外，Hausman检验P值结果为0.0011，在1%显著性水平下强烈拒绝原假设，研究中选择固定效应模型进行回归。

基于STIRPAT模型的全国和不同区域建筑垃圾排放量驱动因素结果如表7-12所示。目前，我国城镇化水平已超过60%，仍处于增长阶段。随着城市规模扩大和城市人口增加，建筑垃圾排放量仍呈增长趋

表 7-12　**单位根检验结果**

单位根检验	变量	LLC 检验	IPS 检验	Fisher-ADF 检验	Fisher-PP 检验
标准	lngarbage	-0.6042 (0.2729)	4.6902 (1.0000)	71.3598 (0.1496)	25.7445 (1.0000)
	lnpopulation	-2.3658*** (0.0090)	5.0249 (1.0000)	723.1651*** (0.0000)	47.0772 (0.8878)
	lnurbanization	-6.7704*** (0.0000)	-1.5017* (0.0666)	412.1729*** (0.0000)	127.0287*** (0.0000)
	lnpgdp	-2.5891*** (0.0048)	2.9459 (0.9984)	368.3053*** (0.0000)	65.0163 (0.3063)
	lnconsumption	-4.7292*** (0.0000)	0.0010 (0.5004)	92.7314*** (0.0043)	63.5330 (0.3531)
	wtp	-0.2663 (0.3950)	4.2018 (1.0000)	133.8604*** (0.0000)	42.2943 (0.9597)
一阶差分	lngarbage	-10.9328*** (0.0000)	-4.3963*** (0.0000)	120.8957*** (0.0000)	187.9538*** (0.0000)
	lnpopulation	-11.1512*** (0.0000)	-4.4304*** (0.0000)	540.1990*** (0.0000)	177.7498*** (0.0000)
	lnurbanization	-13.5060*** (0.0000)	-6.6045*** (0.0000)	536.6101*** (0.0000)	315.0351*** (0.0000)
	lnpgdp	-12.8783*** (0.0000)	-6.7909*** (0.0000)	224.5963*** (0.0000)	281.9230*** (0.0000)
	lnconsumption	-9.0095*** (0.0000)	-3.7538*** (0.0001)	266.5512*** (0.0000)	232.7173*** (0.0000)
	wtp	-11.4982*** (0.0000)	-4.9598*** (0.0000)	204.7803*** (0.0000)	227.5752*** (0.0000)

注：*、**、*** 分别表示在 10%、5% 和 1% 的水平下显著。

势。随着人口结构稳定，建筑业技术水平提升，政府对生态环境重视，居民环保意识增强，建筑垃圾排放量与经济增长会出现脱钩，建筑垃圾排放量最终会跨越拐点，转为负增长。选择固定效应模型进行回归，全国及华北、东北、华东、中南、西南和西北地区建筑垃圾排放量驱动因素实证结果如表7-13所示。

表7-13 **中国建筑垃圾排放量驱动因素的实证结果**

解释变量	全国	华北	东北	华东	中南	西南	西北
lnpopulation	1.409088*** (10.42)	1.301546*** (4.68)	12.66331*** (5.88)	1.2297 *** (6.92)	0.3324087 (1.15)	1.657433*** (6.10)	1.06668** (2.48)
lnurbanization	0.4967772*** (4.10)	0.4927184 (1.37)	-1.880321* (-1.74)	-0.1192279 (-0.73)	0.5506479*** (3.04)	-0.0053244 (-0.03)	0.2780824 (0.95)
lnpgdp	1.197697*** (25.55)	1.086909*** (8.65)	1.043976*** (6.89)	1.109222*** (20.03)	1.249924*** (19.46)	0.9141174*** (13.17)	0.9739288*** (11.78)
lnconsumption	-0.3796593*** (-7.69)	-0.3144148** (-2.30)	-0.1531998 (-0.73)	-0.1068782** (-2.34)	-0.4090012*** (-5.43)	0.0614195 (0.92)	-0.1036539 (-0.84)
wtp	4.574368*** (31.69)	6.49815*** (12.54)	5.62866*** (10.90)	2.420545*** (17.20)	4.663066*** (19.51)	3.287755*** (17.20)	5.716557*** (23.67)
常数项	-15.67518*** (-13.66)	-14.54621*** (-5.83)	-98.8538*** (-5.75)	-12.83806*** (-7.94)	-7.063064*** (-2.80)	-16.6504*** (-7.30)	-12.38271*** (-3.86)
截面数	420	70	42	98	84	56	70
R^2-within	0.9659	0.9624	0.9625	0.9934	0.9920	0.9957	0.9866

注：括号内为相应变量的t值，*、**、*** 分别表示在 10%、5% 和1% 水平上显著。

（1）人口规模效应

从全国层面看，人口规模和城镇化水平弹性系数分别为1.409和0.497。人口每增加1%，建筑垃圾排放量将扩大1.409%。人口规模和城镇化水平对建筑垃圾排放量影响程度依次减小。人口规模因素对建筑垃圾排放量具有显著正向影响，与以往研究城市垃圾与人口关系结论相同。人口越多，对建筑工程需求越多，相关企业倾倒、抛撒或堆放建筑垃圾量就越多。而城镇化率是衡量一个国家或地区社会组织程度和管理水平的重要标志。城镇化是农村人口向城市转移，实现人口再分配过程。通过人口集聚增加居民住房消费需求，需要扩大城市基础设施建设满足城市居民生活要求。城镇化进程加速将伴随城镇居民对物质和服务需求增长。随着城市规模扩大和城市人口增加，对房屋建筑工程需求量和功能性要求增加，房屋新建、改建和扩建过程中会产生大量建筑垃圾。

从中国区域层面上来看，华北、东北、华东、西南、西北地区人口规模均对建筑垃圾排放量具有显著的正向影响。其中，东北地区人口的促进效应最强。中南地区回归系数为正，但不显著。研究发现人口集聚对中国城市经济增长具有显著的正向影响，其影响程度沿东、中、西部依次递减。值得注意的是，中南地区城镇化率的正效应明显强于华北、东北、华东、西南和西北地区。华北、西北地区其回归系数为正，表示城镇化率是促进建筑垃圾排放的要素。但是华北、华东、西南、西北地区城镇化率对于被解释变量显著性不强，说明在这些地区城镇化率对建筑垃圾排放量的变化影响没有明显的作用。而东北地区城镇化率与建筑垃圾排放量的关系为负相关。主要原因可能是人口从中西部、东北地区向京津冀、长三角和珠三角流动，而流出人口主要来自四川、湖南、安徽、河南等中西部省份，东北流出人口也较多。已有研究表明，东部地区城镇化对碳排放的影响并不显著。对此有两方面的解释：一是我国东部地区城镇化率本身就处于较高水平，近几年来城镇化率仍在提高，但提高速度较慢；二是东部发达省份聚集了大量人才，人力资本能够更好地发挥作用。因此，在我国整体城镇化对碳排放具有促进作用的同时，东部地区城镇化的影响并不显著。

（2）富裕程度效应

从全国层面上来看，人均GDP与建筑垃圾排放量存在明显的倒"N"形曲线关系。其中，人均GDP和居民消费水平的弹性系数分别为1.198和-0.380。由此可知，人均GDP和居民消费水平对建筑垃圾排放量的影响程度依次减小。人均GDP与建筑垃圾排放量之间呈现显著的正相关。这与以往文献对于生活垃圾和人均GDP的研究结论相吻合[64]。

居民人均消费支出和人均GDP可显示出居民的消费能力。从2005年到2018年，我国居民消费水平持续增长，居民的消费内容和模式逐渐改变，对住房的数量和舒适度等需求越来越高，建筑业施工企业新建、改建、扩建、装修的房屋增多，导致建筑垃圾排放量逐年增长。随着人们收入水平的提高，人们的购买力提升，直接的结果是消费量的急剧上升，购买、装修房屋的比例会增大，带动了建筑业企业的发展，建筑垃圾排放量随之增多。大规模的工程建设活动在拉动经济增长的同时，增强了经济发展对自然资源和环境资源的依赖度，加快了资源的耗竭速度，加重了环境质量的破坏程度。这些对国民经济的可持续发展是一个严峻挑战。

从中国区域层面上来看，华北、华东、西南、西北地区EKC曲线形状为倒“N”形，中南地区曲线形状为“U”形，东北地区曲线形状为单调递增。所有地区人均GDP的回归结果与全国的回归结果基本相同，都是显著的，对于建筑垃圾排放量均具有显著的正向影响，表明人均GDP的增加将导致建筑垃圾排放量的增加。且东部地区人均GDP的正效应强于西部，说明东部地区收入水平较高，经济增长速度快，居民消费水平较高，购买、装修房屋多从而产生更多的建筑垃圾。除了西南地区，其他地区的建筑垃圾排放量与居民消费水平呈现负相关，而东北和西北地区回归结果不显著。

（3）技术驱动效应

从全国层面上来看，建筑垃圾排放量/地区生产总值即单位产值建筑垃圾排放量每提高1%，带来的建筑垃圾排放量上升4.57%。技术水平对于建筑垃圾排放量的影响在1%的水平上显著为正，与工业废气排放量和技术指标的关系结论相同[70]。其原因可能是建筑垃圾源头管控存在漏洞，很多城市没有建立住建部门和发展改革、环保、国土资源、交通运输、公安、税务等部门的工作联动机制，因而难以形成从建筑垃圾产生到清运、处置和资源化利用的全链条监管体系；建筑垃圾的减量化和分类集运还未启动，收费制度还未建立，消纳处置管理责任不明确、管理不到位。目前，我国建筑业的机械化程度低，建筑工业化程度比较低，“四新技术”的推广应用相对来说不完善，生产方式粗放，未形成规模效应，资源消耗和环境破坏现象严重。此外，我国在城市规划和设计中缺乏系统性，建筑寿命比较短、施工质量存在缺陷、城市规划前瞻性差以及相关产业政策不完善等原因导致建筑物被频繁地新建、扩建、改建和拆除，建筑垃圾产生率和排放量增加。当前情况下各部门对建筑垃圾处理的管理比较混乱，相应职责不够明确。政府、开发商、设计方和承包商等各方尚未形成“责任清晰、目标明确、考核监督、问题追责”的政策体系，使建筑垃圾管理难以落实到位。在法律法规方面，我国目前出台的建筑垃圾管理法律法规对建筑垃圾资源化利用没有详细的要求，大多是原则性的规定，缺乏可操作的技术标准和规范，在没有政府强制性要求和经济利益促进的作用下，资源化企业发展缺乏积极性。因此，应当建立相关激励机制和出台有效的产业扶持政策，如采取财政、税收和价格方面的经济政策以强化建筑垃圾管理。

从中国区域层面上来看，所有地区建筑垃圾排放量/地区生产总值均体现出与全国一致的显著正相关性，技术水平促进了建筑垃圾的排放，并且华北地区的正效应最强。这说明企业建筑垃圾处理技术的更新发展仍然比较缓慢，状况并没有得到改善。而与之相比，华东地区促进作用最低，说明华东地区与其他地区相比施工工艺较好，建筑废弃物处理技术水平较高，政策意识更加完善。同时，我国经济发展仍然处于发展的初中级阶段，生产方式依然是以高投入、高消耗为主，先进技术的推广应用仍不完善。

7.4 本章小结

本章基于2005—2018年的中国建筑垃圾省级面板数据，以环境库兹涅茨曲线模型为基础，探究中国和省域层面上建筑垃圾排放量的EKC曲线形状，并在区域EKC曲线异质性研究的基础上，利用STIRPAT模型对全国和不同区域的建筑垃圾排放驱动因素进行研究。研究发现，2005—2018年我国建筑垃圾排放量与人均GDP二者之间呈现倒“N”形曲线的关系。我国大部分省份建筑垃圾排放量与人均GDP二者之间呈现倒“N”形的曲线关系，只有少部分省份建筑垃圾排放量与经济增长存在倒“U”形的曲线关系。建筑垃圾排放量EKC曲线在省域上具有明显的异质性。在区域层面上，华北、华东、西南和西北地区EKC曲线形状为倒“N”形，中南地区EKC曲线形状为“U”形，东北地区EKC曲线形状为单调递增。我国各地区建筑垃圾排放影响因素和影响程度不同。人口对建筑垃圾排放的影响在华北、东北、华东、西南、西北地区显著为正，其中，在东北地区的影响程度最大；城镇化率只对中南地区建筑垃圾排放有显著的正向影响，而对东北地区的影响显著为负；人均GDP对各地区的影响均是显著为正；居民消费水平对建筑垃圾排放的影响在华北、华东、中南地区显著为负，其他地区作用不明显；技术因素在各地区均有显著的正向影响，且在华北地区促进作用最强。

8　中国建筑垃圾资源化实践

经济社会发展的不平衡、不协调致使不可持续问题突出，经济的迅速增长与生产要素的供给能力和资源环境的承受能力不相适应，城镇化进程的加快也促进了建筑垃圾排放量的不断增加。面对资源约束和环境质量破坏的严峻形势，更好地处理和利用建筑垃圾已成为政府和建筑业的一个重要课题。为贯彻落实党的十九大全面布局提出的“美丽中国”建设，大力推行建筑垃圾资源化利用是可持续发展战略的必然要求和主流趋势，也是解决建筑垃圾问题最根本、最有效的途径。如何合理地对建筑垃圾进行资源化利用、提高其综合利用率是摆在政府和企业面前的首要问题。建筑垃圾资源化处理需要政府大量的资金投入，将PPP模式引入建筑垃圾资源化处理等公共基础设施领域，可满足建筑垃圾处理的基础设施建设和运营等所需的大量资金需求，缓解政府资金不足、效率不高等问题。同时，通过利用政府的职能又能解决民间资本无法回避的宏观上的问题，把政府和民间资本的优点结合起来，推动建筑垃圾资源化产业的发展，具有显著的经济、社会和环境效益。如何识别建筑垃圾PPP项目的风险，进行风险控制和利益分配，对促进绿色、低碳的生产方式，落实党的十九大“加强固体废弃物和垃圾处置”的总体要求具有重要的意义。因此，本章在建筑垃圾资源化PPP项目风险识别基础上，进行风险分担和利益分配，构建建筑垃圾资源化全产业链，为完善和发展建筑垃圾处理产业化系统分析提供了理论和实践依据，以期为我国建筑垃圾资源化工作能够更好地开展提供参考，推动我国建筑垃圾减量化管理可持续发展。

8.1 中国建筑垃圾资源化探索

党的二十大报告（2022年）提出“协同推进降碳、减污、扩绿、增长”，推进“绿色低碳发展”。建筑垃圾资源化利用是将建筑垃圾转变为资源的一种过程，即通过技术措施、管理手段，将建筑垃圾转变为具有利用价值的资源。建筑垃圾资源化利用产业规划属于节能环保产业，也完全符合国家节能减排的大趋势。全国诸多城市的政府已经积极地行动起来，发挥其优势，根据地方自身特点制定相关的政策法规，为建筑垃圾资源化利用产业的发展奠定基础，并促进产业健康有序、可持续化稳步发展。

8.1.1 建筑垃圾资源化发展

建筑垃圾具有双重属性，一方面，建筑垃圾堆放和填埋占用大量土地，污染环境；另一方面，建筑垃圾是一种“放错了位置的资源”，可生产绿色建筑材料制品。建筑垃圾资源化是采用工艺技术从建筑固体废弃物中回收有用的物质和能源，属于资源的再循环，即从原料制成成品，经过市场直到最后消费变成废物又引入新的生产-消费系统。相对来说，建筑垃圾其实是最清洁的“垃圾”。建筑垃圾资源化利用，即把包含了大量砂石骨料及碎砖瓦等的建筑垃圾作为原材料回收，经过筛选、破碎等工业化处置加工，生产出可资源化利用的再生制品重新应用于建设工程中去。实施城市建筑垃圾资源化，要根据建筑垃圾的数量、组成、性质和物理化学特性，正确地选择适合的建筑垃圾资源化技术和路径，才能实现经济、有效的资源化。建筑垃圾资源化不仅减少固体废弃物堆放，占用的土地面积减少，对土壤的破坏力也会降低，而且明显节约垃圾填埋场空间。建筑垃圾资源化利用每年将近节约6亿立方米的填埋场空间，建筑垃圾资源化孕育着巨大的经济效益。已有的研究表明，50亿吨建筑垃圾转化为生态建筑材料，创造的价值可达到1万亿元。

中国建筑材料科学研究总院先后承担了国际合作项目“再生混凝土集料和再生混凝土的性能与应用”、科技部社会公益基金项目“固体废弃物在水泥混凝土工业的资源化利用研究”和国家“十五”科技攻关项目专题“建筑垃圾的循环再生及其应用技术研究”等。青岛理工大学完成了“绿色建筑关键技术研究”的子课题“再生集料及其配制新混凝土的研究”（2004BA809B0305）、住建部“蒸压粉煤灰垃圾砖的研制”的项目。大量的工程实践证明建筑垃圾再生砖产品的技术已基本趋于成熟，效果良好，市场接受范围较广。北京元泰达环保建材科技有限公司将废旧砖瓦作为原料资源化制备再生砖，其产品各项性能均符合相应的现行标准要求，且再生古建砖产品在工程中使用效果良好。

随着城市更新活动的实施，“无废城市”的建设与治理的不断推进，对建筑垃圾资源化利用率要求不断提高，我国建筑垃圾资源化处理市场规模也将随之扩大。建筑垃圾资源化要遵循循环经济的理论思想，以“减量化、再利用、资源化”为原则，通过循环利用，减少堆放，节约资源，实现建筑业的高质量发展。通过政府推动、市场引导、企业参与和资源化技术全方位推进建筑垃圾资源化。在政策和市场双重作用下，鼓励、提倡和发展利用建筑垃圾资源化建材制品，从而保障在城市更新活动中，建筑在整个生命周期中对环境负面影响最小、资源利用率最高，使建筑业实现经济效益、环境效益和社会效益的多目标优化，实现资源的可持续利用。

总的来说，建筑垃圾资源化是指将建筑垃圾作为原材料直接进行利用或者对其处理加工后再进行利用，属于建筑垃圾的末端治理。通过资源化技术实现建筑垃圾变垃圾为资源的转换，同时减少建筑垃圾排放量，提高资源利用率，降低建筑垃圾对外界环境的压力。

相对于我国巨大的建筑垃圾排放量，我国建筑垃圾资源化行业处于起步阶段。若我国建筑垃圾资源化程度达到欧美、日韩水平，可创造万亿元价值，我国建筑垃圾资源化行业发展空间巨大。2013—2018年《中国建筑垃圾处理行业发展前景与投资战略规划分析报告》中对建筑垃圾资源化价值测算结果如表8-1所示。

表8-1 **2013—2018年中国建筑垃圾资源化价值测算**

年份	建筑垃圾资源化产量（亿吨）	建筑垃圾资源化经济效益（元/吨）	建筑垃圾资源化价值测算（亿元）
2013	0.80	220	176.00
2014	0.84	235	197.40
2015	0.87	242	210.54
2016	0.90	250	225.00
2017	0.97	285	276.45
2018	1.30	310	403.00

8.1.2 建筑垃圾资源化PPP模式

PPP是Public Private Partnerships的缩写形式，PPP是指政府和社会资本部门就公共产品或服务提供而建立的长期合作伙伴关系。PPP合作本着风险共担、利益共享的原则，政府和社会资本部门各取所长共同开发建设。社会资本部门发挥资金、技术和管理优势，按照政府要求建造公共基础设施、提供公共服务，并通过“基础设施营收”或“政府付费”的方式获取稳定的收入。政府部门则负责明确公共服务标准，并进行必要的协助和监管，最终实现以较低成本提供高质量的公共服务。

PPP模式大致可分为三类：外包类、特许经营类和私有化类，如图8-1所示。建筑垃圾数量巨大，成分复杂，种类繁多，国内建筑垃圾处理技术不成熟，处理成本高昂，这些因素使我国建筑垃圾处理专业机构屈指可数。如果由政府单方面投资建筑垃圾资源化处理项目，由于项目投资回收期较长，每年需要负担庞大的财务费用，项目融资结构不均衡，融资风险较大；建筑垃圾资源化处理项目如果由私人部门单方面建设，在资金不足的情况下，由于项目利润偏低，投资人较少，导致整个行业发展陷入恶性循环。

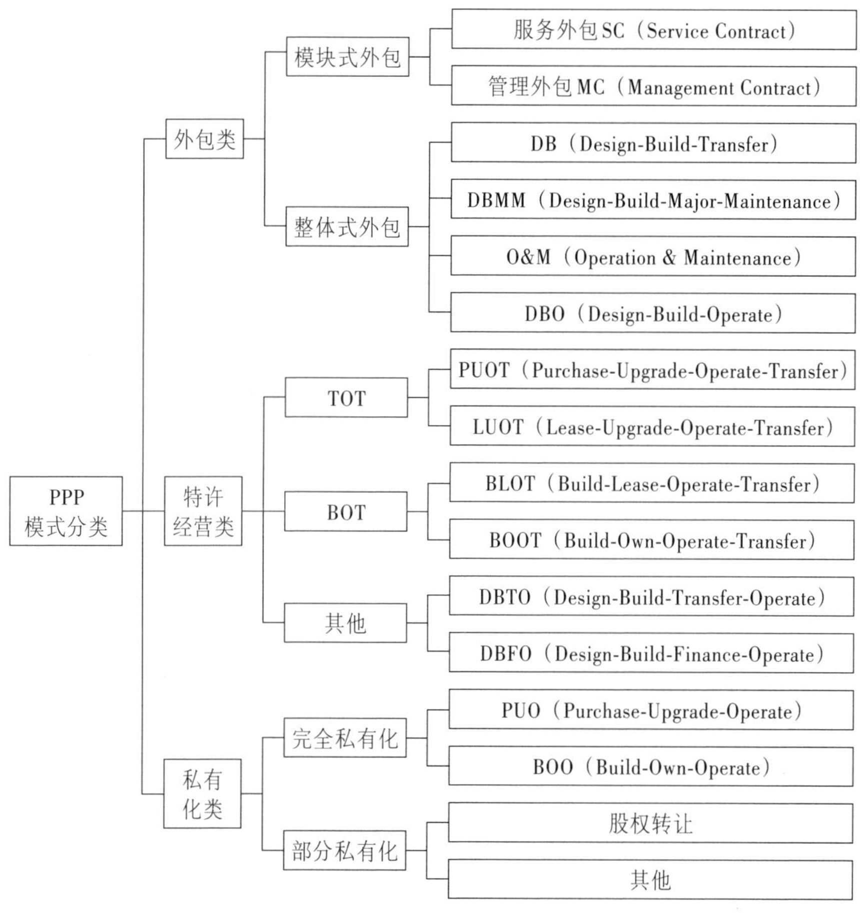

图8-1　PPP模式结构分类

（1）必要性

在市场经济改革中，我国政府投资逐步退出竞争性生产领域范围，从市场参与者走向市场管理者。我国人口众多，基础设施建设仍然相对较弱，巨大的基础设施投资缺口无法得到满足。在此情况下，需要积极引入社会资本，推动市场经济发展，这为PPP模式的推行奠定了政策基础。

建筑垃圾资源化项目需要土地建厂，引进国内外建筑垃圾资源化再生设备。随着时间推移，建筑垃圾增多，设备也需要更新换代，若全部由地方政府来出资建设，地方财政将不堪重负。而且，政府缺少项目实体运营的人才和管理经验，相较于专业的建筑材料生产企业和建筑再生产品企业，不具备管理和市场运作的优势。因此，通过PPP模式引入社会资本共同开发建设建筑垃圾资源化项目具有重要的意义。一方面可以解决政府财政问题，与社会资本合作，通过项目融资方式建设，可以减少政府财政支出，取得更大的经济效益和社会效益；另一方面可以利用社会资本部门的人才优势和管理经验，服务PPP项目，取得更大的收益。社会资本利用政府的政策资源，获得政策扶持和税收优惠，互惠互利，共担风险。

（2）可行性

建筑垃圾相对清洁，品种单一不复杂，再生资源化利用率高。国内外对建筑垃圾资源化再生技术已经形成了成熟的再生处理体系。而且，建筑垃圾营收稳定，主要收入由垃圾清运填埋收入、政府财政补贴和再生产品销售收入三部分组成。这对我国社会资本有充足的吸引力，加之现在政府出台一系列扶持政策推进建筑垃圾产业化发展，建筑垃圾资源化PPP项目拥有很大的市场潜力。

建筑垃圾处理PPP项目的公益性强、技术复杂、投资规模大，采用PPP模式进行项目融资，过程中涉及的参与方众多。本书中建筑垃圾资源化PPP项目风险研究选用BOT模式进行，即政府和社会资本部门共同出资建设。政府通过招标方式确定社会资本部门合作者，两者组建PPP项目公司来进行项目立项、设计、建设、运营。PPP项目公司通过项目融资方式从金融机构获得资金，同时为项目向保险公司投保。建筑垃圾资源化PPP项目采用特许经营方式，经营期满后，PPP

项目公司需要向政府部门无偿移交建筑垃圾资源化PPP项目并退出经营管理。

（3）建筑垃圾资源化PPP项目利益相关者

利益相关者理论是20世纪60年代在西方国家发展起来的，进入20世纪80年代以后，其影响力日益增强，逐渐影响美英等国的公司治理模式选择，促使企业管理方式进行转变。该理论区别于传统的股东至上主义，认为任何一个公司的发展都离不开各种利益相关者的投入与参与。利益相关者理论追求的是整体利益，而非某个个体的利益。因此，利益相关者理论在各个领域均有所应用。国内学者也对利益相关者进行了不同角度的划分。建筑垃圾资源化PPP项目一般运行模式涵盖了决策、设计、融资、建设、运营和移交等各个方面。整个项目涉及的利益相关者众多，包括政府部门（项目发起者和监管者）、社会资本部门（项目投资人、管理和技术的提供者）、金融机构（主要投资者）、项目公司（项目建设、运营、维护）、最终用户（再生产品购买者和使用者）。建筑垃圾资源化PPP的运行模式和利益相关者划分如图8-2所示。

建筑垃圾资源化PPP项目一般运行模式涵盖了决策、设计、融资、建设、运营和移交等各个方面，整个项目涉及的利益相关者众多。在PPP项目具体实施阶段，会有咨询公司、建筑设计公司、设备供应商等其他利益相关者参与其中。以前学者多数从政府和社会资本两方或政府、社会资本和金融机构三方角度进行风险利益分担研究，往往忽视了PPP项目公司的重要性。尽管PPP项目原则上不是必须组建项目公司，但实际上政府和社会资本合作项目必然要组建PPP项目公司来实际运行。项目公司的组建不仅是管理运营的需要，同时也是项目融资的主体，代表项目本身。而项目公司也是一家具有独立法人资格的有限责任公司或股份有限公司，且资本转让受到更多的限制，这就意味着PPP项目公司与政府和社会资本处在同等重要的位置，甚至地位作用要高于社会资本部门。因为社会资本部门退出PPP项目也要通过出让项目公司股权的方式获得资金退出。

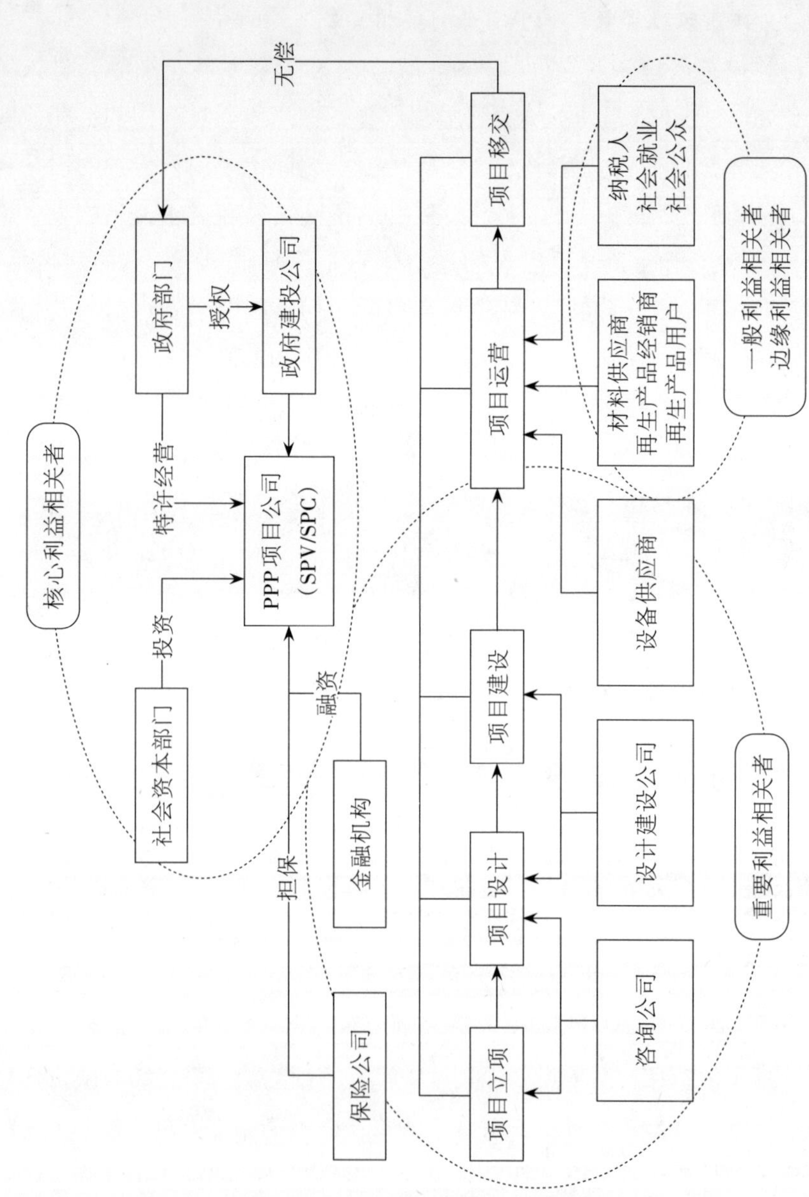

图 8-2 建筑垃圾资源化 PPP 项目一般运行模式和利益相关者划分

8.2 建筑垃圾资源化PPP项目风险分担

在建筑垃圾资源化PPP项目实施过程中，参与方众多，会面临多方风险，合理分担风险有利于项目的顺利实施。

8.2.1 风险分担的原则

（1）风险共担、利益共享原则

在PPP项目中，政府和社会资本应通力合作，风险共担、利益共享。政府的目标和社会资本的目标虽有不同，但都需要通过PPP项目来实现。政府要进行基础设施建设，要社会资本参与建设运营，必然要给予社会资本合理利润和营收。政府若将风险全部转嫁，看似政府占据了优势，实则给PPP项目带来更大的风险。过高的风险会使社会资本慎入PPP建设，风险超过社会资本承受能力时，社会资本出于理性思考会终止PPP项目合作，从而导致PPP项目失败，而失败的PPP项目同样会回到政府部门来处理。所以，风险转嫁不是PPP风险分担的原则，风险分担、利益共享才能使PPP模式得以发挥它最大的优势。

（2）结构利益最优、公平兼顾效率原则

在PPP合作模式下，政府和社会资本部门在联盟收益分配时，应将利益结构作为重要参考依据。全面综合考量各种影响因素，科学合理地确定利益相关各方的收益分配。此外，联盟成员不仅要考虑各自的风险收益问题，同时也要兼顾合作联盟的集体风险利益。联盟收益分配最大的问题是分配利益不公，这会削弱联盟成员的积极性，导致合作出现间隙，进而降低效率，破坏联盟合作。在实际的建筑垃圾处理PPP项目中，建筑垃圾处理项目公司承担的风险是最大的，各取所长才能更好地规避风险，减少风险损失。

（3）信息共享、公开透明原则

信息对于项目建设和运营具有重要意义，及时获得信息可以更好地做出决策。信息的价值远大于资本投入、精良设计和完善的组织结构。PPP项目本身是一个通过政府和社会资本共同合作，借助社会资金对基础设施进行建设的过程。在PPP项目中，各方风险承担应具有上限，这样可以提高社会资本部门投入的积极性。若投入项目与公司本身具有债务债权关系，则会增加社会资本部门的风险，也没有利用好经济杠杆关系，起不到利用项目进行融资的目的。

4）平等合作、信息共享原则

平等合作是关键。PPP项目的目的是借助社会资本帮助政府完成基础设施建设，因此政府和社会资本应是两个平等的主体，不应存在地位上的高低关系，平等主体的共同目的应是一致的，才能实现一加一大于二的效果。如果存在不平等关系，势必会挤压一方的利益，这样会在合作关系层面造成隔阂而出现问题的复杂化，进而为自己利益考虑而忽视合作的共同利益，导致项目失败。

8.2.2 风险评价体系

根据项目风险概念可知，风险由风险因素、风险事件和风险结果三个因素组成。三者关系层层递进、紧密联系。风险因素会引发风险事件，风险事件导致风险结果，风险结果会危害项目安全，给项目带来物质经济损失。因此，要想控制风险结果，避免风险事件发生，就要对风险因素足够重视。风险因素识别是将项目全生命周期内的风险一一识别出来，避免遗漏重大风险因素而导致无风险对策或风险对策制定不当给项目带来严重风险危机。因此，完善建筑垃圾资源化PPP项目的全生命周期风险因素识别具有一定程度上的研究价值和意义。在现有的研究成果中，PPP项目风险因素评价体系常采用文献研究法、专家问卷法、核对表法、头脑风暴法、流程图法、因果分析法、案例研究法等。每一种方法都有各自的优缺点和适用范围，无所谓优劣之分。本研究在文献研究法的基础上，结合扎根理论方法，更为深入地对文献资料进行研究，并充分与文字展开“对话”，深入挖掘文献资料背后的内容。通过文献研究法与扎根理论方法的结合，对建筑垃圾资源化PPP项目风险因素进行有效可靠的识别分析，建立建筑垃圾资源化PPP项目风险因素评价指标体系。

（1）评价指标体系构建流程设计

在建筑垃圾资源化PPP项目风险分担原则的基础上，采用文献研究法和扎根理论方法相结合，对建筑垃圾资源化PPP项目风险因素进行识别。收集国内外建筑垃圾资源化的期刊、论文和PPP项目资料，通过文献研究法阅读相关文献资料进行研究并选择有关建筑垃圾资源化PPP项目风险因素识别的文献进行详细研究。对筛选出的文献进一步运用经典扎根理论方法研究，对期刊和论文文献中的建筑垃圾资源化PPP项目风险因素进行概念化和范畴化，直至不再产生新的概念和范畴。对建筑垃圾资源化PPP项目采用同样方式进行编码，用以验证概念和范畴识别是否完全。最终，对建筑垃圾资源化PPP项目风险因素进行完全识别，建立风险因素清单。

（2）资料收集

通过“中国知网CNKI”主题搜索“建筑垃圾PPP”关键词发现，PPP项目中建筑垃圾资源化领域的研究文献相对较少，仅有57篇，说明国内建筑垃圾资源化PPP项目尚在起步阶段，相关学者的研究成果有限。通过“Web of Science”主题检索“Construction and demolition waste”和“public-private partnerships”关键词发现仅有5篇文献，说明国外对建筑垃圾资源化PPP项目研究更少。这是因为国外建筑垃圾资源化处理体系已经成熟。因此，仅对建筑垃圾相关文献进行收集不能满足文献研究的需要。

为保证建筑垃圾资源化PPP项目风险识别不被遗漏，本书在收集建筑垃圾文献资料的基础上，扩大文献搜索范围，将与建筑垃圾类似的基础设施项目风险识别文献纳入文献收集之中。类似基础设施项目包括生活垃圾处理、污水处理、交通建设及其他PPP项目。因此，本书资料收集来源分为三个方面：①国内“中国知网CNKI”关于基础设施建设PPP项目风险管理及建筑垃圾资源化PPP项目风险分担文献；②国外文献，通过Web of Science搜索建筑垃圾及基础设施建设风险分担的文献进行分析；③财政部政府和社会资本合作中心项目库中在列建筑垃圾资源化PPP项目的物有所值评价报告、项目立项申请报告、项目财政能力承受论证等。通过大量文献阅读筛选，最终选出国内文献27篇，国外文献22

篇（如表8-2所示）。建筑垃圾资源化和基础设施研究文献辅助遗漏的风险识别和建筑垃圾PPP项目特有的风险识别。对建筑垃圾PPP项目库在列项目的物有所值评价报告和财政承受能力报告进行整理，得到9篇文献。所选建筑垃圾资源化PPP项目基本信息如表8-3所示。

表8-2 **文献资料收集统计表**

文献来源	研究范围	国内文献	国外文献	文献数量	比例
CNKI期刊/硕士论文WOS外文期刊数据库	污水处理	4	4	8	16.33%
	生活垃圾处理	4	5	9	18.37%
	交通建设	4	4	8	16.33%
	其他（基础设施）	4	6	10	20.41%
	建筑垃圾资源化	11	3	14	28.57%
小计		27	22	49	100.00%
财政部政府和社会资本合作项目库	建筑垃圾资源化项目	9	—	9	
合计		36	22	58	

表8-3 **PPP项目库在列项目统计表**

序号	项目名称	投资额	运作模式	合作年限	状态
项目1	三亚市建筑垃圾综合利用厂PPP项目	10 995.07万元	BOT	11年	执行阶段
项目2	安徽蚌埠市建筑垃圾再生资源利用项目	8 569.53万元	BOT	30年	执行阶段
项目3	北京丰台区循环经济产业园建筑垃圾资源化处理厂项目	79 608.28万元	BOO	30年	执行阶段
项目4	河南省平顶山市宝丰县建筑垃圾清运与再生利用项目	15 000万元	BOO	12年	执行阶段
项目5	四川省内江市市中区建筑垃圾处理及再生资源化利用项目	5 700万元	BOT	12年	执行阶段
项目6	河南省信阳市固始县建筑垃圾清运消纳及资源化利用PPP项目	30 373万元	BOO	27年	执行阶段
项目7	北京市朝阳区建筑废弃物资源化利用中心	24 791.45万元	BOT	16年	执行阶段

(3) 扎根理论分析

经过文献研究法的阅读整理，本书针对筛选出的58篇文献进行扎根理论分析。将58篇文献分为两部分，采用相同的方式进行扎根理论三级编码，然后相互校验，以保证建筑垃圾资源化PPP项目风险识别的完整性。

扎根理论方法的基本步骤包括明确研究问题、收集整理资料、资料分析（初始编码、实质性编码）和实质性理论构建（理论编码）以及形式理论构建。其中，对原始资料进行逐级编码是扎根理论最重要的环节。逐级编码一般包括三个级别：开放式编码、主轴式编码和选择式编码。

(4) 开放式编码

开放式编码是对选取自中国知网CNKI中的期刊、论文文献和Web of Science中的国外期刊、论文文献进行编码，编码对象为上述文献中作者总结出的风险因素。依次对文献中出现的风险进行摘录并进行简单归类。完全重复或表达同一风险的一般不再进行重复编码。如表8-4所示，共摘录了193个风险，将其概念化后可以得到41个概念，如行业规范、标准，国家法律、法规，政府审批、获准项目等。

表8-4 CNKI/WOS文献开放式编码

概念化	文献资料风险摘录
行业规范、标准	约定的技术标准；不完善的行业标准；再生产品标准不明确；有再生产品质量认证体系；循环再用废物标准
国家法律、法规	PPP政策法规的调整；PPP法律体系；法律和监督体系不健全
政府审批、获准项目	项目获准；项目审批风险；征地；政府审批的延误；立项风险
政府决策失误，周期过长	政府决策；项目决策失误/过程冗长；公共决策过程不佳；选用PPP模式失误；政治决策失误风险；PPP模式选用不恰当

续表

概念化	文献资料风险摘录
国家政策重大变更	优惠政策调整；政府提前回收；监管变化；资产征收或国有化；政府不能落实优惠政策；不稳定的政策；政府扶持资源化处置；政策不公开透明
政局动荡，腐败不稳定	政府/政局不稳定；政府和政治反对派的更迭；不稳定的政府；政府腐败；国家政治动荡
政府行政干预	政府干预风险；政府扶持资源化发展
税收变化	税收变化风险；税制变动
利率变动	利率变动
汇率变动	外汇波动；金融市场波动；外汇汇率变动
通货膨胀风险	通货膨胀风险
招投标失败，竞争不充分	投标竞争不足；招标文件不完备风险；评标不科学风险；招标失败风险；招标竞争不充分风险；承包商的选择风险
融资失败，项目吸引力弱	利息风险；融资风险；贷款风险；不利的私人投资环境；良好的财务可行性；投资变动风险；融资环境风险；项目吸引力；金融市场不景气；融资结构不合理
成本超支风险	投资超支风险；建设成本超支
勘察设计失误，错误遗漏	设计风险；设计标准落后；设计变更风险；设计缺陷；潜在缺陷风险；设计中的错误和遗漏；布局不合理；城市规划变更风险；勘察不当风险；项目选址不当风险
工期延误、物资供应短缺	技术风险（施工）；施工安全风险；工期延误风险；完工风险；进度风险；资源、能源及机器设备的供应不及时
质量缺陷	工程质量风险；施工质量风险；建造质量控制

续表

概念化	文献资料风险摘录
不可抗力、不利地质条件	不可抗力风险；气候/地质条件；考古发现/文化遗产
原材料动力供应不足、价格上涨	原材料价格上涨风险；供应风险；供应链风险；处理物供应风险；垃圾量和组分预测偏差；原材料和动力供应不足；能源供应和价格调整风险
项目规模不匹配	不能达到资源化利用率；项目处理承载量与预期估计不同；资源化产品产量风险
运营管理能力不足、经营不善、掌控能力弱	运营能力不足；特许经营商能力不足；项目公司运营效率风险；项目资金监管不力；缺乏熟练的专家；项目公司管理不善；监督管理不到位；收款困难风险；掌控能力风险
成本控制不力	运营成本超支；设备缺陷和缺乏维护；非许可垃圾进入风险；运输成本高；运力不足；劳动力工资；运输风险；配套产品物流风险；员工工资风险；填埋费用；特定机器
生产技术风险	技术风险；技术引进风险；未经验证的技术；工艺与设备选择风险
项目唯一性风险	项目唯一性风险
破产、残余价值低	破产隔离风险；剩余价值；残值风险；投资回收期超过特许经营期风险
资源化产品质量风险	产品质量差；再生产品不达标；质量不合格；资源化产品质量风险；再生材料价值
资源化产品方案风险	再生产品方案选择不当；未分类废物收费较高；绿色建筑标准；经营不善
资源化产品销售风险	延迟付款和不付款；社会大众不接受；销售状况不佳；循环再造产品的使用；再生产品销售不畅风险；对产品了解不够
资源化产品价格风险	缺乏配套基础设施；价格机制风险；定价风险

续表

概念化	文献资料风险摘录
市场需求风险	市场预测不准确；市场需求变化；需求低于预期
潜在竞争风险	同质项目竞争；市场竞争；潜在竞争
收益风险	运营收益不足；付款风险；支付风险；收费变更；定价及调价机制；政府对利润和收费价格的限制；市场收益不足风险；对回收企业的补贴和扶持；利润率达不到期望值风险
环境措施费用支出	环保标准变动风险；环境机构开出的罚单；满足高环保要求而增加的费用；满足环保要求而增加费用；环境措施费用支出
环境污染罚款	建设期环境污染罚款
公众风险	公众反对；公众对PPP的抵制；官商合议降低消费者福利；环境和社会效益；社会不稳定
社会资源短缺风险	材料/劳动力不可用；劳动力供应不充足风险；社会资源不足
私人部门信用风险	私人部门违约风险；分包商违约
政府部门信用风险	政府担保；政府信用风险；政府契约精神；政府部门违约风险；政府长期承诺
合作风险	风险-收益分担不合理；紧张关系；劳资纠纷；组织和协调风险；保险风险；不公平的风险分担；项目干系人承诺；第三方延迟/违规；回报机制/绩效评价不完善
合同风险	合同不完备；不合理的合同设计；合同变更风险；不合理的特许期；冲突和不完善的合同；协议全面性；合同条款含糊、矛盾

(5) 主轴式编码和选择式编码

对41个得到的概念进一步范畴化，可以得到28个范畴，如法律法规风险、审批决策风险、政策变动风险、税收风险和利率风险等。对28个范畴进一步汇总聚类，可以得到7个核心范畴，即政治风险、经济风险、建设风险、运营移交风险、市场风险、社会与环境风险以及信用风险，如表8-5所示。

表8-5 CNKI/WOS 主轴式编码和选择式编码

主范畴	范畴化	概念化
政治风险	法律法规风险	行业规范、标准；国家法律、法规
	审批决策风险	政府审批、获准项目；政府决策失误，周期过长
	政策变动风险	国家政策重大变更；政局动荡，腐败不稳定；政府行政干预
	税收风险	税收变化
经济风险	利率风险	利率变动
	汇率风险	汇率变动
	通货膨胀风险	通货膨胀风险
	投融资风险	招投标失败、竞争不充分；融资失败，项目吸引力弱
建设风险	成本超支风险	成本超支风险
	勘察设计风险	勘察设计失误，错误遗漏
	工期延误风险	工期延误、物资供应短缺
	质量缺陷风险	质量缺陷
	不可抗力风险	不可抗力、不利地质条件

续表

主范畴	范畴化	概念化
运营移交风险	原材料供应风险	原材料动力供应不足、价格上涨
	运营管理能力风险	项目规模不匹配；运营管理能力不足、经营不善、掌控能力弱
	成本控制风险	成本控制不力
	生产技术风险	生产技术风险
	项目唯一性风险	项目唯一性风险
	移交风险	破产、残余价值低
市场风险	产品竞争力风险	资源化产品质量风险；资源化产品方案风险；资源化产品销售风险；资源化产品价格风险
	市场需求风险	市场需求风险；潜在竞争风险
	收益风险	收益风险
社会与环境风险	环境风险	环境措施费用支出；环境污染罚款；环境危害风险
	社会风险	公众风险；社会资源短缺风险
信用风险	私人部门信用风险	私人部门信用风险
	政府部门信用风险	政府部门信用风险
	合作风险	合作风险
	合同风险	合同风险

（6）饱和度检验

为验证建筑垃圾资源化风险因素是否识别完全，本书将财政部政府和社会资本合作项目库中在列项目的物有所值评价报告和财政承受能力报告再次进行概念化编码，见表8-6。通过概念化编码后，与表8-4和表8-5内容进行比对，未发现新的概念和范畴出现。因此，建筑垃圾资源化PPP项目风险因素识别已完成。

表8-6　　PPP项目库在列项目编码示例

<table>
<tr><th>概念化</th><th>资料原文</th><th>资料来源</th></tr>
<tr><td>项目唯一性</td><td rowspan="3">建筑废弃物供给、运输：本项目是三亚市在特许经营期内唯一的建筑废弃物处理项目。本项目仅接收三亚市的建筑施工垃圾和旧建筑物拆除垃圾，不含生活垃圾。没有三亚市园林环卫管理局的同意，项目公司不得自行接收三亚市以外的任何建筑废弃物。供应废弃物的性能参数参考可行性研究报告中的有关数据</td><td rowspan="3">项目1——物有所值评价报告</td></tr>
<tr><td>建筑垃圾来源</td></tr>
<tr><td>行政因素</td></tr>
<tr><td>产量规模</td><td rowspan="2">废弃物运输由三亚市园林环卫管理局主管，项目运营期内，若政府供应的建筑废弃物量达不到50万吨/年，部门或经三亚市政府指定的相关单位直接送至三亚市建筑废弃物处理厂的原材料堆积区。废弃物运输成本及运输设备，不属于本项目的招标范围</td><td rowspan="9">项目1——物有所值评价报告</td></tr>
<tr><td>运输成本</td></tr>
<tr><td>工程变更</td><td rowspan="3">政府方提出的变更引起工程量增减的，可相应增减建筑废弃物处理费补贴金额。项目公司提出的工程变更引起成本增加或减少的，则由项目公司享有或自行承担。因项目公司违反协议约定私自变更产生的任何费用（包括工程费用）应由中标投资人承担</td></tr>
<tr><td>政府补贴</td></tr>
<tr><td>协议约定</td></tr>
<tr><td>征地拆迁</td><td rowspan="4">项目建设期的延长：若本项目因征地拆迁、发现文物、政府违约、不可抗力等非项目公司原因导致工期延误，本项目的建设期可根据时间影响程度，予以相应延长</td></tr>
<tr><td>文物</td></tr>
<tr><td>政府违约</td></tr>
<tr><td>不可抗力</td></tr>
<tr><td></td><td>……</td><td></td></tr>
<tr><td>政策文件</td><td rowspan="3">同时2016年1月4日安徽省住建厅又下发《关于做好2016年度全省城市生活垃圾和建筑垃圾处理和资源化利用重点工作的通知》（建城函〔2016〕3号），要求蚌埠市建筑垃圾收集处理和资源化利用试点工作取得成效。故本工程是改善蚌埠市生态环境的重要工程，也对保护生态环境、建设和谐社会有着积极的社会效益</td><td rowspan="4">项目2——可行性研究报告</td></tr>
<tr><td>环境保护</td></tr>
<tr><td>社会效益</td></tr>
<tr><td>基础设施完善</td><td>厂址位于中环路东侧，蚌埠市生活垃圾卫生填埋场管理区南侧，蚌埠市生活垃圾焚烧发电厂项目北侧，周边交通状况良好</td></tr>
</table>

续表

<table>
<tr><th>概念化</th><th>资料原文</th><th>资料来源</th></tr>
<tr><td>国家、地方政策</td><td rowspan="4">建筑垃圾资源化利用产品方案应符合国家、地方的产业政策，并具有较高的技术含量和较强的市场竞争力。同时，还应考虑到相关的环保要求等因素</td><td rowspan="4">项目2——可行性研究报告</td></tr>
<tr><td>技术含量</td></tr>
<tr><td>市场竞争力</td></tr>
<tr><td>环保要求</td></tr>
<tr><td></td><td>……</td><td></td></tr>
<tr><td>用地规划</td><td rowspan="2">大灰厂天峪沟厂址现状为山地，规划用地性质为村镇建设用地，周边为废弃采矿区，周边规划用地性质为林地，厂址用地范围内无审批项目，用地权属为长辛店镇大灰厂村</td><td rowspan="6">项目3-物有所值评价报告</td></tr>
<tr><td>政府审批</td></tr>
<tr><td>市场前景</td><td>天然砂石料是拌合混凝土的基本原材料，优质的天然骨料已趋枯竭，使得混凝土原材料市场供应日益紧张，造成砂石的价格不断上升，致使建筑工程的成本增加</td></tr>
<tr><td>产品标准、行业标准</td><td>产品标准执行《公路路面基层施工技术规范》(JTJ034-2000)、《道路用建筑垃圾再生骨料无机混合料》(行业标准)、《城镇道路建筑垃圾再生路面基层施工与质量验收规范》(北京市地方标准，已实施)</td></tr>
<tr><td>公众风险</td><td>为使本项目为人文条件所接纳，并尊重当地公众的知情权，在环评阶段，即将进行公众调查，了解公众尤其是该项目周围公众对项目建设所持的态度和观点及对周围环境所持的意见和建议</td></tr>
<tr><td></td><td>……</td></tr>
</table>

(7) 建筑垃圾资源化PPP项目风险评价指标体系

经过上述饱和度检验后，建筑垃圾资源化PPP项目风险因素识别结果得到确定。将表8-5中的主范畴和范畴化两列内容分别标示为风险因素一级指标和二级指标。其中，一级指标共7个，包括政治风险、经济风险、建设风险、运营移交风险、市场风险、社会与环境风险和信用风险。二级指标共28个风险因素，涵盖了建筑垃圾资源化PPP项目全生命周期的重要风险因素，如表8-7所示。

表8-7　建筑垃圾资源化PPP项目风险因素评价指标体系

目标层	一级代码	准则层	二级代码	指标层
建筑垃圾资源化PPP项目风险因素	R1	政治风险	A1	法律法规风险
			A2	审批决策风险
			A3	政策变动风险
			A4	税收风险
	R2	经济风险	B1	利率风险
			B2	汇率风险
			B3	通货膨胀风险
			B4	投融资风险
	R3	建设风险	C1	成本超支风险
			C2	勘察设计风险
			C3	工期延误风险
			C4	质量缺陷风险
			C5	不可抗力风险
	R4	运营移交风险	D1	原材料供应风险
			D2	运营管理能力风险
			D3	成本控制风险
			D4	生产技术风险
			D5	项目唯一性风险
			D6	移交风险
	R5	市场风险	E1	产品竞争力风险
			E2	市场需求风险
			E3	收益风险
	R6	社会与环境风险	F1	环境风险
			F2	社会风险
	R7	信用风险	G1	私人部门信用风险
			G2	政府部门信用风险
			G3	合作风险
			G4	合同风险

政治风险包括法律法规变动、政策变动、政府决策风险和税收风险。随着我国加大对环保事业的投入，环保执行标准也会随之提高，以前颁布的法律法规会持续更新修正。建筑垃圾资源化项目也要遵守国家最新法律法规规范。同时，依据各地政府的规划，用地审批也会随当地政府规划出现变动风险，政府领导的变动也会影响PPP项目的运行。政府部门的政策变动、税收变动也会增加项目的风险。

经济风险包括利率风险、汇率风险、通货膨胀风险以及投融资风险。建筑垃圾资源化PPP项目投资金额一般较大，很多资源化项目设备需要进口，会受到利率、汇率以及通货膨胀因素的影响。投资环境的变化也会导致社会资本部门慎重考虑资本投入，项目本身的价值也是吸引投资者的重要因素。

建设风险包括成本超支风险、勘察设计风险、工期延误风险、质量缺陷风险和不可抗力风险。成本超支会加大资本投入，可能是由于设计变更或规模变更导致成本增加，但无论哪种情况都不利于项目投资者。勘察设计失误会导致建设期成本投入增大，同时也会带来工期延误，影响项目运营。质量缺陷会严重影响项目运营，增加不稳定性，同时也会带来更多的后续资金投入，降低项目价值。不可抗力风险同样会削弱项目价值，应做好防范工作。

运营移交风险包括原材料供应风险、运营管理能力风险、成本控制风险、生产技术风险、项目唯一性风险和移交风险。建筑垃圾资源化项目需要建筑垃圾/废弃物供应生产，政府部门对建筑垃圾管理的严格程度直接影响资源化项目原材料的供应情况。运营管理能力、成本控制以及生产技术都会影响项目运行情况，先进的管理和生产技术会降低成本投入，同时保证资源化产品的性能。项目唯一性能够保证PPP项目有足够的生存发展空间，是政府和社会资本合作的重要谈判内容。移交风险存在于需要移交的项目中，项目结束合作后要保证项目具有应有的价值，无剩余价值的项目政府回收后也不能继续运行。

市场风险包括产品竞争力风险、市场需求风险和收益风险。市场需求受经济环境、同期项目建设以及地区经济发展的影响。产品竞争力风险不仅受到同类资源化产品的影响，还要与传统建筑材料进行竞争。收益风险取决于市场销售以及政府扶持补贴情况。

社会与环境风险包括环境风险和社会风险。环境风险体现在建厂地址选择对周边环境的危害，污染物排放是否符合标准，噪声、三废排放、垃圾填埋对环境造成的危害程度等。社会风险包括公众反对风险，或建厂地址偏远造成雇员困难等。

信用风险包括私人部门信用风险、政府部门信用风险、合作风险以及合同风险。政府和私人部门是PPP项目合作的主体，如不能正常履约会造成PPP项目合作失败。合作风险存在于所有PPP项目参与方，即利益相关者。项目组织协调是项目运行的重要因素，组织协调不畅会导致合作方关系紧张，相互不配合，摩擦增加，矛盾升级后会影响项目进行，因此良好的合作关系是项目运行的润滑剂。PPP项目每一步都要签署合同来保证项目得到有效落实，合同是保证每个利益主体的法律保障。合同得到履行能够保证项目顺利实施。

8.2.3 风险评价方法

BWM方法，又称最优最劣方法，是由荷兰学者Rezaei在2014年提出的一种多准则决策方法。BWM方法是在AHP方法（层次分析法）基础上改进而来的。BWM方法在两两比较的思想基础上，首先确定评价因素或方案中最重要和最不重要的因素，然后用其他因素与最重要（最优）和最不重要（最劣）的因素进行比较，通过专家打分的方式获得因素之间的重要程度值，进而获得因素之间的权重系数。同时，由于参照标准（最重要和最不重要因素）的确定，减少了专家评判时产生混乱的可能，提高了判断结果的一致性，使结果更具客观性、科学性和可靠性。模糊综合评价法（FCE）是利用模糊数学工具对事物进行综合评判的方法。在实际项目中，模糊综合评价法是一种常用的解决问题的定量方法。本研究基于BWM方法和FCE方法构建了建筑垃圾资源化PPP项目风险评价模型。

(1) BWM方法

BWM方法相比AHP方法可以减少比较次数，对于n个元素，AHP方法采用两两比较方法需要获得n^2-n个数据（其中$a_{ii}=1, 2, \cdots, n$），BWM方法在确定最重要和最不重要元素后仅需要获得$2n-3$个数据即可，很大程度上减少了评价工作量。BWM方法具体评价步骤如下：

①确定决策准则集合。

对研究的问题要确定决策准则集合$\{c_1, c_2, \cdots, c_n\}$，评价准则集可以由研究人员确定，也可以由专家共同确定。

②确定最优最劣准则。

在准则集$\{c_1, c_2, \cdots, c_n\}$中选出最优准则$C_B$和最劣准则$C_W$。最优准则是指准则集中最重要、对项目影响最大的因素。最劣准则是指准则集中最不重要、对项目影响最小的因素。若专家认为有两个最重要（或最不重要）的因素，选择其中之一即可。

③比较最优准则与其他准则重要程度，构建向量A_B。

以最优准则为标准，将最优准则与其他准则相比较，通过专家评判打分方式，确定其他准则的重要程度。利用1~9标度法进行标示（1表示同等重要，3表示稍微重要，5表示重要，7表示很重要，9表示非常重要，2、4、6、8表示相邻重要程度中间值），由此构建比较向量$A_B=(a_{B1}, a_{B2}, \cdots, a_{Bn})$。

④比较其他准则与最劣准则重要程度，构建向量A_W。

以最劣准则为标准，将其他准则与最劣准则相比较，通过专家评判打分方式，确定其他准则的重要程度。利用1~9标度法进行标示（1表示同等重要，3表示稍微重要，5表示重要，7表示很重要，9表示非常重要，2、4、6、8表示相邻重要程度中间值），由此构建比较向量$A_W=(a_{1W}, a_{2W}, \cdots, a_{nW})^T$。

⑤计算最优权重$(w_1^*, w_2^*, \cdots, w_n^*)$。

准则重要程度比较即准则权重的比较，故最优权重应满足下列条件：对任意准则j的权重w_j有

$$\frac{w_B}{w_j} = a_{Bj}, \frac{w_j}{w_W} = a_{jW} \quad (8-1)$$

因此，为了确定最优权重，可以构建如下数学规划问题：

$$\min \max_j \left\{ \left| \frac{w_B}{w_j} - a_{Bj} \right|, \left| \frac{w_j}{w_W} - a_{jW} \right| \right\}$$
$$\text{s.t.} \quad (8-2)$$
$$\sum_j w_j = 1$$
$$w_j \geqslant 0, \text{ for all } j$$

其中，目标函数是指对于所有的j，取全部$\left| \frac{w_B}{w_j} - a_{Bj} \right|$、$\left| \frac{w_j}{w_W} - a_{jW} \right|$中的最大一个，使其最小化。

为求解方便，数学规划可以转换成如下问题：

$$\min \zeta$$
$$\text{s.t.}$$
$$\left| \frac{w_B}{w_j} - a_{Bj} \right| \leqslant \zeta, \text{for all } j$$
$$\left| \frac{w_j}{w_W} - a_{jW} \right| \leqslant \zeta, \text{for all } j \quad (8-3)$$
$$\sum_j w_j = 1$$
$$w_j \geqslant 0, \text{ for all } j$$

通过求解数学规划（8-3）可以得到最优权重（w_1^*，w_2^*，…，w_n^*）和ζ的值。

⑥**一致性检验**。

一致性比例CR用ζ的值与ζ的最大值（CI）的比值来表示：

$$CR = \frac{\zeta}{\max\zeta} \quad (8-4)$$

其中，$\max\zeta$可以根据公式（$a_{BW} - \zeta$）×（$a_{BW} - \zeta$）=（$a_{BW} + \zeta$）来确定，也可以通过查表8-8获得。

表8-8　**不同标度所对应的一致性指标表**

a_{BW}	1	2	3	4	5	6	7	8	9
一致性指数	0.00	0.44	1.00	1.63	2.30	3.00	3.73	4.47	5.23

若CR < 0.1，表示通过一致性检验；若CR ≥ 0.1，表示未通过一致性检验。

（2）模糊综合评价法

如前所述，模糊综合评价法（FCE）是利用模糊数学工具对事物做出综合评判的方法。在实际项目中，模糊综合评价法是一种常用的解决问题的定量方法。具体步骤如下：

①建立评价集。

建立风险因素评价集V = {非常低，低，中等，高，非常高}，并赋予评价集量化值 $V=\{v_1, v_2, v_3, v_4, v_5\}=\{0.1, 0.2, 0.3, 0.4, 0.5\}$。专家成员对风险指标层风险因素依据建立的评价集进行评价。

②确立模糊判断矩阵。

专家成员对风险因素进行评价后合并成为模糊关系矩阵R_i。

$$R_i=\begin{bmatrix} r_{11} & r_{12} & \cdots & r_{1m} \\ r_{21} & r_{22} & \cdots & r_{2m} \\ \vdots & \vdots & \ddots & \vdots \\ r_{n1} & r_{n2} & \cdots & r_{nm} \end{bmatrix} \tag{8-5}$$

其中，r_{ij}表示第i个风险因素上第j个评语上的概率分布数，$\sum_{j=1}^{n} r_{ij}=1$。

③确定评价因素的权重向量 $W=(w_1^*, w_2^*, \cdots, w_n^*)$。

④计算模糊评价矩阵。

$$S=W\times R_i\times V^T=\left(w_1^*, w_2^*, \cdots, w_n^*\right)\times\begin{bmatrix} r_{11} & r_{12} & \cdots & r_{1m} \\ r_{21} & r_{22} & \cdots & r_{2m} \\ \vdots & \vdots & \ddots & \vdots \\ r_{n1} & r_{n2} & \cdots & r_{nm} \end{bmatrix}\times\begin{bmatrix} v_1 \\ v_2 \\ \vdots \\ v_m \end{bmatrix} \tag{8-6}$$

8.2.4 风险分担模型

基于BWM方法和模糊综合评价方法，构建建筑垃圾资源化PPP项目风险分担模型。邀请5位专家完成建筑垃圾资源化PPP项目风险因素重要度评价，邀请的5位专家均是具有多个PPP项目丰富经验的行业从业者，因此本书对5位专家的权重取同等值。通过问卷调查统计，5位专家对建筑垃圾资源化风险因素进行了评分。以一级风险因素评分结果构建向量为例，如表8-9所示。

表8-9　　专家对一级风险因素评价

专家序号	最重要风险	最优准则向量	最不重要风险	最劣准则向量
专家1	政治风险	(1,6,9,3,4,7,5)	社会与环境风险	(4,3,2,5,6,1,7)
专家2	政治风险	(1,3,7,5,3,9,9)	社会与环境风险	(9,7,3,5,7,1,1)
专家3	经济风险	(5,1,5,7,3,5,5)	运营移交风险	(3,9,3,1,5,3,3)
专家4	经济风险	(3,1,5,5,3,4,4)	运营移交风险	(7,9,1,1,7,5,5)
专家5	政治风险	(1,3,3,2,5,7,5)	社会与环境风险	(9,5,6,3,5,1,7)

根据表8-9的数据和公式（8-3）可以构建数学模型并通过LINGO求解，结果如表8-10所示。

表8-10　　一级风险因素权重及加权平均权重结果

专家序号	政治风险	经济风险	建设风险	运营移交风险	市场风险	社会与环境风险	信用风险	ζ	CR
专家1	0.3940	0.0896	0.0597	0.1791	0.1343	0.0358	0.1075	0.1433	0.0274
专家2	0.4091	0.1651	0.0708	0.0990	0.1651	0.0359	0.0550	0.0861	0.0165
专家3	0.1035	0.3793	0.1035	0.0345	0.1724	0.1034	0.1034	0.1379	0.0264
专家4	0.1608	0.3122	0.0965	0.0284	0.1609	0.1206	0.1206	0.1703	0.0326
专家5	0.3142	0.1429	0.1429	0.2000	0.0857	0.0286	0.0857	0.1142	0.0218
加权平均	0.2763	0.2178	0.0947	0.1082	0.1437	0.0649	0.0944		

通过表8-10计算结果可以看到5位专家的CR值均小于0.1，所以一致性满足要求。因此，一级风险因素重要度加权权重为：

$$W = (0.2763,\ 0.2178,\ 0.0947,\ 0.1082,\ 0.1437,\ 0.0649,\ 0.0944)$$

用同样的方式求解二级风险因素权重。根据求解结果综合汇总风险权重如表8-11所示。

表8-11 **风险指标加权权重系数表**

评价体系	一级风险	加权权重	二级风险	加权权重	综合权重
建筑垃圾资源化PPP项目风险因素	R1政治风险	0.2763	A1法律法规风险	0.2458	0.0679
			A2审批决策风险	0.1857	0.0513
			A3政策变动风险	0.4811	0.1329
			A4税收风险	0.0874	0.0241
	R2经济风险	0.2178	B1利率风险	0.2154	0.0469
			B2汇率风险	0.0966	0.0210
			B3通货膨胀风险	0.1664	0.0363
			B4投融资风险	0.5216	0.1136
	R3建设风险	0.0947	C1成本超支风险	0.3135	0.0297
			C2勘察设计风险	0.1219	0.0115
			C3工期延误风险	0.2275	0.0215
			C4质量缺陷风险	0.1705	0.0161
			C5不可抗力风险	0.1665	0.0158
	R4运营移交风险	0.1082	D1原材料供应风险	0.0558	0.0060
			D2运营管理能力风险	0.3079	0.0333
			D3成本控制风险	0.2033	0.0220
			D4生产技术风险	0.1597	0.0173
			D5项目唯一性风险	0.0992	0.0107
			D6移交风险	0.1741	0.0188
	R5市场风险		E1产品竞争力风险	0.2158	0.0310
			E2市场需求风险	0.2733	0.0393
			E3收益风险	0.5108	0.0734
	R6社会与环境风险	0.0649	F1环境风险	0.5000	0.0324
			F2社会风险	0.5000	0.0324
	R7信用风险	0.0944	G1私人部门信用风险	0.2188	0.0207
			G2政府部门信用风险	0.3458	0.0327
			G3合作风险	0.1822	0.0172
			G4合同风险	0.2532	0.0239

通过对5名专家进行问卷调查，对政府部门、社会资本部门和PPP项目公司做出评价。根据问卷调查结果构建二级风险评价判断矩阵，再结合上表中加权权重所构成的向量计算可得一级风险判断矩阵，进而求得政府评价结果：

$$S_E = B \times V^T = (0.1036 \quad 0.2234 \quad 0.3557 \quad 0.278 \quad 0.0393) \times (0.1 \quad 0.2 \quad 0.3 \quad 0.4 \quad 0.5)^T = 0.2926$$

用相同方法可求得：

社会资本部门$S_T = 0.3163$

PPP项目公司$S_G = 0.2921$

因此，政府部门：

$$\frac{S_E}{S_E + S_T + S_G} = \frac{0.2926}{0.2926 + 0.3163 + 0.2921} = 0.325$$

社会资本部门：

$$\frac{S_T}{S_E + S_T + S_G} = \frac{0.3163}{0.2926 + 0.3163 + 0.2921} = 0.35$$

PPP项目公司：

$$\frac{S_G}{S_E + S_T + S_G} = \frac{0.2921}{0.2926 + 0.3163 + 0.2921} = 0.325$$

故而，政府部门、社会资本部门和PPP项目公司风险分担比例为0.325∶0.35∶0.325。

在风险因素评价过程中发现，一级风险因素中最重要的三项是政治风险、经济风险和市场风险；二级风险因素中最重要的三项是政策变动风险、投融资风险和收益风险。其中，每个二级风险因素均对应到其所在的一级风险因素之中。结合实际PPP项目来看，政策因素是项目能否进行的根本，投融资是项目能否实现的基础，收益是项目能否运行的条件。因此，在实际项目中，我们要特别重视政策变动风险、投融资风险和收益风险涉及的内容。政府也要通过加强政策的稳定性、改善投融资环境和稳定市场来帮助PPP项目发展。

在风险分担比例方面，社会资本部门承担了35%的风险比例，政府和PPP项目公司各承担了32.5%的风险比例。由此可见，PPP项目公司在三个核心利益相关者中承担风险稍弱于社会资本部门，与政府部门承担了同样的风险。

对建筑垃圾资源化PPP项目风险分担研究时，利用BWM方法与模糊综合评价方法结合构建一套评价次数更少，具有较高的一致性、准确性、可靠性的评价模型。此风险评价模型简单实用，更易在风险评价中得到切实应用。此外，也拓展了BWM方法的应用领域和建筑垃圾资源化PPP项目的风险评价方法。

8.3 建筑垃圾资源化PPP项目收益分担机制

8.3.1 收益分配影响因素

对建筑垃圾资源化PPP项目收益分配影响因素进行总结分析发现，投入资本和风险分担是政府和社会资本方尤为重视的两项影响因素。这两项影响因素决定了项目体量的大小和风险承担范围及能力，是项目能够启动的关键。而贡献度和项目参与度是项目实际运作中最重要的两项影响因素，这两项影响因素代表了项目参与者后期实际付出和投入情况，是决定项目生产运营维护和经营盈利的根本。

(1) 资本投入

PPP项目的参与者均要通过不同的形式对PPP项目进行出资建设。资本投入有多种形式，并非完全都是资金的投入。政府部门的资本投入可以是资金，也可以是土地划拨、优惠扶持政策等。社会资本部门的资本投入可以以资金、自有技术、非专利技术、实物和知识产权等形式进行。PPP项目公司则以项目公司名义进行项目融资，获得资金注入PPP项目中。资本投入是PPP项目的决定性影响因素，如果项目的资本投入得不到落实，PPP项目就只是一纸空谈。资本投入的多少也代表了不同参与者给予项目的期望和项目所有权的掌控问题。项目的收益要与项目的投入成正比，才能激发投资者的投资热情和实现公平分配的原则。

为降低计算资本投入的计算量和计算难度，研究中暂不考虑资金的时间价值和复杂的资产构成，直接将资本投入视为资金出资比例。政府和社会资本的资本投入为项目资金量。PPP项目公司的资本投入根据会计学上“总资产=负债+所有者权益”恒等式，将PPP项目进行融资部分获得的资金视为PPP项目公司的资本投入。

（2）风险分担

PPP项目在风险收益方面提出风险共担、利益共享，但在实际项目中，对风险分担还是需要明确各方的分担比例。风险共担是PPP项目合作原则，但如果没有一个具体的风险分担原则，PPP项目是难以有效实施的。在风险分担时，根据项目参与者的属性不同、擅长的领域不同，应追求风险分担的有力性和合理性。因此，参与各方要取长补短，降低风险发生概率，减轻风险威胁程度。对产出的最大收益效果，依据风险分担比例进行收益分配。风险分担也是PPP项目的决定性因素，当风险超过项目参与者的实际承担能力时，则PPP项目不能实现。研究中采用BWM-FCE模型对建筑垃圾资源化PPP项目进行了风险评价，此处取其风险分担比例，即政府部门、社会资本部门和PPP项目公司分担比例为0.325∶0.35∶0.325。

（3）贡献度

PPP项目过程漫长，实施内容复杂，项目运营时常会遇到困难，难免产生波折。为使项目摆脱困境，项目参与者后续不免要加大人力、物力投入来使得PPP项目持续运转，使项目有序发展。项目的贡献度是PPP项目的重要影响因素，它是除了先期的投入以外，一定程度上可以看作后续追加的投资投入。PPP项目运营很难一帆风顺，只有参与者同心协力才能带来可观的收益，因此贡献度是利益分配时的重要影响因素。研究中将建筑垃圾资源化PPP项目营收不稳、面临市场亏损状况时，政府部门、社会资本部门和PPP项目公司为稳定项目运行、弥补亏损而追加的后期投入视为各方贡献度。

（4）项目参与度

PPP项目不仅要有资本的注入、风险的分担，更重要的是各个环节落实到位，有人员去积极推动项目进程。只有所有人员参与到项目中，才能有效推进项目流程，发现问题，进而解决问题，实现项目盈利。如果项目参与者互相推诿、拒不配合，项目进展缓慢，难以在市场上形成PPP项目优势，就失去了公私合作的意义。因此，项目参与度是PPP项目重要的影响因素。只有政府部门、社会资本部门和PPP项目公司积极履行义务、相互配合，积极参与到项目中去，才能实现项目的盈利。项目参与度很难通过直接的因素进行衡量比较，因此，研究中依据项目背景资料，通过专家打分的方法对项目参与度进行量化。

8.3.2 收益分配模型

（1）Shapley值法

Shapley值法是博弈论中解决多人合作对策问题的一种常用方法，由L. S. Shapley在1953年提出。Shapley值在联盟成员分配利益时避免了平均主义，而是考虑了联盟成员对总目标的贡献程度，相比于单纯根据资源投入价值的分配方式更具有合理性和公平性。定义如下：

假设$I=\{1, 2, \cdots, n\}$为联盟合作中n个成员的集合。对于I的任何子集$S\subseteq I$都有一个实数V(S)与之对应，且满足下列条件：

①$V(\varphi)=0$，φ为空集； (8-7)

②$V(S_1\cup S_2)\geq V(S_1)+V(S_2)$，$S_1\cap S_2=\varphi$，$S_1,S_2\subseteq I$。 (8-8)

[I，V]为n人合作对策博弈，V(S)被称为对策博弈的特征函数。

通常情况下，用Y_i表示I中i成员从合作的最大效益V(I)中获得的一份收益，其中$i=1, 2, \cdots, n$，V(i)为i成员独立完成时的收入，在合作I的基础上，合作对策博弈的分配用$Y=(Y_1, Y_2, \cdots, Y_n)$表示。显然，该合作成功必须满足如下条件：

整体性：$\sum_{i=1}^{n}Y_i=V(I)$，$i=1, 2, \cdots, n$ (8-9)

个体性：$Y_i\geq V(i)$，$i=1, 2, \cdots, n$ (8-10)

由此可以算出合作联盟的Shapley值，记为$Y_i(V)$：

$$Y_i(V)=\sum_{i\subseteq S}W(|S|)\Big[V(S)-V\big(S\backslash\{i\}\big)\Big] \tag{8-11}$$

$$W(|S|)=\frac{(|S|-1)!(n-|S|)!}{n!} \tag{8-12}$$

其中，S是I中包含成员i的所有子集形成的集合；|S|是联盟S成员的个数；W(|S|)是加权因子；V(S)是联盟S取得的收益；V(S\{i})是联盟除去成员i后可取得的收益。

根据第2章相关利益者分析，本书对政府部门（E）、社会资本部门（T）和PPP项目公司（G）进行风险利益分配。政府部门、社会资本部门和PPP项目公司的总收益和各自收益分别为V(E，T，G)，$Y_E(V)$，$Y_T(V)$，$Y_G(V)$。

（2）Shapley值模型修正

在Shapley值的基础上，考虑资本投入、风险分担、贡献度和项目参与度四个方面的影响因素用于改进Shapley值法模型。

建立收益分配改进集合J＝{i}，i＝1，2，3，4分别代表影响PPP项目利益分配的4个重要性影响因素：资本投入、风险分担、贡献度和项目参与度。集合N中第i个参与者第j个因素的改进系数为a_{ij}，见表8-12。

表8-12 **改进系数矩阵表**

	资本投入	风险分担	贡献度	项目参与度
政府	a_{11}	a_{12}	a_{13}	a_{14}
社会资本	a_{21}	a_{22}	a_{23}	a_{24}
项目公司	a_{31}	a_{32}	a_{33}	a_{34}

根据表8-12，即可得到收益分配改进矩阵A：

$$A=\begin{vmatrix} a_{11} & a_{12} & a_{13} & a_{14}\\ a_{21} & a_{22} & a_{23} & a_{24}\\ a_{31} & a_{32} & a_{33} & a_{34}\end{vmatrix}$$

由专家打分法可以获得四个关键性影响因素的相对重要度评价，并根据BWM方法计算各关键性影响因素对收益分配的影响权重α：

$$\alpha=\begin{vmatrix}\alpha_1 & \alpha_2 & \alpha_3 & \alpha_4\end{vmatrix}^T$$

将影响因素系数矩阵乘以权重向量，得到利益分配因素在各方的综合影响程度，分别为β_1，β_2，β_3，即：

$$\beta = \begin{vmatrix} \beta_1 & \beta_2 & \beta_3 \end{vmatrix} = A \times \alpha = \begin{vmatrix} a_{11} & a_{12} & a_{13} & a_{14} \\ a_{21} & a_{22} & a_{23} & a_{24} \\ a_{31} & a_{32} & a_{33} & a_{34} \end{vmatrix} \times \begin{vmatrix} \alpha_1 \\ \alpha_2 \\ \alpha_3 \\ \alpha_4 \end{vmatrix} \tag{8-13}$$

修正前，政府部门收益为$Y_E(V)$，社会资本部门收益为$Y_T(V)$，PPP项目公司收益为$Y_G(V)$，项目总的收益为V(E，T，G)。修正后的政府部门、社会资本部门和项目公司的实际收益分配值为：

$$Y_E(V)' = Y_E(V) + (\beta_1 - \frac{1}{n}) \times V(E, T, G) \tag{8-14}$$

$$Y_T(V)' = Y_T(V) + (\beta_2 - \frac{1}{n}) \times V(E, T, G) \tag{8-15}$$

$$Y_G(V)' = Y_G(V) + (\beta_3 - \frac{1}{n}) \times V(E, T, G) \tag{8-16}$$

8.4 案例分析

8.4.1 项目概况

为响应国家、地区对建设绿色城市、“无废城市”的号召，N市决定在市中区建设建筑垃圾处理及再生资源化利用项目，选用PPP模式展开与社会资本合作建设。一方面可以解决地区建筑垃圾排放堆积污染问题；另一方面对建筑垃圾进行加工改性生产绿色建筑材料产品。本项目利用建筑垃圾生产建筑骨料，再利用建筑骨料生产新型环保建材，属于资源循环利用项目。该项目总投资约5 700万元，项目一期，新建“固定式”建筑垃圾处理生产线1条，年处理加工能力30万吨；新建建筑垃圾再生资源化路缘石生产线1条，生产路缘石40万米；改扩建原有路面砖、透水砖生产线，利用建筑垃圾生产再生骨料透水砖、路面砖等60万平方米。项目二期，新建“移动式”建筑垃圾处理及再生资源化利用生产线2条，年处理加工能力20万吨。

N市政府授权平台公司与社会资本联合体共同出资1 700万元人民

币组建了建筑垃圾资源化处理公司（特殊目的公司），其中政府平台公司占股20%，社会资本联合体占股80%。其余资金通过项目公司向银行获取贷款。根据双方签订的特许经营协议，双方的合作期限为12年，社会资本联合体拥有该建筑垃圾资源化处理公司经营权10年。在项目合作过程中政府主要承担政策、法律风险，社会资本方主要承担投融资、建设、运维管理等风险。政府相关职能部门依法对项目进行监督管理和宣传引导，项目公司依法开展经营活动并承担相应社会责任。合作期满后该建筑垃圾资源化处理公司的全部资产将无条件地转让给N市政府所有。建筑垃圾资源化处理公司的收入来自建筑垃圾资源化处理产品销售，若不能实现社会资本联合体的合理收益，N市政府将对其进行合理补贴。

8.4.2 案例分析

设N市政府授权平台公司为E，社会资本联合体为T，组建的建筑垃圾资源化处理公司为G。合作联盟收益以V(S）表示。当采用PPP模式时，政府授权平台公司与社会资本联合体合作，并组建项目公司来运作建筑垃圾资源化PPP项目，V(E，T，G）=19 300.8万元。项目公司组建的前提是政府授权平台公司与社会资本采取合作，所以项目公司本身并不具有独立运行项目的能力，并且当政府或社会资本独立运行项目时，也不会单独为项目组建项目公司。基于上述表述，V(G）=0；V(E）=V(E，G)；V(T）=V(T，G)。政府独立运作项目时，由于独立融资组建项目，且不具有先进的技术和管理经验，市场销售渠道需要重新拓展，经过专家测算，政府授权平台公司独立运行时，V(E）=5 120万元。社会资本独立运作项目时，社会资本拥有先进的技术和管理经验，也具有完善的销售渠道，但是缺少了政策扶持，融资难度也没有得到改善，同业竞争压力大，税收方面也没有优惠政策，经专家测算，社会资本独立运行时，V(T）=10 514万元。当政府授权平台公司和社会资本联合体共同运作PPP项目，不成立项目公司时，由社会资本联合体来做实际运行管理，由于政府和社会资本联合体存在沟通不畅、信息交流滞后、决策审批延误等情况会影响项目实际运行，会存在一定的降效，延误市场机会，经过专家测算，政府和社会资本合作而不成立项目公司时，V(E，T）=17 197万元。根据上面表述，通过表8-13可以计算政府部门的Shapley值。

表8-13 政府收益分配值计算 单位：万元

	E	E、T	E、G	E、T、G
V(S)	5 120	17 197	5 120	19 300.8
V(S-E)	0	10 514	0	10 514
V(S) -V(S-E)	5 120	6 683	5 120	8 786.8
|S|	1	2	2	3
W|S|	1/3	1/6	1/6	1/3
W|S|[V(S) - V(S - E)]	1 706.67	1 113.83	853.33	2 928.94

通过列表计算，可得政府授权平台公司收益分配：

收益分配=1 706.67+1 113.83+853.33+2 928.94=6 602.77（万元）

采用同样的方式计算可得：

社会资本联合体收益分配=11 996.77万元

PPP项目公司收益分配=701.26万元

（1）资本投入系数

根据背景信息可知：建筑垃圾资源化PPP项目总投资为5 700万元，政府授权平台公司与社会资本联合体出资比例为2：8，合计出资金额为1 700万元，其余金额由项目公司通过银行融资获得，可得：

政府部门：$a_{11} = \frac{1\,700 \times 0.2}{5\,700} = 0.06$

社会资本部门：$a_{21} = \frac{1\,700 \times 0.8}{5\,700} = 0.24$

PPP项目公司：$a_{31} = \frac{5\,700 - 1\,700}{5\,700} = 0.7$

（2）风险分担系数

通过BWM-FCE方法求解政府部门、社会资本部门和PPP项目公司的风险分担系数。通过专家问卷调查对风险重要度进行评价。邀请5位专家完成建筑垃圾资源化PPP项目风险因素重要度评价，邀请的5

位专家均是具有多个PPP项目丰富经验的行业从业者，因此本书对5位专家的权重取同等值。通过问卷调查统计，5位专家对建筑垃圾资源化风险因素进行了评分。一级风险因素评分结果如表8-9和表8-10所示。

政府部门：$a_{12}=\frac{S_E}{S_E+S_T+S_G}=\frac{0.2926}{0.2926+0.3163+0.2921}=0.325$

社会资本部门：$a_{22}=\frac{S_T}{S_E+S_T+S_G}=\frac{0.3163}{0.2926+0.3163+0.2921}=0.35$

PPP项目公司：$a_{32}\frac{S_G}{S_E+S_T+S_G}=\frac{0.2921}{0.2926+0.3163+0.2921}=0.325$

（3）贡献度

在项目运营初期，政府授权平台公司和社会资本联合体各出资50万元和70万元来帮助建筑垃圾资源化产品开拓销售渠道，即：

政府部门：$a_{13}=\frac{50}{50+70+0}=0.42$

社会资本部门：$a_{23}=\frac{70}{50+70+0}=0.58$

PPP项目公司：$a_{33}=0$

（4）项目参与度

项目参与度采用专家打分的方式。邀请11名专家依据项目背景，对项目参与度进行评分，具体评分结果如表8-14所示。

表8-14 **项目参与度评分表**

	专家1	专家2	专家3	专家4	专家5	专家6	专家7	专家8	专家9	专家10	专家11
政府平台公司	0.4	0.2	0.3	0.25	0.25	0.15	0.4	0.2	0.3	0.2	0.33
社会资本联合体	0.4	0.5	0.3	0.35	0.35	0.45	0.2	0.35	0.25	0.4	0.33
项目公司	0.2	0.3	0.4	0.4	0.4	0.4	0.4	0.45	0.45	0.4	0.34

根据表8-14数据，计算其平均值，从而得出各方的项目参与度。

政府部门：$a_{14}=0.27$

社会资本部门：$a_{24}=0.35$

PPP项目公司：$a_{34}=0.38$

综上所述，建筑垃圾资源化PPP项目Shapley值法修正矩阵为：

$$A=\begin{bmatrix}0.06 & 0.325 & 0.42 & 0.27\\ 0.24 & 0.35 & 0.58 & 0.35\\ 0.7 & 0.325 & 0 & 0.38\end{bmatrix}$$

（5）参数α的确定

对于参数α值的确定，同样采用BWM方法。通过专家问卷调查确定资金投入是最重要因素，项目参与度是最不重要因素。具体结果如表8-15所示。

表8-15 影响因素权重表

最不重要因素	项目参与度	最重要因素	资金投入
资金投入	4	资金投入	1
风险分担	3	风险分担	1
贡献度	2	贡献度	3
项目参与度	1	项目参与度	4

根据表8-15构建线性数学规划：

$$\min \zeta$$

$$\text{s.t.}\begin{cases}|w_1-1w_2|\leqslant\zeta;|w_1-3w_3|\leqslant\zeta;\\ |w_1-4w_4|\leqslant\zeta;|w_2-3w_4|\leqslant\zeta;\\ |w_3-2w_4|\leqslant\zeta;\sum\limits_t w_t=1;\\ w_t\geqslant 0,t=1,2,3,4\end{cases}$$

求解可得：

$$\alpha=(0.4\quad 0.35\quad 0.15\quad 0.1)^T\zeta=0.05$$

（6）基于修正的Shapley值风险利益分担方案计算

根据上述计算得到的A和α，可以算出影响因素在收益分配中对政府部门、社会资本部门和PPP项目公司的综合影响程度。

$$\beta=\left|\beta_1\quad\beta_2\quad\beta_3\right|=A\times\alpha=\begin{bmatrix}0.06 & 0.325 & 0.42 & 0.27\\ 0.24 & 0.35 & 0.58 & 0.35\\ 0.7 & 0.325 & 0 & 0.38\end{bmatrix}\times\begin{bmatrix}0.4\\ 0.35\\ 0.15\\ 0.1\end{bmatrix}$$

$$=(0.2278\quad 0.3408\quad 0.4314)$$

政府授权平台公司：

$$6\,602.77+(0.2278-\frac{1}{3})\times 19\,300.8=4\,566.68(\text{万元})$$

社会资本联合体：

$$11\,996.77 + (0.3408 - \frac{1}{3}) \times 19\,300.8 = 12\,140.36(\text{万元})$$

项目公司：

$$701.26 + (0.4314 - \frac{1}{3}) \times 19\,300.8 = 2\,593.76(\text{万元})$$

8.4.3 结果讨论

政府和社会资本部门采用建筑垃圾资源化项目独立建设运营，即采用PPP模式。对未修正Shapley值利益分配和采用PPP模式经过修正Shapley值后的各方收益分配进行统计分析，具体结果如表8-16所示。

表8-16 **不同模式下各部门收益** 单位：万元

模式类型	政府部门收益	社会资本部门收益	PPP项目公司收益
独立建设运营	5 120	10 514	0
PPP模式采用未修正Shapley值利益分配	6 602.77	11 996.77	701.26
PPP模式采用修正的Shapley值风险分担与利益分配	4 566.68	12 140.36	2 593.76

通过表8-16，可以看到政府部门和社会资本部门可以独立建设、运营建筑垃圾资源化项目，收益可观。但是采用PPP模式合作后，政府部门和社会资本部门可以获得更大的收益，收益增幅分别达到了28.96%和14.1%，说明PPP模式更具优势。同时，PPP项目公司获得收益701.26万元。PPP项目公司获得的收益是其对项目运营效率提升产生的价值收益，但其本身无法独立运作项目，在政府部门或社会资本部门独立运营项目时，项目公司成立与否并不能起到关键作用。但采用PPP模式情况下，PPP项目公司可以有效提高项目运作的效率，起到关键的作用。PPP项目公司是由政府部门和社会资本部门共同组建的，其收益在PPP项目公司解散时会回归其投资主体即政府部门和社会资本部门享有。但是，在PPP项目收益分配时，不能将PPP项目公司获得的收益简单地划归到政府部门和社会资本部门收益之中。因为PPP项目公司是具有独立法人资格的个体，在利益分配时，它有独立资格参与分享项目

收益。

在PPP模式未修正Shapley值法分配前，政府部门的收益增幅明显高于社会资本部门收益增幅，这不符合实际情况。无论从资本投入、项目运营管理还是承担的风险来看，社会资本部门不比政府部门付出的少，而政府部门收益增长率却是社会资本部门的两倍。这并不符合实际情况，此种收益分配方式降低了对社会资本部门的吸引力。PPP项目公司获得效率增值部分的收益符合实际情况。

经过修正Shapley值法的收益分配后，政府部门收益分配明显下降，且低于独立建设运营项目，收益分配流入了社会资本部门和PPP项目公司。通过分析可以看到，资本投入和风险分担两项占修正系数比例为75%，而政府出资总的比例为6%，风险承担32.5%，均为三者之中占比最小的。社会资本部门资本投入占总体投资的24%，风险承担比例为35%。而PPP项目公司通过项目融资方式取得建设资金，需要项目运营偿还借款，相当于资本投入占总体投资比例为70%，风险承担比例为32.5%，并且项目公司不仅承担了项目融资的重任，同时在项目正常运营中起着重要的作用。所以，收益分配的转移符合实际情况。

尽管政府部门收益有所下降，但政府推动PPP项目的初衷是为了加快基础设施建设，使PPP项目产生社会效益和经济效益，主要的目的并不是项目收益。所以，政府以较少的资金推动项目建设运营符合政府工作目标。社会资本部门通过PPP项目，收益增幅15.5%，高于独立建设运营项目，并且与政府开展合作降低了项目中的风险。这起到了吸引社会资本部门的目的。PPP项目公司在政府和社会资本合作中占有重要地位，它不仅是承担借款债务的责任主体，同时也在项目实际建设运营中处于核心地位。PPP项目成功与否，PPP项目公司起着关键性作用。因此，在收益分配中应提高PPP项目公司的收益分配比例。

8.5 建筑垃圾资源化全产业链

产业链是用来阐述内在相关企业的群体结构，分为结构属性和价值属性，并包括了价值链、企业链、供需链与空间链四个维度。亚当·斯密在西方古典经济学中指出："产业链是经过详细分工而进行工业化生产的循环链条。"亚当·斯密在西方古典经济学中关于产业链的定义是基于产品在同一个企业内部或者企业之间进行产品生产的视角，而忽略了产品加工后的销售阶段。随着学界研究的深入、产业的快速发展和科学技术的进步等，关于产业链的定义不断地丰富、完善，其中就包括将价值链、空间链和供应链等概念与产业链密切地联系在一起。目前，产业链的分类主要包括：价值链视角、产业链刚柔性角度、供应链视角、产业链上下游之间的依赖程度和产业链形成的原因。此外，基于以上五个视角，每个视角又可以将产业链分为不同类型。在产业链形成过程中，所有环节都是息息相关、环环相扣、相辅相成的。随着产业链的发展和链条的扩展，产业链将越来越完善、越来越复杂。产业链越复杂，产业链结构就越稳定，最终将形成一个复杂而稳定的产业链。由于企业之间存在利益博弈，产业链的形成要借助外界力量的作用，促进产业链的整合。此外，整合产业链需要以核心企业为关键节点，通过增强企业间信任，合理调配好跨空间、跨地区、跨行业以及跨制度之间的生产要素，构建完善的组织架构，优化资源配置等手段，加快其他相关企业融入整个产业链的整合过程中，并达到优势互补，形成协同效应，增加产业链的竞争力，从而促进产业链的形成。

8.5.1 全产业链的构建原则

建筑垃圾资源化产业链的构建是指建筑垃圾资源化企业、开发商、建材经销商、施工承包商等企业通过以建筑垃圾和再生产品等为载体进行联结的过程。在建筑垃圾资源化产业链构建过程中，无论是产业链上的建筑垃圾资源化企业、开发商、建材经销商、施工承包商等企业内部的生产，还是产业链上下游企业之间的互动（包括建筑垃圾和再生产品等在上下游企业之间的流通、信息传递等），体现的都是资本、知识、技术、信息和资源等生产要素共享、互动、整合和分配的过程。

（1）供需平衡原则

产业链上各参与主体利益共享和利益最大化是实现建筑垃圾资源化产业链中建筑垃圾充分利用的基础，而建筑材料循环利用、企业之间共生耦合以及建筑垃圾资源化回收利用等是实现的方式。在建筑垃圾资源化产业链运行过程中，产业链上下游企业在产品的质量、产品的数量、供需关系的连续性以及供需关系的稳定性等方面达到供需平衡状态，是实现建筑垃圾资源化产业链形成和快速发展的关键因素。而利益共享和利益最大化原则是实现建筑垃圾资源化产业链形成和快速发展的基础。例如，建筑垃圾和再生产品在产业链的供需双方之间价格是合理的，只有满足了该基础，供需平衡才能在产业链的形成和发展过程中产生关键的作用。

（2）互利互惠原则

建筑垃圾资源化产业链是为了缓解当前日益突出的资源浪费问题，减少建筑垃圾对环境的污染，促进“无废城市”的建设。产业链是由市场上众多关联企业组成的，且企业的核心目标是实现利益最大化。因此，在建筑垃圾资源化的过程中，产业链上的企业都能得到较大的经济效益是产业链能够形成的关键。目前，建筑相关企业对建筑垃圾资源化积极性不高的主要原因是市场上再生产品的成本普遍高于传统建材，且市场对于再生产品的认可度不高，因此导致产业链难以自发形成。因此，在构建建筑垃圾资源化产业链时应充分且重点考虑相关企业间利益互惠的原则，并充分利用各企业已有的产业链和已存在的产业链关联主体，积极拓展产业链附属产业，形成有利于产业链良性发展的市场氛围。

（3）规模经济效益原则

建筑垃圾资源化产业链的发展仍处于初级阶段，存在着产业链规模小、产业经济效益低的问题。在构建产业链时，政府和大型企业应重点培育产业集群，建立建筑垃圾资源化基地或联盟以推动产业链规模化发展，同时建立良好的市场环境和促进技术创新。目前，建筑垃圾资源化存在物品运输成本较高的问题，通过建立建筑垃圾资源化联盟可有效降低建筑垃圾资源化物流成本。建筑垃圾产业集群内的企业或单位相互间距离较近，不仅进一步减少交通费用，还可以方便相关经验的及时交流和知识的共享，从而降低一部分成本。此外，产业链上下游间合作不可避免地会存在“搭便车”的现象，彼此之间产生的谈判、履约等成本会影响建筑垃圾资源化产业链的稳定性。因此，对于建筑垃圾资源化企业等来说，最优路径选择是在所有利益相关者之间构建产业链。

（4）政府与市场共同引导原则

政府的正确引导和市场的适应性调节对于建筑垃圾资源化产业的形成和发展具有巨大的作用。在市场经济体系中，基于优胜劣汰的原则，由于产业链中各企业受到来自各方的竞争和需求压力，企业必须不断完善自身条件和增强自身竞争力等，这就是市场对于建筑垃圾资源化产业链产生的适应性调节作用。在建筑垃圾资源化产业链形成或者发展的初期，产业链自身实力是相对薄弱的，市场机制也是不完善的，仅仅依赖市场的适应性调节是不够的，还需要政府进行正确的引导，将政府的引导作用和市场的自动调节功能相结合，促进建筑垃圾资源化产业链的形成和快速发展。政府的引导措施是具有阶段性的，随着建筑垃圾资源化产业链发展到一定阶段，政府的引导措施可以撤除或者以市场的自动调节功能为主导，在市场经济规律的影响下，产业链上下游之间通过正负反馈作用和非线性相互作用实现产业链协同演化，不断完善建筑垃圾资源化产业链，达到稳定状态。

8.5.2 全产业链的博弈分析

建筑垃圾资源化是一个复杂的系统，由于涉及众多的利益主体，该产业链的各主体所获得的信息并不对等。在此背景下，如何厘清产业链中各利益主体之间的非线性关系是管理建筑垃圾的关键所在。控制好建筑垃圾源头产生的分拣工作，做好建筑垃圾的资源配置，建立建筑垃圾资源化管理共享机制，是保证建筑垃圾资源化利用的必要条件。其中主要由政府主管部门、建筑垃圾产生企业与资源化再生处理企业构成核心利益主体，从而分析整个产业链的动态演化过程。

动态博弈指的是参加博弈各参与方的行为不是同时发生的，各参与方的行动策略有先后顺序，不同参与方的行为策略时间点不一致，后行动者可通过观察先行动者的行为进行策略选择。对每个参与方而言，它们都要考虑自己的行动策略选择对其他行动者的影响。根据各行动者掌握的信息是否完整，动态博弈可分为完全信息动态博弈和不完全信息动态博弈两种。对于多参与方的动态博弈问题，一般采用逆向归纳方法求解，即动态博弈的纳什均衡解。在建筑垃圾资源化全产业链中，首先找出建筑垃圾资源化产业链中三个关键利益主体（施工企业、政府、资源化利用企业），并利用演化博弈方法构建施工企业、政府、资源化利用企业的收益矩阵，建立三方利益主体互相博弈模型，从而科学地剖析建筑垃圾产业链中各主体间协同发展下的逐利行为。

（1）政府方

政府参与建筑垃圾资源化产业链的全生命周期管理，但由于政府不能完全掌握所有的产业链信息，所以假设政府的策略选择为引导激励（政府通过媒体宣传再生产品，提高公众对再生产品的认知水平，加强产业链利益主体对建筑垃圾资源化意识）或经济激励（政府通过设立特定的专项基金、减少贷款利息、税收减免等措施为产业链相关主体提供财政助力，促使各主体采取绿色生产方式），即政府的决策集合为（引导激励，经济激励）。

（2）施工企业

施工企业综合考虑投资成本、经济效益、政策优惠等因素选择相应的生产方式，所以假设施工企业的策略选择为传统生产（施工企业选择高投入、高消耗、高排放式的施工方式，会造成资源浪费、环境污染、侵占土地等一系列问题）或绿色生产（施工企业在保证施工质量、保证安全生产、保证环境卫生的前提下，用科学的方法对施工过程进行建筑废弃物减量化管理，最大限度地节约能源、节约土地、节约材料以及保护环境），即施工企业的决策集合为（传统生产，绿色生产）。

（3）资源化利用企业

资源化利用企业会基于政府优惠政策和自身盈亏平衡分析来选择相应的策略。因此，假设资源化利用企业的策略选择为扩大规模（当资源化利用企业自身的盈利大于支出且政府实行政策补贴激励企业进一步扩大生产时）或保持现状（当资源化利用企业入不敷出或生产利润不足以支撑企业规模升级时），即资源化利用企业的决策集合为（扩大规模，保持现状）。

根据三方利益主体可能的行为，提出以下假设：

①建筑垃圾资源化全产业链博弈各参与方——政府方、施工企业和资源化利用企业均为理性经济人。

②政府在建筑垃圾资源化全产业链中主要起到引导、经济上激励施工企业履行建筑垃圾减量化管理的社会责任。

③施工企业在建筑垃圾资源化全产业链中主要起到履行建筑垃圾减量化管理和生产的作用。施工企业履行承担建筑垃圾减量化管理和生产的成本为W，而如果施工企业不履行承担建筑垃圾减量化管理和生产，则需要向政府交罚款，罚款支出为TW。需要指出的是，施工企业向政府交的罚款应低于企业履行承担建筑垃圾减量化管理和生产的社会成本。因此，对于施工企业而言，不履行承担建筑垃圾减量化管理和生产社会责任的收益为（1-T)W，0<T<1。

④在建筑垃圾资源化全产业链当中，如果施工企业支持资源化利用企业进行建筑垃圾资源化，额外支付的成本为C，对于施工企业而言，它们将要获得的收益为W。

⑤在扩大建筑垃圾减量化生产和管理过程中，如果施工企业不支持建筑垃圾资源化企业生产，施工企业则面临UW的处罚，与此同时建筑垃圾资源化企业也将面临亏损U(1-T)W；对于施工企业而言，如果不履行承担建筑垃圾减量化生产和管理的社会责任，施工企业也不可避免地要面对处罚UW，U>1。

⑥在建筑垃圾资源化全产业链当中，如果施工企业购买建筑材料及其制品的成本增加，则面临支付UW的罚款（U>1)。

⑦在建筑垃圾资源化全产业链当中，政府主要监督施工企业是否支持资源化利用企业进行建筑垃圾资源化生产。如果施工企业不支持建筑垃圾资源化，其收益为0；如果政府发现施工企业在施工过程中接受资源化利用企业提高建筑垃圾制品价格，施工企业的收益则归政府所有。

⑧以上建筑垃圾资源化过程中，各项成本、支出和收益均为资源化利用企业、施工企业和政府三方所知。基于上述假设，研究中采用完全信息动态博弈模型对资源化利用企业、施工企业和政府三个主要参与方，在建筑垃圾资源化全产业链中进行动态博弈分析。在分析过程当中，施工企业和资源化利用企业两者合作博弈，并通过协商形成利益均衡，政府在建筑垃圾全产业链中监督企业是否履行建筑垃圾资源化管理的社会责任[212]。

建筑垃圾资源化全产业链三方动态博弈模型如下：

①在建筑垃圾资源化全产业链中，动态博弈参与方主体为资源化利用企业、施工企业和政府。

②在建筑垃圾资源化全产业链动态博弈当中，各行动者的行动顺序为：政府—施工企业—资源化利用企业。

③在建筑垃圾资源化全产业链动态博弈当中，各行动者行为维度及其概率分布为：建筑垃圾资源化利用企业——扩大（γ）和不扩大（1-γ）建筑垃圾资源化处理的规模；建筑施工企业——支持（β）和不支持（1-β）建筑垃圾资源化利用企业的资源化处理和支付建筑垃圾资源化成本；政府——监督（α）与不监督（1-α）施工企业和资源化利用企业在建筑垃圾资源化全产业链中承担的社会责任。

经过上述分析，得出政府、施工企业和资源化利用企业的收益矩阵如表8-17所示。因此，在确定政府、施工企业和资源化利用企业三方的收益矩阵之后，利用逆向归纳法求解三方动态博弈的均衡解，并通过建筑垃圾资源化全产业链动态博弈各参与方的行动顺序，逐次求出建筑垃圾资源化全产业链上政府、建筑施工企业和资源化利用企业三方动态博弈的均衡解。

表8-17 **风险指标加权权重系数表**

序号	收益矩阵
1	（UW-C，-UW，-W）
2	[2UW-C，-U(1+T)W，-U(1-T)W]
3	（-C，W，-W）
4	[UW-C，-UW，-U(1-T)W]
5	（-W，-W，-W）
6	[-2W，(1+T)W，(1-T)W]
7	（0，0，-W）
8	[-W，TW，(1-T)W]

注：收益矩阵中，第一项是政府的收益；第二项是施工企业的收益；第三项是资源化利用企业的收益。

建筑垃圾资源化利用企业的期望收益为：

$$c_3=-\alpha\beta\gamma W-\alpha\beta(1-\gamma)U(1-T)W-\alpha(1-\beta)\gamma W-\alpha(1-\beta)(1-\gamma)U(1-T)W+(1-\alpha)\beta(1-\gamma)(1-T)W-(1-\alpha)(1-\beta)\gamma W+(1-\alpha)(1-\beta)(1-\gamma)(1-T)W \tag{8-17}$$

当建筑垃圾资源化利用企业扩大规模生产时，收益函数的一阶导数为0，收益函数取得最大值，有：

$$\frac{\partial c_3}{\partial \gamma}=-\alpha\beta W+\alpha\beta U(1-T)W-\alpha(1-\beta)W+\alpha(1-\beta)U(1-T)W-(1-\alpha)\beta W+(1-\alpha)\beta(1-T)W-(1-\alpha)(1-\beta)W-(1-\alpha)(1-\beta)(1-T)W=0 \tag{8-18}$$

化简得：

$$\alpha = 1/(U+1)W$$

由以上分析可知，资源化利用企业在建筑垃圾资源化全产业链中扩大规模的成本W和接受处罚力度U与政府监督概率α之间成反比，即当资源化利用企业扩大规模付出的成本W和处罚力度U越小，则政府建筑垃圾资源化监督概率α的值就越大。

建筑施工企业的期望收益为：

$$c_2=-\alpha\beta\gamma UW-\alpha\beta(1-\gamma)U(1+T)W-\alpha(1-\beta)\gamma W-\alpha(1-\beta)(1-\gamma)U_1W+(1-\alpha)\beta\gamma(1-T)W-(1-\alpha)\beta(1-\gamma)(1+T)W+(1-\alpha)(1-\beta)(1-\gamma)TW \tag{8-19}$$

当建筑施工企业进行建筑垃圾减量化管理时，收益函数的一阶导数为0，建筑施工企业的收益函数取得最大值，因此有：

$$\frac{\partial c_2}{\partial \beta}=-\alpha\gamma UW-\alpha(1-\gamma)U(1+T)W-\alpha\gamma+\alpha(1-\gamma)UW-(1-\alpha)\gamma W+(1-\alpha)(1-\gamma)(1+T)W-(1-\alpha)(1-\gamma)TW=0 \tag{8-20}$$

化简得：

$$\gamma = 1/W$$

由以上分析可知，建筑施工企业支持建筑垃圾资源化全产业链的概率与其成本的支出有关，高成本的支出是导致建筑施工企业不履行建筑垃圾减量化管理的主要动因。此时，如果建筑施工企业履行建筑垃圾减量化管理的支出成本越低，建筑施工企业承担建筑垃圾减量化管理的概率越大，否则建筑施工企业会出现不支持等行为。

政府的期望收益为：

$$c_1=-\alpha\beta\gamma(UW-C)+\alpha\beta(1-\gamma)(2U-C)-\alpha(1-\beta)\gamma C-\alpha(1-\beta)(1-\gamma)(UW-C)-(1-\alpha)\beta\gamma W-2(1-\alpha)\beta(1-\gamma)W-(1-\alpha)(1-\beta)(1-\gamma)W \tag{8-21}$$

当地方政府进行经济激励时，收益函数的一阶导数为0，收益函数取值最大，有：

$$\frac{\partial c_1}{\partial \alpha}=-\beta\gamma(UW-C)-\alpha(1+\gamma)(2UW-C)-(1-\beta)\gamma C+(1-\beta)(1-\gamma)(UW-C)+\beta\gamma W-2(1-\alpha)\beta(1-\gamma)W+(1-\beta)(1-\gamma)W=0 \quad (8-22)$$

化简得：

$\beta = C/(U + 1)$

由以上分析可知，建筑施工企业在建筑垃圾资源化全产业链中支持建筑垃圾资源化的成本C和不支持而接受处罚的力度U与政府在建筑垃圾资源化全产业链中的责任度有关。在建筑垃圾资源化全产业链当中，对建筑施工企业的处罚力度U越大，建筑施工企业支持绿色生产的概率β就越大。因此，可通过加大对建筑垃圾资源化利用企业的处罚力度和增加建筑施工企业支持绿色生产意愿进行调整。

8.6 本章小结

本章结合运用扎根理论方法和文献研究法，通过三级编码，提炼出核心范畴和范畴化概念，建立建筑垃圾资源化PPP项目的风险因素评价指标体系。通过基于政府部门、社会资本部门和PPP项目公司的建筑垃圾资源化PPP项目风险评价，构建资本投入、风险分担、贡献度和项目参与度修正的Shapley值模型收益分配研究，以期获得对三者更有利的风险分担与更公平的收益分配。尤为重要的是，PPP项目公司承担了32.5%的风险，并在建筑垃圾资源化PPP项目收益重新分配中获得了大部分转移收益，说明PPP项目公司在实际项目中起着重要的作用。因此，在PPP项目中，加强对PPP项目公司的管理建设，可以提高PPP项目建设运营效率，同时减少风险发生，更有助于获得增值收益。在动态博弈理论的基础上，构建建筑垃圾资源化全产业链动态博弈模型，建立建筑垃圾资源化产业链的三方主体收益矩阵，最终得出政府、业主和企业三方动态博弈模型的均衡解。

9 中国建筑垃圾减量化协同管理与资源化策略

改革开放以来，随着中国经济的高速增长，中国已成为全球第二大经济体。在相当长一段时间内，中国经济的增长以能源和资源的投入驱动为主，在经济社会发展的同时也消耗了大量的资源，并伴随着大量固体废弃物的产生。建筑业在带动国民经济发展的同时，产生了大量的建筑垃圾，建筑垃圾占城市固体废弃物总量的比例高达30%～40%。我国幅员辽阔，在建筑垃圾减量化管理过程中，各省份的经济发展状况、资源禀赋、技术水平等存在较大差异，这在一定程度上导致各省份的建筑垃圾排放量存在时空不均衡性。正所谓“无法量化即无法管理”，如何在建筑垃圾排放量测算的基础上，对我国建筑垃圾空间异质性形成机制进行探索，摸清中国省域建筑垃圾排放量脱钩效应和达峰路径，厘清建筑垃圾资源化PPP项目的风险分担和收益分配机制，构建建筑垃圾资源化全产业链，将成为中国建筑垃圾资源化亟待解决的难题。本章基于前文的实证分析结果，提出和构建具有针对性和前瞻性的中国建筑垃圾减量化协同管理与资源化策略，以期达到“无废社会”建设的目标，实现资源、环境、经济和社会共赢。

9.1 建筑垃圾减量化管理策略

以习近平新时代中国特色社会主义思想为指导，为建设“美丽中国”，在全面贯彻落实高质量发展理念的同时，建筑业应建立健全建筑垃圾减量化管理策略，实行建筑垃圾源头减量化管控，积极推动工程项目建设生产组织模式的转变，在全生命周期过程中有效减少工程项目建筑垃圾的排放，不断改善人居环境，推进工程建设可持续发展。当前，面对新型城市化和城市更新活动的开展，“无废城市”建设，对建筑垃圾减量化管理提出了新的要求。为了更好地实现建筑垃圾区域减量化协同管理，就需要探索中国建筑垃圾排放量空间异质性的形成机制，在紧密结合中国省域建筑垃圾排放量的脱钩效应和达峰路径的前提下，重点从加强建筑垃圾区域协同减量化管理、制定和完善建筑垃圾减量化管理政策和提升建筑业技术水平、发展循环经济等三个层面展开建筑垃圾减量化管理，为实现中国建筑垃圾减量化管理提供参考。

9.1.1 推进建筑垃圾减量化协同管理

（1）建筑垃圾排放量的科学测算是建筑垃圾减量化管理和政策制定的基础

在建筑垃圾排放量核算方面，重点应放在国家和省域层面上，建立统一建筑垃圾排放量核算方法和标准。全面认识中国省域建筑垃圾排放量空间异质性，建筑垃圾的排放量涉及各省份之间的经济发展水平、人口规模和区位等因素，省域建筑垃圾的排放呈现较强的空间关联性，形成多个省份之间复杂的网络关系。要通过宏观调控和市场机制实现建筑垃圾排放量的空间优化，在建筑垃圾减排政策制定的过程中，要关注建筑垃圾排放量的空间联动效应，形成“数量-结构”驱动型的协同建筑垃圾减排的思路，实现建筑垃圾减排从“局部”转向“整体”，从“点”转向“面”。优化和调整省域建筑垃圾排放量的空间网络结构，提高建筑垃圾排放量空间配置效率，实现建筑垃圾区域协同减排。充分考虑建筑垃圾排放量的空间关联网络的板块结构特征，制定区域差别化的建筑垃圾减排政策，实行建筑垃圾空间的分类管理。

（2）加快推进建筑垃圾资源化市场体系建立，进一步发挥市场在资源配置中的作用，不断缩小建筑垃圾排放量空间关联网络中各省份之间的经济、资源和技术等方面的差距，从而促进整体建筑垃圾排放强度的降低

提高建筑垃圾排放量空间结构网络的稳定性，发挥建筑垃圾资源化的溢出效应，在实现建筑垃圾空间关联结构网络中各省份建筑垃圾排放强度普遍降低的情况下，不断提升建筑垃圾空间排放的公平。利用板块自身技术优势和管理经验，调整板块经济社会发展的思路，促进经济发展方式转变，因地制宜实行建筑垃圾减量化管理。在建筑垃圾减量化管理政策制定时，不能采用“一刀切”政策，要充分发挥建筑垃圾排放量板块之间的关联效应，因地制宜实行建筑垃圾减排，提高建筑垃圾资源化利用水平。

（3）加强建筑垃圾排放监管和区域合作力度，共同推进建筑垃圾减量化的发展

我国区域间建筑垃圾排放量存在显著的空间依赖性，建筑垃圾减排中若不重视这种空间交互作用就可能会导致减排政策“失灵”，这就要求区域之间充分认识空间交互作用，关注周边区域的减排政策及相关要素变动影响，通过构建信息共享机制等途径实现技术、人力等区域溢出功能，加大区域间合作力度。需要加强这些区域内的地区合作，发挥各自优势，共同治理环境污染等问题，有效推进减排政策执行，共同推进建筑垃圾减量化的发展。加强对建筑垃圾排放量监管力度，降低建筑垃圾排放强度，出台相应的政策措施促进建筑垃圾减量化管理区域合作力度的加大。

9.1.2 完善建筑垃圾减量化管理政策

（1）实施建筑垃圾源头减量化管理

在工程建设项目全生命周期管理中，在工程项目的可行性研究报告、初步设计、招标过程和施工方案等相关文件中，应包含建筑垃圾

减量化管理和处置方案，并将建筑垃圾处理相关费用纳入工程项目概算当中。此外，政府主管部门在施工扬尘污染防治实施方案审查中，要重点审查建筑垃圾处置方案。施工安全监督机构应当将施工企业在建筑施工过程中建筑垃圾处置方案落实情况作为施工安全监督的主要内容。加强建筑垃圾源头的减量化管理要对建筑垃圾排放量进行登记审核，对工程建设项目全生命周期进行建筑垃圾的跟踪、全过程监管，确保建筑垃圾的减量化管理。在建筑垃圾处置的过程中可探索固定收集点的形式进行建筑垃圾的源头收集，可通过定制开放式收集箱，利用可卸式垃圾收集车，实现建筑垃圾收集处置的资源贡献，降低建筑垃圾处置成本。加强和实施建筑垃圾源头的减量化管理要进行事前建筑垃圾减量化管理，确保工程建设项目全生命周期过程中的建筑垃圾减量化管理。

（2）制定建筑垃圾资源化保障制度

我国建筑垃圾资源化正处于起步阶段，尚未出台建筑垃圾相关分类收集和资源化处理的法律法规。建筑垃圾的源头减量化管理和资源化利用存在管理空白，并缺少相关建筑垃圾资源化的控制标准、建筑垃圾资源化的政策支持以及合理的建筑垃圾收费机制等保障制度，缺少从根本上提出可操作的建筑垃圾资源化政策，这使得我国推行建筑垃圾资源化工作困难重重。因此，在建筑垃圾减量化管理中，政府主管部门有必要以实际情况和当地技术条件为出发点，结合国内先进地区（如北京、上海、香港等）的建筑垃圾管理经验，修改法律法规，便于规范建筑垃圾减量化管理的处置行为。明确各利益相关者在建筑垃圾全生命周期减量化管理中的权利和义务，构建全方位的建筑垃圾资源化保障制度，实现建筑垃圾全生命周期的减量化、无害化、资源化管理目标。

（3）出台企业建筑垃圾资源化的扶持政策

目前，只有对垃圾资源化进行强有力的扶持才能吸引企业进行垃圾处理。要对开展建筑垃圾资源化的企业提供政策支持，包括财政补助、税收减免以及土地、信贷、供水供电价格等方面的优惠等。应在此基础上根据综合处置场的运营成本及盈利情况，制定更为详细的补贴标准，既扶持资源化企业长期开展建筑垃圾资源化，又能刺激其进行技术革新来赚取更高利润。经济利益驱动是循环经济发展的根本动力，应充分利用经济杠杆、奖惩措施促进建筑垃圾的减量化和资源化。在建筑垃圾资源化过程中，各利益相关者进行建筑垃圾减排处置和资源化支出的成本不同，严重制约了建筑垃圾资源化的开展。应提高建设企业建筑垃圾直接填埋费用并降低其进行资源化的直接成本。由于建筑垃圾乱堆乱倒现象仍很严重，提高建筑垃圾直接排放费用可以有效减少这一现象，同时激发垃圾产生者减少建筑垃圾排放量的积极性。

(4) 完善建筑垃圾处置收费制度

制定相应的规范标准，让政府、企业、社会都有规可循、有矩可蹈，出台相关的建筑垃圾管理条例办法，实现建筑垃圾定点运输、定点消纳、可视化监控，建立建筑垃圾的处理流程线。对于施工过程，要准确测算各施工环节、各分部分项工程中建筑垃圾的排放量，以及运输处置费用的标准，并在工程造价中单独列项计价。对于拆除工程，必须进行建筑垃圾的分类，加大现场建筑垃圾资源化处置，提高建筑垃圾资源化处置的标准，鼓励企业进行建筑垃圾资源化。在建筑垃圾分类处置后，对不同类型的建筑垃圾处置应分类定价，并完善建筑垃圾处置价格动态监管和价格调整机制。此外，政府可采用第三方平台的方式支付建筑垃圾处理费。由政府出面，出台一系列相应的措施，以国家强制力实施，社会企业执行配合，市场自动调控、协同发展，通过国家政策引导、社会监督、市场调节，形成制度完善、全程可控、布局合理、循环利用的建筑垃圾监管与利用的体系，减轻产生方前端经济压力，积极有效落实政府的监管。

(5) 建筑垃圾回收利用补贴标准

随着城镇化进程的加快，城市规模和城市人口比重越来越大，建筑垃圾排放量呈逐年上升趋势。因此，城市在建设和治理过程中，应合理规划和扩张城市区域，从质量上更加关注城市的建设和发展。在城市建设和发展过程中，政府要合理控制人口规模。政府要出台相应的规章制度，规范建筑业实施建筑垃圾减排。目前，社会公众环境意识薄弱，应该提高建筑业企业从项目经理到施工人员的环境保护意识，设置环保信誉，把建筑垃圾减量化和资源化作为对建筑业和政府绩效考核的重要指标。从涉及建筑垃圾的管理上入手，进行废弃物管理目标和具体措施的制定，以及施工技术手段的改进，并且需要建设大量的设施设备以满足建筑垃圾的消纳处理需要，以进行源头上的减量化。政府制定财政政策，设置合理的建筑垃圾回收利用补贴标准，从源头和制度上减少建筑垃圾的排放。

9.1.3 全方位提升建筑业技术水平

(1) 提升企业技术水平

应制定建筑垃圾各种排放定额、产生量标准等，提升企业的技术水平。完善建筑垃圾资源化全过程处置标准，在施工过程中将建筑垃圾处置核准工作作为施工扬尘污染防治方案主要工作，并在施工安全备案和建设项目环境影响评价等工作中考虑建筑垃圾的处置。建筑垃圾资源化应首先实现源头可控，因此制定建筑垃圾排放量标准势在必行。有关部门在对重庆市建设施工企业排放建筑垃圾定量定性综合统计调查的基础上，根据有关环境质量标准和现有经济、技术条件，制定建筑垃圾产生及允许排放量标准。建筑业企业需要提升技术水平、推进绿色建造新技术和改善施工装备以减少建筑垃圾的排放。施工企业应多采用和推广装配式建筑技术。由于现场施工的过程是产生建筑废弃物的主要阶段，在这个阶段对建筑技术、管理人员的行为态度、现场工人的操作水平及外部制度进行严格管理、把控，将有效减少建筑废弃物的产生。

(2) 建立建筑垃圾资源化处置的技术标准

住建部于2019年颁布了修订后的《建筑垃圾处理技术标准》(CJJIT134-2019) 作为行业标准，应在此基础上制定建筑垃圾减排技术规范以及再生混凝土、砂浆等粗细骨料的强度、力学等性能指标标准。建立对使用再生产品建造的建筑物的绿色认证制度，将使用再生产品的情况作为绿色建筑评定的重要指标。一方面，通过采用“绿色”而不是“垃圾”这个容易让人接受的词，可以提高大众对建筑垃圾再生产品的认可程度；另一方面，对再生产品以及使用该产品的建筑物进行绿色认证，可以衡量开发商的环保意识，进而制定相应的政策措施，从而鼓励其使用再生产品的积极性。积极探索建筑垃圾资源化成本补偿机制，完善建筑垃圾资源化处置收费制度，探索具体的成本补偿方法和资源化利用政策。

（3）建筑垃圾处理企业与政府、高校、科研机构之间形成战略联盟

利用“互联网+”、大数据等高新技术手段，建筑施工企业、建材销售商与政府机关之间多方协调合作，建立建筑垃圾产生、运输、处理、再利用等一系列处理流程的数据信息平台。准确、快速、高效率地处理建筑垃圾的相关信息，为建筑垃圾的排放、处理、利用等多个环节提供便利。建设单位、施工单位应履行建筑垃圾资源化的义务，积极使用建筑垃圾的资源化材料和制品。建筑垃圾经过分拣、筛选等程序后，大多数可作为再生资源而得以重新利用。应开展对建筑垃圾的再回收技术的研究，国家相关部门也应当尽力扶持企业的技术研发和推广使用。采用先进的现代化生态技术对物质、能量进行循环协同利用，实现建筑垃圾“减量化、资源化、无害化”。

（4）实施建筑垃圾减量化管理，大力发展循环经济

政府采取相关政策措施降低建筑垃圾排放量的峰值，实现建筑垃圾排放与经济增长的脱钩。随着科技的发展，国内外在垃圾处理设备的制造改进方面发展也较迅速。建筑垃圾减量化管理有利于“无废城市”的建设和治理，发展循环经济，减少建筑垃圾的堆放。因此，在施工过程中，应将建筑垃圾源头管理纳入文明工地的考核当中，实施建筑垃圾全生命周期过程管理。在建筑垃圾分类的基础上，发展循环经济，加强建筑垃圾的跨区域管理，实现建筑垃圾集成协同减排。对生产过程中的废弃物再利用进行充分思考，让施工现场产生的垃圾尽可能地在施工现场得到再利用。在建筑的现场施工过程中尽可能减少建筑垃圾的排放量，并对产生的建筑垃圾采用合理的方式进行处理。对建筑垃圾实行源头减量化管理，合理提高建筑垃圾再生材料的使用比例，同时强化资源化产品的技术规范和质量要求，以实现经济和环境的和谐发展。

9.2 建筑垃圾资源化策略

建筑垃圾资源化处理投资大，项目投资回收期较长。政府单方面投资会增加地方政府投资项目的资产负债率，每年需负担庞大的财务费用。项目融资结构不均衡，使建筑垃圾处理项目面临较大的融资风险。将PPP模式应用于建筑垃圾资源化处理项目当中，缓解建筑垃圾资源化财政支出压力，引入社会资本让政府与社会资本合作共同破解建筑“垃圾围城”的城市治理难题。对于政府来说，引入社会资本缓解了政府的财政压力，同时提高了建筑垃圾资源化项目的运营管理效率；对于社会资本而言，在政府政策支持和城市更新活动产生海量的建筑垃圾的背景下，建筑垃圾资源化处理行业具有广阔的发展前景和空间。在PPP模式下，如何分担风险和分配收益成为PPP项目首当其冲的重要问题。制定出建筑垃圾资源化策略，成为当前建筑垃圾资源化PPP项目成功的关键，确保建筑垃圾资源化全产业链健康、有序地发展。

9.2.1 “无废城市”策略：建筑垃圾资源化归宿

马克思主义哲学告诉我们，意识指导行动。先有意识，才能指导行动。具备建筑垃圾资源化管理意识是指导建筑垃圾资源化实践的关键所在。因此，建筑垃圾的资源化管理和实践首先需要有建筑垃圾资源化的意识。在建筑垃圾资源化意识当中，政府部门的资源化意识是第一位的。政府首先应认识到建筑垃圾资源化问题的重要性和紧迫性，将垃圾资源化问题置于政府工作的重要方面。要加强对建筑垃圾回收利用的宣传，提高设计、施工、建设、监理单位的资源化意识，使相关人员在建筑设计、施工现场以及各个施工环节中都充分考虑建筑垃圾的排放量和利用问题，提高综合利用的效率。同时还要在全社会范围内加大建筑垃圾资源化的宣传力度，加强公众环保意识，举全社会之力共促建筑垃圾实现资源化。当前，我国建筑垃圾资源化的处置能力不足，利用率低，建筑垃圾减量化管理水平不高，成为我国“无废城市”建设和治理的短板。建筑垃圾资源化是“无废城市”建设的关键，是推动城市更新活动的重要因素。在“无废城市”试点建设的基础上，各试点城市应结合自身情况，开展建筑垃圾资源化工作，突出问题导向，加大建筑垃圾的治理力度，摸清楚建筑垃圾现状和未来发展趋势。结合国外“无废城市”建设经验，规范清运、有效利用和安全处置，实现建筑垃圾减量化管理，并形成可复制、可推广的建筑垃圾资源化治理经验，全面提升城市建筑垃圾管理水平。此外，在“无废城市”建设中，在系统视角下加强建筑垃圾资源化整体规划。结合区域内建筑垃圾产生量和特性，充分考虑建筑垃圾运输距离，合理布局建筑垃圾转运调配站、消纳处置厂和资源化再利用设施的布局，形成与“无废城市”治理相匹配的建筑垃圾处理体系。完善“无废城市”建筑垃圾治理工作机构，健全建筑垃圾资源化管理工作机制。建立可视化的监管信息系统，实行建筑垃圾产生、运输、处置全过程协同集成管理。

9.2.2 PPP模式策略：建筑垃圾资源化的关键

PPP模式下建筑垃圾处理项目具有良好的发展前景。结合我国具体国情，借鉴国外成功的经验，为了确保建筑垃圾PPP模式健康地发展，推动建筑垃圾资源化发展，结合我国国情，应至少从以下几个方面进行调整和改善：

（1）公平的风险分担和收益机制

建筑垃圾处理PPP项目成功的关键因素之一是公正的风险分担机制。政府和社会资本方应当正确对待PPP项目中遇到的各种风险，通过风险识别和合理分担来平衡双方的利益。如果政府将风险过度转移给社会资本方，则社会资本方可能会耗费更多精力去应对风险而忽略项目的建设，甚至可能会导致项目的失败。在建筑垃圾处理PPP项目风险评价过程中，风险损益评估专家必须具有相关的行业经验，具有代表性和权威性。这样可以降低建筑垃圾处理PPP项目风险评价过程中的随意性和偶然性，客观、准确、科学地评价出PPP项目在建设和运营过程中的风险。在实际的PPP项目中，公私双方还需根据项目的特点及各自风险承担能力进行公平合理的风险分担。

(2) 完善法律法规制度

制定合理的财政补贴和收费制度。建筑垃圾处理PPP项目模式在我国越来越受政府的青睐，但目前我国仍然没有正式的PPP项目管理法律，缺乏有效的监管机制。PPP项目的建设和运营只能通过政策和规定得以执行，这使得私人参与方面临极大风险。应加快PPP项目的立法工作，规范制度。建筑垃圾的资源化处理保护环境，造福民众，项目的公益性要大于其收益性。鉴于建筑垃圾处理PPP项目的风险，政府应制定出合理的财政补贴和建筑垃圾处理收费制度，激励私人参与方进入。允许社会资本在一定程度上直接向社会公众进行收费，同时享有政府的财政补贴。

(3) 完善的特许权授予制度

为了保证项目公司的收益，社会资本方会寻求特许经营权的保护。特许经营条款规定了公私双方在特许经营期内的权利、责任和义务。根据特许经营协议，项目公司在特许经营期间拥有项目的特许经营权，并通过使用者付费来收回投资。特许经营期满后，建筑垃圾资源化处理项目公司将项目的所有权无偿移交给政府部门。可以说，完善的特许权授予制度是保障项目公司利益的关键因素之一。

(4) 完善的 PPP 监管体系

在 PPP 模式下，政府既是相关政策的制定者，又是 PPP 项目建设和运营的监督者。政府在 PPP 项目中扮演着双重角色，社会大众容易对政府的公正性提出质疑。因此，需要建立相对独立的监督机构，建立公开透明的决策程序，形成有效的制衡监管体制，从而保障各方利益。应成立专门的监管部门，规范建筑垃圾处理PPP项目全过程实施流程。可以考虑由社会资本、政府、媒体、公众组成的监管体系，专门对PPP项目进行全过程调查和评估，实时调整PPP项目的风险，加强行业监管。对建筑垃圾处理PPP项目应对项目的全过程进行全面严格的审查，在PPP项目的招标过程中，合理选择社会资本参与方，审查项目运营计划、收益和相关的融资方案等，降低PPP项目决策过程中的不科学性，避免PPP项目的建设风险和运营风险。对建筑垃圾处理PPP项目建设与运营过程进行全面监督，降低项目风险，保障其运行效率。对于私营部门，主要是监督其生产的再生产品质量情况、垃圾处理服务情况以及合同或协议的履行情况；对公共部门，主要是监督其合同或协议的履行情况、相关优惠政策的执行情况，使公众对项目质量有知情权，保障公众及社会利益，并接受社会各界的监督。

（5）合理的争端解决机制

建筑垃圾处理 PPP 项目具有周期长、建设运营环境复杂及参与方众多等特点，所以在项目实施中可能会出现各方难以协调的问题。因此，在 PPP 项目建设前，各方协商提前拟定出一个合理有效的争端解决机制，以应对 PPP 项目中可能出现的各方利益协调问题。到目前为止，我国关于 PPP 项目争端解决机制方面的法规依然缺乏。但是为保护和协调 PPP 项目各参与方的合法权益，国家发改委与最高法已经就 PPP 项目争议解决机制展开沟通。合理的 PPP 项目争端解决机制，将有效解决各方的利益协调问题和提高项目的运行效率。

（6）有效的相互沟通机制

由于建筑垃圾处理 PPP 项目中的公共部门和私营部门在组织、管理和人员等方面有所不同，而且双方缺少相互了解和信任，很难做到信息完全共享和形成合力。因此，行之有效的相互沟通机制，能够让公私双方在发现问题时及时地沟通，避免产生不必要的误会，同时也促进了项目的顺利实施。当遇到问题时，沟通后依然存在分歧的，一般会以大多数合同方的意见为主来避免分歧。当然也有很多解决方法，其中，谈判协商是最常用且最有效的争议解决方法。

（7）健全PPP项目金融支撑体系

在建筑垃圾资源化PPP项目运营过程中，金融机构所起的作用至关重要。建筑垃圾资源化PPP项目的融资规模大、风险高、短期回报率低，在项目融资过程中以未来的收益作为贷款资金偿还主要来源。我国目前的融资体系与建筑垃圾资源化PPP项目的融资需求不匹配，导致建筑垃圾资源化PPP项目融资手段单一，主要依靠银行贷款，与项目融资过程相匹配的担保和保险政策缺乏。因此，在建筑垃圾资源化PPP项目中应健全相关的金融支撑体系，多渠道筹集资金。在建筑垃圾资源化PPP项目建设和运营中，应充分考虑不同参与方的资源投入、项目绩效、风险分担，建立和完善合理的收益共享机制和私人参与方投资退出机制，保障PPP项目运作成功。

9.2.3 全产业链策略：建筑垃圾资源化整合

(1) 建立信息共享机制

加强产业链各主体之间的信息交流，建立信息共享机制。信息不对称是影响建筑垃圾再生利用的关键所在。在建筑垃圾资源化产业链的组建期阶段，政府占据着产业发展的主导地位。通过加强各个主体间的信息交流，加强生产企业、处理企业和再利用企业之间的信息传递，促进合作，提升产业联动性，弥补市场经济不足。建立产业之间的信息交流平台，运用互联网等传媒方式，定期进行信息发布与更新，以便各主体进行交流、提供咨询服务，促进建筑垃圾再生利用产业链的健康发展。

(2) 完善政府主导作用

政府在建筑垃圾资源化利用全产业链全过程中应当扮演主导者和监管者的角色。政府的主导作用表现在明确建筑垃圾处理设施属于城市基础设施，倡导建筑垃圾资源化利用，制定相关扶持政策等方面。政府的监管作用主要表现在监督相关扶持政策落地，建筑垃圾资源化全产业链全过程监管等。建筑垃圾资源化全产业链全过程包括建筑垃圾产生分类、收集运输、资源化处置，以及再生产品应用等诸多环节。政府想要在建筑垃圾资源化全产业链全过程扮演好主导者和监管者的角色，就应该大力推进建立全产业链全过程闭环式管理。产业链全过程闭环式管理需要建立一个大数据管理平台，从源头行政核准审批，到清运过程和收费监管，最后到再生产品应用去向管理。

(3) 完善的全产业链监管体系

建立完善的监管体系，明确各产业主体职责。政府对产业链管理实施强硬的监管手段，对产业链的每个阶段实施监管。由于我国幅员辽阔，需要基于区块链技术对整个产业链中的企业进行监管，明确建筑垃圾资源化产业链的各个环节责任主体，明确划分各个主体职责所在，避免发生突发事件。利用 RFID、GIS 和 BIM、区块链技术对再生产品在产生、运输、利用过程中的数据进行收集和溯源。对产业链的责任主体和过程实施全方位监督，同时提升产业主体之间的信息沟通，相互监督、协调。监督必须是全过程全方位的，制定完善的预防措施、处理措施、事后措施和处罚奖励制度，在制度下有条不紊地进行。

（4）完善的全产业化政策

制定政策推动建筑垃圾产业发展，促进产业链各企业积极性。我国“十三五”规划明确规定要提升固体垃圾的利用率，因此建筑垃圾资源化利用产业要贯彻落实可持续发展战略，在发展上政府要提供支持和鼓励。大力培育科研人才，提高科研专项奖励促进科研积极性，推动再生产业科技发展。生产上开设绿色通道，实施经济刺激政策，减免税收，提供水电优惠措施，刺激相关企业发展热情。在市场环境下，进行宏观调控，对绿色产业进行扶持帮助，充分体现社会责任感，为建筑垃圾再生产业的发展提供动力。激励机制会对建筑垃圾的分类和有效处理起到进一步强化作用，从而促进建筑垃圾资源化形成完整的产业链，逐步建立符合我国国情的建筑垃圾处理体系。

（5）培养公民环保意识

宣传建筑垃圾资源化处理，提高公民绿色建筑意识。建立环保意识教育体系，提升大众环保意识。大力宣传和推广再生建材，提升大众对再生建材的认识和对建筑垃圾再生利用的认知以及绿色效益。解除大众对建筑物再生产业的认识误区，通过宣传提升大众的认同感，是再生建材的发展和建筑垃圾再生利用产业发展的关键。政府给予大力支持和宣传绿色再生产品，使全社会意识到当前形势，贯彻可持续发展战略。与此同时，在舆论导向方面进行加强，提高宣传的有效性。对于积极参与建筑垃圾回收利用的公民，可适当给予荣誉和奖励，促进广大群众共同参与，使建筑垃圾得到更好的回收利用效果。

9.3 本章小结

建筑垃圾减量化协同管理和资源化在近些年日益受到国内工程管理领域和公共政策界的广泛关注。建筑垃圾排放量的时空不均衡性导致实现建筑垃圾减量化协同管理和资源化目标是复杂的系统工程，政策性很强，不能“一刀切”、简单化。针对中国省域建筑垃圾排放量的空间关联网络结构特征和实证分析结果，中国建筑垃圾减量化管理和资源化应加强建筑垃圾区域协同减量化管理策略，在PPP模式下构建建筑垃圾资源化全产业链。

10 研究结论与展望

10.1 研究结论

我国幅员辽阔，各地区的经济发展、资源禀赋等存在较大的不平衡，而这种不平衡也造成了建筑垃圾排放量的地区不平衡。目前，我国经济和社会的发展正处于工业化和城市化的中后期，建筑垃圾的排放面临经济发展的压力。现阶段，我国社会经济正处于绿色低碳发展的转型期，在全面贯彻落实党的十九大全面布局提出“美丽中国”建设的战略高度要求下，建筑垃圾资源化至关重要。

本研究最终结论如下：

①2005—2018年，中国建筑垃圾的排放量由5.62亿吨上升至21亿吨，呈现出增长趋势。截至2018年年底，中国建筑垃圾排放量累计191.21亿吨，建筑垃圾排放主要集中在中部和东部地区，建筑垃圾地区差异显著。中国省域建筑垃圾排放量增长趋势呈现出明显差异，自东南向西北增长速率逐渐变缓。其中，江苏和浙江两省的建筑垃圾排放量和

累计产量最多，始终位于全国前列。湖北、陕西、福建和贵州四省的年均增长率均在14%以上，省域建筑垃圾排放量空间差异明显。研究期内绝大多数省份建筑垃圾排放量均呈现出稳步上升态势。在区域层面上，我国建筑垃圾排放主要集中在华东和中南地区，其他地区排放量占比仅为27.95%，区域排放差异十分明显。全国和省际的建筑垃圾排放强度呈现出逐年降低的趋势。2005年，重庆、广西和江西的排放强度超过了2吨/万元，其排放量在全国并不靠前，但建筑业的发达程度相对落后，其受到建筑垃圾排放的影响较大。海南、吉林和内蒙古的排放强度在变化过程中出现了一定的波动。随着各省份经济合作的加强，省域排放强度的差距不断缩小，到2018年，除了垃圾排放量历年均较高的江苏、浙江和山东之外，其余省份的排放强度均未超过1吨/万元。

②我国建筑垃圾排放量空间不均衡性显著，从2013年开始，我国建筑垃圾排放量总体泰尔指数持续上升，区域内差异较为稳定而区域间差异逐渐增大，建筑垃圾排放量的差异主要是由区域间差异引起的，区域内差异并不明显。其中，华东地区的贡献率最大，西北地区的贡献率最小。建筑垃圾排放量的全局莫兰指数在样本考察期内呈现出先波动变化后持续上升的态势，可见我国建筑业在不断发展的过程中，逐渐进入了稳步向前推进的状态。建筑业的进步加强了省际垃圾排放量的联系，使全国的空间关联愈发明显，空间集聚性逐渐增强。不同年份地理加权回归方程的拟合系数基本在0.7，表明模型的解释能力较强，各地区的建筑垃圾排放量存在空间异质性。建筑产业规模对建筑垃圾排放量的影响程度最大，人口规模其次，人均GDP和劳动效率的影响相对较小。其中，人口规模、人均GDP和建筑产业规模表现为促进作用，劳动效率表现为抑制作用。

③2005—2018年，中国建筑垃圾排放量省际空间关联的网络密度呈逐年增大的趋势，各省份之间的建筑垃圾排放量空间关联越来越密切。中国省域建筑垃圾排放量空间关联的网络等级度先下降后上升，呈“V”形。网络效率总体呈现下降趋势，等级森严的网络结构逐渐被打破，空间关联网络更加复杂和稳定。在个体网络分析中，北京、天津、

上海、江苏、浙江、福建、山东、湖北、广东、陕西、甘肃和宁夏这些省份的度数中心度指数高于全国平均值。北京、天津、上海、江苏、浙江、福建、山东、湖北和广东等9个省份的中介中心度值超过整体网络平均值，在建筑垃圾排放量空间关联网络中处于核心地位，在整个网络中起到“桥梁”作用。北京、天津、上海、江苏、浙江、福建、山东、湖北、广东、陕西、甘肃和宁夏等12个省份的接近中心度高于全国均值，扮演中心行动者的角色。建筑垃圾排放量空间关联网络逐渐出现“中心-边缘”结构。空间块模型分析结果显示，北京、上海、江苏、广东、山东、福建和浙江7个省份组成第一板块，在建筑垃圾排放量空间关联结构模型当中处于“受益者”地位；重庆、天津和湖北3个省份属于第二板块，在建筑垃圾排放量空间关联结构模型当中处于“经纪人”地位；安徽、四川、河南、江西、湖南和河北6个省份属于第三板块，在建筑垃圾排放空间关联结构模型当中处于“经纪人”地位；辽宁、内蒙古、山西、广西、海南、吉林、黑龙江、贵州、云南、陕西、甘肃、青海、宁夏和新疆等14个省份属于第四板块，在建筑垃圾排放量空间关联结构模型当中处于“受损者”地位。效应分析结果显示，网络密度、网络等级度和网络效率等指标均对全国建筑垃圾排放强度有显著影响，度数中心度等指标也会显著影响各省份的建筑垃圾排放强度。建筑垃圾排放量空间关联网络结构对建筑垃圾排放强度的差异具有显著的影响。网络密度的降低、网络等级度和网络效率的提高能显著降低建筑垃圾的排放强度差异。个体空间网络结构对建筑垃圾排放强度有显著影响。在度数中心度指数和中介中心度指数提高时，排放强度会提高，而接近中心度指数的提高会使排放强度降低。

在全国层面上，2005—2018年建筑垃圾排放量与建筑业经济增长的脱钩状态呈现弱脱钩状态、扩张性联结状态、强脱钩状态、弱脱钩状态变化趋势。在省域层面上，2005—2018年，我国大部分省份建筑垃圾排放与行业经济增长的脱钩状态都在脱钩状态和联结状态之间，部分省份呈现多种状态情况交替出现的动态变化，包括强脱钩、弱脱钩、扩张性联结、弱负脱钩、强负脱钩和扩张性负脱钩等。在省域层面上，建筑垃圾排放量与行业经济增长脱钩程度趋于差异化。根据建筑业垃圾产量驱动因素的LMDI分解看出，在建筑垃圾排放量增加的驱动因素中，全国的技术效应、经济产出效应对建筑垃圾排放量的贡献率最大，且在2012年之后其增长呈现快速上升态势，技术效应、经济产出效应对建筑垃圾的排放量有着很强的拉动作用，人口规模效应的拉动作用轻微。劳动生产率的提高和人口规模的扩大都将导致建筑垃圾排放量的增加，而环保效应、投资结构效应则对建筑垃圾排放量具有一定的抑制作用。

④基于2005—2018年的中国建筑垃圾省级面板数据，以环境库兹涅茨曲线模型为基础，探究中国和省域层面上建筑垃圾排放量的EKC曲线形状，并在区域EKC曲线异质性研究的基础上，利用STIRPAT模型研究全国和不同区域的建筑垃圾排放量驱动因素。研究发现，2005—2018年我国建筑垃圾排放量与人均GDP之间呈现倒“N”形的曲线关系。在全国30个省份的建筑垃圾排放量与经济增长的曲线形状当中，只有部分省份建筑垃圾排放量与经济增长存在倒“U”形的EKC曲线，大部分省份的曲线形状为倒“N”形。在区域层面上，华北、华东、西南和西北地区EKC曲线形状为倒“N”形，中南地区EKC的曲线形状为“U”形，东北地区EKC曲线形状为单调递增。建筑垃圾排放量EKC曲线在省域上具有明显的异质性。我国各地区建筑垃圾排放量影响因素和影响程度不同。人口对建筑垃圾排放量的影响在华北、东北、华东、西南、西北地区显著为正，其中，在东北地区的影响程度最大；城镇化率只对中南地区建筑垃圾排放量有显著的正向影响，而对东北地区的影响显著为负；人均GDP对各地区的影响均是显著为正；居民消费水平对建筑垃圾排放量的影响在华北、华东、中南地区显著为负，在其他地区作用不明显；技术因素在各地区均有显著的正向影响，且在华北地区促进作用最强。

⑤在扎根理论方法和文献研究法相结合的基础上，通过三级编码，提炼出核心范畴和范畴化概念，建立建筑垃圾资源化PPP项目的风险因素评价指标体系。基于政府部门、社会资本部门和PPP项目公司的建筑垃圾资源化PPP项目风险评价，构建资本投入、风险分担、贡献度和项目参与度修正的Shapley值模型收益分配研究，以期获得对三者更有利的风险分担与更公平的收益分配。在建筑垃圾资源化实践中，PPP项目

公司承担了32.5%的风险，并在PPP项目收益重新分配中获得了大部分转移收益，说明PPP项目公司在实际项目中起着重要的作用。因此，在PPP项目中，加强对PPP项目公司的管理，可以提高PPP项目建设运营效率，同时减少风险发生，更有助于获得增值收益。此外，在产业链概念的基础上，确立了建筑垃圾资源化产业链的边界，将产业链划分为上、中、下游产业，并对建筑垃圾资源化全产业链的运行模式进行分析。在动态博弈理论的基础上，采用动态博弈方法，构建建筑垃圾资源化全产业链三方收益矩阵，并最终得出建筑垃圾资源化全产业链政府、业主和企业三方动态博弈模型的均衡解。

10.2 研究展望

本研究在运用理论分析和实证分析、比较分析和综合分析及实地调研与典型案例剖析相结合的研究方法基础上，运用2005—2018年《中国统计年鉴》、各省（自治区、直辖市）的统计年鉴，对中国建筑垃圾排放量的时空特征、空间异质性、建筑垃圾排放量的脱钩效应、建筑垃圾排放量达峰和中国建筑垃圾资源化实践进行了全方位研究，并得出相应结论，以期为未来中国区域建筑垃圾减量化协同管理以及“无废城市”建设和治理的进一步研究提供参考。随着中国经济高质量发展，“美丽中国”美好家园的建设，建筑垃圾减量化管理和资源化实践成为亟待研究的新问题。如何在保障中国经济持续发展过程中，探索建筑垃圾减量化协同管理和资源化实践需要在未来进一步研究，具体问题如下：

①建筑垃圾排放量测算。建筑垃圾排放量的科学测算是研究建筑垃圾减量化管理的基础。由于建筑垃圾排放量缺少统计的测算数据和标准，本研究采用面积估算法，考虑建筑施工、装修和拆除三个阶段建筑垃圾的排放率，对2005—2018年中国省域层面建筑垃圾产生量进行测算。值得注意的是，受区域经济、技术发展的制约和影响，建筑在施工、装修和拆除过程中产生的废料率差异显著。因此，建立科学统一的建筑垃圾排放量测算方法，完善建筑垃圾排放量测算参数取值，科学测

算和预测建筑垃圾的排放量，对中国建筑垃圾区域协同减量化管理和资源化实践意义重大，这也将成为未来研究的主要方向。

②建筑垃圾排放量收敛性研究。本研究在2005—2018年建筑垃圾排放量空间异质性分析的基础上，在社会网络视角下对建筑垃圾排放量空间异质性形成机制进行分析，并研究了中国建筑垃圾排放量的脱钩效应和达峰路径。在中国建筑垃圾排放量时间和空间变化规律研究的基础上，探究建筑垃圾排放量较高区域建筑垃圾排放量下降速度是否会更快，是否存在建筑垃圾高产量区域产量下降越快，低产量区域产量下降越慢的“马太效应”。因此，有必要探讨中国建筑垃圾排放量在区域层面上是否收敛，区域建筑垃圾的排放量是否会自动趋于某个或多个稳态水平。这是值得我们研究和探讨的具有重大意义的问题，为制定合理的建筑垃圾减排目标和产量达峰等提供较为科学的参考价值。

③建筑垃圾资源化PPP项目模式的风险分担和收益分配需要进一步思考。建筑垃圾资源化PPP项目模式的收益分配是PPP项目后期成功运营的关键。本研究通过利益相关者分析，将PPP项目公司与政府部门和社会资本部门共同列为核心利益相关者，在三者之间考虑风险分担和收益分配。在建筑垃圾资源化实践中，PPP项目的社会资本部门往往不是单一的社会资本部门，通常是多个社会资本部门组合的联合体。如何考虑多个社会资本部门的联合体合作对PPP项目的影响程度以及项目风险分担和收益分配尚有待进一步展开研究。在建筑垃圾资源化PPP项目收益分配中，仅对经济效益部分进行了探讨，将环境效益和社会效益纳入风险分担与收益分配进行深入研究分析是未来值得探讨的问题。

总之，中国进入城市化发展中期阶段，城市更新活动加快，中国建筑垃圾排放量的空间差异性显著。建筑垃圾排放量空间异质性所引发的一系列问题及其影响机制和作用机理也应得到重视。本研究对中国建筑垃圾排放量空间关联网络结构和资源化实践研究分析，能够为未来“无废城市”研究提供一个新的视角和思路，也能为形成更加有效的区域协调发展新机制提供参考，同时为中国建筑垃圾资源化实践提供借鉴。

参考文献

[1] 刘金林，白会人，王子超. 基于FANP-云模型的污水处理扩建PPP项目风险分析［J］. 土木工程与管理学报，2020，37（4）：101-106.

[2] 汪振双，苏昊林. 重复再生混凝土性能和环境影响研究［J］. 中国环境科学，2018，38（10）：3801-3807.

[3] 刘景矿，王幼松，张文剑，等. 基于系统动力学的建筑废弃物管理成本-收益分析：以广州市为例［J］. 系统工程理论与实践，2014，34（6）：1480-1490.

[4] 王家远，袁红平. 基于系统动力学的建筑废料管理模型［J］. 系统工程理论与实践，2009，29（7）：173-180.

[5] 汪振双，刘笑庚，张钟升. 中国建筑废弃物区域差异及收敛性研究［J］. 工程管理学报，2022，36（1）：18-23.

[6] 汪振双，孙剑书，周焱鑫，等. 建筑垃圾资源化处理PPP项目风险评价指标体系研究［J］. 工程管理学报，2021，35（3）：58-63.

[7] 汪振双，张家楠. 城市建筑垃圾处理PPP项目融资风险评价研究［J］. 项目管理技术，2019，17（1）：51-54.

[8] 孙婷婷，王卓甫，丁继勇，等. 基于三方博弈的住宅性能认定全面推行的激励机制设计［J］. 工程管理学报，2016，30（4）：138-142.

[9] 王家远，康香萍，申立银，等. 建筑废料减量化管理措施研究［J］. 建筑技术，2004（10）：732-734.

[10] 陈露坤. 建筑垃圾减量化过程中的行为意识研究 [D]. 重庆: 重庆大学, 2008.

[11] 蒿奕颖, 康健. 从中英比较调查看我国建筑垃圾减量化设计的现状及潜力 [J]. 建筑科学, 2010, 26 (6): 4-9.

[12] 李景茹, 丁志坤, 米旭明, 等. 施工现场建筑废弃物减量化措施调查研究 [J]. 工程管理学报, 2010, 24 (3): 332-335.

[13] 刘贵文, 陈露坤. 香港建筑垃圾的管理及对内地城市的启示 [J]. 生态经济 (学术版), 2007 (2): 227-230.

[14] 石世英. 重庆市建筑垃圾资源化促进机制研究 [D]. 重庆: 重庆大学, 2013.

[15] 牛佳. 建筑垃圾资源化机制研究 [D]. 西安: 西安建筑科技大学, 2008.

[16] 孙丽蕊, 陈家珑. 欧洲建筑垃圾资源化利用现状及效益分析 [J]. 建筑技术, 2012, 43 (7): 598-600.

[17] 郁义鸿. 产业链类型与产业链效率基准 [J]. 中国工业经济, 2005 (11): 35-42.

[18] 刘贵富. 产业链形成机理的理论模型 [J]. 河南社会科学, 2009, 17 (1): 49-52.

[19] 刘伟, 范欣. 现代经济增长理论的内在逻辑与实践路径 [J]. 北京大学学报 (哲学社会科学版), 2019, 56 (3): 35-53.

[20] 王树文, 王京诚. 城市生活垃圾与经济增长的非线性关系——基于环境库兹涅茨曲线的实证分析 [J]. 中国人口·资源与环境, 2022, 32 (2): 63-70.

[21] 汪振双, 冉春梅. 中国建筑垃圾排放量与行业经济增长脱钩关系时空演化分析 [J]. 工程管理学报, 2020, 34 (3): 39-44.

[22] 朱磊, 张建清. 我国经济增长与区域碳排放的关系测度——基于Tapio脱钩理论和EKC假说的实证分析 [J]. 江汉论坛, 2017, (10): 12-16.

[23] 蔡丽茹, 吴昕晖, 杜志威. 环境友好型农业技术扩散的时空演化与影响因素——基于社会网络视角 [J]. 地理研究, 2022, 41 (1): 63-78.

[24] 左亚. 中国建筑垃圾资源化利用的现状研究及建议 [D]. 北京: 北京建筑大学, 2015.

[25] 胡鸣明, 彭峰, 向鹏成. 建筑废弃物产量预测及资源化处理厂选址布局优化: 以重庆市主城为例 [J]. 环境工程, 2020, 38 (1): 122-127.

[26] 陈家珑, 高振杰, 周文娟, 等. 对我国建筑垃圾资源化利用现状的思考 [J]. 中国资源综合利用, 2012, 30 (6): 47-50.

[27] 马彩云，刘远贵，徐林，等. 基于灰色预测模型的福建省建筑垃圾产量预测［J］. 哈尔滨商业大学学报（自然科学版），2019，35（5）：545-550.
[28] 周豪奇，张云宁，赵杰. 基于灰色预测模型GM（1，1）的建筑垃圾产量研究［J］. 武汉理工大学学报（信息与管理工程版），2016，38（5）：612-615.
[29] 张小娟. 国内城市建筑垃圾资源化研究分析［D］. 西安：西安建筑科技大学，2013.
[30] 孙亚男，刘华军，刘传明，等. 中国省际碳排放的空间关联性及其效应研究——基于SNA的经验考察［J］. 上海经济研究，2016（2）：82-92.
[31] 李琳，牛婷玉. 基于SNA的区域创新产出空间关联网络结构演变［J］. 经济地理，2017，37（9）：19-25；61.
[32] 李爱民. "十一五"以来我国区域规划的发展与评价［J］. 中国软科学，2019，340（4）：98-108.
[33] 郑易生. 环境与经济双赢乌托邦的误区与现实选择［J］. 中国人口·资源与环境，2000（3）：113-115.
[34] 张陈俊，章恒全，张丽娜. 基于多层次LMDI方法的中国水资源消耗变化分析［J］. 统计与决策，2016（3）：98-103.
[35] 李建豹，黄贤金，吴常艳，等. 中国省域碳排放影响因素的空间异质性分析［J］. 经济地理，2015，35（11）：21-28.
[36] 钟茂初，张学刚. 环境库兹涅茨曲线理论及研究的批评综论［J］. 中国人口·资源与环境，2010，20（2）：62-67.
[37] 汪振双，刘景矿，邓斌超，等. 基于政府、企业和业主三方动态博弈的建筑物化阶段碳减排责任分析［J］. 工程管理学报，2017，31（1）：34-38.
[38] 许博，赵月，鞠美庭，等. 中国城市生活垃圾产生量的区域差异——基于STIRPAT模型［J］. 中国环境科学，2019，39（11）：4901-4909.
[39] 陈喆. 基于STIRPAT的中国能源消费碳排放驱动力研究［J］. 煤炭经济研究，2020，40（9）：29-33.
[40] 王咏枝. 建筑垃圾处理PPP项目风险分担与收益分配研究［D］. 武汉：武汉工程大学，2018.
[41] 亓霞，柯永建，王守清. 基于案例的中国PPP项目的主要风险因素分析［J］. 中国软科学，2009（5）：107-113.
[42] 蒋钧波. PPP模式下建筑垃圾资源化再生利用项目收益分配研究［D］. 赣州：江西理工大学，2016.
[43] 王建波，陈鹏，赵辉. 基于灰色关联度的建筑垃圾PFI项目融资风险模糊综

合评价［J］. 青岛理工大学学报，2013，34（2）：105-109；121.

［44］ 李娟芳，张雅兰，何亚伯. 基于相对熵的建筑垃圾处理PPP项目融资风险评价［J］. 数学的实践与认识，2018，48（5）：164-170.

［45］ 汪振双，赵宁，苏昊林. 能源—经济—环境耦合协调度研究——以山东省水泥行业为例［J］. 软科学，2015，29（2）：33-36.

［46］ 花肇闻. 建筑废弃物资源化PPP项目风险分担研究［D］. 广州：广州大学，2019.

［47］ 段磊. 建筑垃圾资源化利用PPP项目物有所值定量评价研究［D］. 杭州：浙江大学，2019.

［48］ 李艳娟，陈为公，刘艳，等. 城市污水处理PPP项目关键风险因素研究［J］. 青岛理工大学学报，2020，41（1）：107-114.

［49］ 柯永建，王守清，陈炳泉. 基础设施PPP项目的风险分担［J］. 建筑经济，2008（4）：31-35.

［50］ 黄丹林. 基于风险分担的城市生活垃圾处理PPP模式应用研究［D］. 天津：天津理工大学，2014.

［51］ 刘红勇，袁梦婷，吴之路，等. PPP模式下建筑垃圾资源化处理项目风险分担模型研究［J］. 科技进步与对策，2017，34（9）：92-96.

［52］ 戴建华，薛恒新. 基于Shapley值法的动态联盟伙伴企业利益分配策略［J］. 中国管理科学，2004（4）：34-37.

［53］ 汪振双，李鑫，赵宁. 建筑垃圾PPP项目风险系统稳定性分析［J］. 工程管理学报，2019，33（4）：59-64.

［54］ 汪振双，程浩愚，刘景矿，等. 基于Fuzzy-ISM的建筑垃圾处理PPP项目风险因素关系研究［J］. 工程管理学报，2020，34（5）：125-130.

［55］ 陈伟，易莎，邹松，等. 建筑固体废弃物资源化利用的三方非对称演化博弈［J］. 土木工程与管理学报，2019，36（3）：54-59.

［56］ ANG B W，LIU F L. A new energy decomposition method：perfect in decomposition and consistent in aggregation［J］. Energy，2001，26（6）：537-548.

［57］ ORTIZ O，PASQUALINO J C，CASTELLS F. Environmental performance of construction waste：Comparing three scenarios from a case study in Catalonia，Spain［J］. Waste Management，2010，30（4）：646-654.

［58］ KNOERI C，BINDER C R，ALTHAUS H J. Decisions on recycling：Construction stakeholders' decisions regarding recycled mineral construction materials［J］. Resources，Conservation and Recycling，

2011, 55 (11): 1039-1050.

[59] SIMPSON D. Knowledge resources as a mediator of the relationship between recycling pressures and environmental performance [J]. Journal of Cleaner Production, 2011, 22 (1): 32-41.

[60] STROMBERG P.Market imperfections in recycling markets: Conceptual issues and empirical study of price volatility in plastics [J]. Resources, Conservation and Recycling, 2004, 41 (4): 339-364.

[61] POON C S, CHAN D.The use of recycled aggregate in concrete in Hong Kong [J]. Resources, Conservation and Recycling, 2006, 50 (3): 293-305.

[62] ZHANG J, EASTHAM D L, Bernold L E.Waste-based management in residential construction [J]. Journal of Construction Engineering and Management, 2005, 131 (4): 423-430.

[63] LI J R, YAO Y, ZUO J, et al. Key policies to the development of construction and demolition waste recycling industry in China [J]. Waste Management, 2020, 108: 137-143.

[64] OSMANI M, GLASS J, PRICE A D F. Architects′ perspectives on construction waste reduction by design [J]. Waste Management, 2008, 28 (7): 1147-1158.

[65] COCHRAN K M, TOWNSEND T G. Estimating construction and demolition debris generation using a materials flow analysis approach [J]. Waste Management, 2010, 30 (11): 2247-2254.

[66] ANG B W, ZHANG F Q, CHOI K H.Factorizing changes in energy and environmental indicators through decomposition [J]. Energy, 1998, 23 (6): 489-495.

[67] BOSSINK B A G, BROUWERS H J H.Construction waste: Quantification and source evaluation [J]. Journal of Construction Engineering and Management, 1996, 122 (1): 55-60.

[68] MCDONALD B, SMITHERS M.Implementing a waste management plan during the construction phase of a project: a case study [J]. Construction Management and Economics, 1998, 16 (1), 71-78.

[69] FREITAS L C D, Kaneko S. Decomposing the decoupling of CO_2 emissions and economic growth in Brazil [J]. Ecological Economics, 2011, 70 (8): 1459-1469.

[70] NERI A C, DUPIN P, Sánchez L E. A pressure - state - response approach to cumulative impact assessment [J]. Journal of Cleaner Production, 2016, 126: 288-298.

[71] GALLEGO-ÁLVAREZ I, GALINDO-VILLARDÓN M P, RODRÍGUEZ-ROSA M. Analysis of the Sustainable Society Index Worldwide: A study from the biplot perspective [J]. Social Indicators Research, 2015, 120 (1): 29-65.

[72] HWANG B G, ZHAO X, Gay M J S. Public private partnership projects in Singapore: Factors, critical risks and preferred risk allocation from the perspective of contractors [J]. International Journal of Project Management, 2013, 31 (3): 424-433.

[73] WU Y N, SONG Z X, LI L W Y, et al. Risk management of public-private partnership charging infrastructure projects in China based on a three-dimension framework [J]. Energy, 2018, 165: 1089-1101.

[74] CHEUNG E, CHAN A P C. Risk factors of public-private partnership projects in China: Comparison between the water, power, and transportation sectors [J]. Journal of Urban Planning and Development, 2011, 137 (4): 409-415.

[75] ALIREZA V, MOHAMMADREZA Y, ZIN R M, et al. An enhanced multi-objective optimization approach for risk allocation in public-private partnership projects: A case study of Malaysia [J]. Canadian Journal of Civil Engineering, 2014, 41 (2): 164-177.

[76] LING Y Y, LEO K C. Reusing timber formwork: Importance of workmen's efficiency and attitude [J]. Building and Environment, 2000, 35 (2): 135-143.

[77] TARN V W Y. On the effectiveness in implementing a waste-management-plan method in construction [J]. Waste Management, 2008, 28 (6): 1072-1080.

[78] TAM V W Y, TAM C M. A review on the viable technology for construction waste recycling [J]. Resources, Conservation and Recycling, 2005, 47 (3): 209-221.

[79] WU Z Z, YU A T W, Shen L Y, et al. Quantifying construction and demolition waste: An analytical review [J]. Waste Management, 2014, 34 (9): 1683-1692.

[80] BERGSDAL H, BOHNE R A, BRATTEBØ H. Projection of construction and demolition waste in Norway [J]. Journal of Industrial Ecology, 2007, 11 (3), 27-39.

[81] YOST P A, HALSTEAD J M. A methodology for quantifying the volume of construction waste [J]. Waste Management & Research, 1996, 14 (5): 453-461.

[82] KOFOWOROLA O F, GHEEWALA S H. Estimation of construction waste generation and management in Thailand [J]. Waste Management, 2009, 29 (2): 731-738.

[83] OLIVEIRA M, GAMA J. An overview of social network analysis [J]. Wiley Interdisciplinary Reviews: Data Mining and Knowledge Discovery, 2012, 2 (2): 99-115.

[84] LIU Y, SUI Z W, KANG C G, et al. Uncovering patterns of inter-urban trip and spatial interaction from social media check-in data [J]. Plos One, 2014, 9 (1): e86026.

[85] WANG Z S, ZHANG Z S, JIN X H. A study on the spatial network characteristics and effects of CDW generation in China [J]. Waste Management, 2021, 128: 179-188.

[86] NELSON R E. Social network analysis as intervention tool [J]. Group & Organization Management, 1988, 13 (1): 39-58.

[87] KHANNA N. The income elasticity of non - point source air pollutant: revisiting the environmental Kuznets curve [J]. Economics Letters, 2002, 77 (3): 387-392.

[88] LOCKREY S, NGUYEN H, CROSSIN E, et al. Recycling the construction and demolition waste in Vietnam: Opportunities and challenges in practice [J]. Journal of Cleaner Production, 2016, 133: 757-766.

[89] LIU Y S, ZHOU Y, WU W X. Assessing the impact of population, income and technology on energy consumption and industrial pollutant emissions in China [J]. Applied Energy, 2015, 155: 904-917.

[90] SONG T, ZHENG T G, TONG L J. An empirical test of the environmental Kuznets curve in China: A panel cointegration approach [J]. China Economic Review, 2008, 19 (3): 381-392.

[91] LU W S, YUAN H P. Exploring critical success factors for waste management in construction projects of China [J]. Resources

Conservation and Recycling, 2011, 55 (2): 201-208.

[92] WANG Z S, XIE W C, LIU J K. Regional differences and driving factors of construction and demolition waste generation in China [J]. Engineering, Construction and Architectural Management, 2022, 29 (6): 2300-2327.

[93] CHINDA T. Investigation of factors affecting a construction waste recycling decision [J]. Civil Engineering and Environmental Systems, 2016, 33 (3): 214-226.

附录

附录A 建筑垃圾资源化PPP项目风险重要度调查问卷

尊敬的专家：

您好！首先非常感谢您在百忙之中参与和协助完成此次问卷调查。这是一份关于建筑垃圾资源化PPP项目风险因素评价的调查问卷。目的是确定建筑垃圾资源化PPP项目影响因素的重要程度，以期通过我们的研究，为建筑垃圾资源化PPP项目风险分担提供支持和帮助。本问卷答案无所谓对错，只要反映您个人真实意愿即可。问卷采用匿名形式，所得数据仅供科研之用，不会对您个人造成任何不良影响。

感谢您的合作与支持，您的支持将是本研究成功的关键！

【第一部分】基本信息

您的性别：□ 男　□ 女

您的年龄：□20～29岁　□30～39岁　□40～49岁　□50岁及以上

您的工作部门：□建筑类企业　□政府部门　□咨询机构
□高校教师　□科研单位　□其他

您从事PPP项目工作年限：□1～3年　□4～6年　□7～10年
□10年以上

您参与过的PPP项目个数：□0个　□1～3个　□4～6个　□7～9个
□9个以上

【第二部分】建筑垃圾资源化PPP项目风险重要度比较

各位专家，您好！

我们需要您在一组风险中分别选择最重要和最不重要的风险作为风险标准，然后综合评定这组风险的重要程度。根据这个设定的风险标准，对每个风险因素依次进行评价并赋予一个分值。分值采用1～9分评价法，我们会给出一个评价标准与分值的参考。

我们将风险因素评价分为两个部分：

【一】请您在下列每组风险因素中选出最重要的风险，并在风险标准下填写，赋值为1。同时，请对每组风险因素进行重要度评价。

我们提供了一个重要度赋值表供您参考，请根据您的个人判断进行填写。

重要度等级	评分
同等重要	1
重要度稍差	3
重要度差	5
重要度很差	7
重要度非常差	9

说明：（1）如果在评价过程中，您认为有两个或两个以上的风险都是最重要的，那么请选择其中之一作为最重要风险。

（2）风险从1开始评分，向上递增。在评价风险因素的重要程度时，可以将多个风险评为相同的重要度。评价跨度不必为9，只需根据风险之间的重要程度进行评分即可。

（3）若您的重要度评级介于上述重要度之间，您也可以用2、4、6、8来表示。

建筑垃圾资源化PPP项目风险因素重要度评价（一级风险）

风险标准	政治风险	经济风险	建设风险	运营移交风险	市场风险	社会与环境风险	信用风险

政治风险（二级风险）

风险标准	法律法规风险	审批决策风险	政策变动风险	税收风险

经济风险（二级风险）

风险标准	利率风险	汇率风险	通货膨胀风险	投融资风险

建设风险（二级风险）

风险标准	成本超支风险	勘察设计风险	工期延误风险	质量缺陷风险	不可抗力风险

运营移交风险（二级风险）

风险标准	原材料供应风险	运营管理能力风险	成本控制风险	生产技术风险	项目唯一性风险	移交风险

市场风险（二级风险）

风险标准	产品竞争力风险	市场需求风险	收益风险

社会与环境风险（二级风险）

风险标准	环境风险	社会风险

信用风险（二级风险）

风险标准	私人部门信用风险	政府部门信用风险	合作风险	合同风险

【二】请您在每组风险中选出最不重要的风险因素，并在风险标准下填写，对其赋值为1。然后对每组风险因素进行重要度评价。

我们提供了一个重要度赋值表供您参考，请根据您的个人判断进行填写。

重要度等级	评分
同等重要	1
稍微重要	3
重要	5
很重要	7
非常重要	9

说明：（1）如果在评价过程中，您认为有两个或两个以上的风险都是最不重要的，那么请选择其中之一作为最不重要风险。

（2）风险从1开始评分，向上递增。在评价风险因素的重要程度时，可以将多个风险评为相同的重要度。评价跨度不必为9，只需根据风险之间的重要程度进行评分即可。

（3）若您的重要度评级介于上述重要度之间，您也可以用2、4、6、8来表示。

建筑垃圾资源化PPP项目风险因素重要度评价（一级风险）

风险标准	政治风险	经济风险	建设风险	运营移交风险	市场风险	社会与环境风险	信用风险

政治风险（二级风险）

风险标准	法律法规风险	审批决策风险	政策变动风险	税收风险

经济风险（二级风险）

风险标准	利率风险	汇率风险	通货膨胀风险	投融资风险

建设风险（二级风险）

风险标准	成本超支风险	勘察设计风险	工期延误风险	质量缺陷风险	不可抗力风险

运营移交风险（二级风险）

风险标准	原材料供应风险	运营管理能力风险	成本控制风险	生产技术风险	项目唯一性风险	移交风险

市场风险（二级风险）

风险标准	产品竞争力风险	市场需求风险	收益风险

社会与环境风险（二级风险）

风险标准	环境风险	社会风险

信用风险（二级风险）

风险标准	私人部门信用风险	政府部门信用风险	合作风险	合同风险

问卷到此结束，再次感谢您提供宝贵的时间和耐心地填写！祝您及家人身体健康，幸福快乐！

附录B 建筑垃圾资源化PPP项目风险分担调查问卷

尊敬的专家：

您好！首先非常感谢您在百忙之中参与并协助完成此次问卷调查。这是一项关于建筑垃圾资源化PPP项目风险分担的调查问卷。目的是确定建筑垃圾资源化PPP项目中影响因素在政府、社会资本和项目公司之间的分担情况，以期通过我们的研究，为建筑垃圾资源化PPP项目风险分担提供支持和帮助。本问卷答案无所谓对错，只要反映您个人真实意愿即可。问卷采用匿名形式，所得数据仅供科研之用，不会对您个人造成任何不良影响。

感谢您的合作与支持，您的支持将是本研究成功的关键！

【第一部分】基本信息

您的性别：□男 □女

您的年龄：□20～29岁 □30～39岁 □40～49岁 □50岁及以上

您的工作部门：□建筑类企业 □政府部门 □咨询机构
□高校教师 □科研单位 □其他

您从事PPP项目工作年限：□1～3年 □4～6年 □7～10年
□10年以上

您参与过的PPP项目个数：□0个 □1～3个 □4～6个 □7～9个
□9个以上

【项目背景简介】为响应国家和地区对建设绿色城市、“无废城市”的号召，N市决定在市中区建设建筑垃圾处理及再生资源化利用项目，采用PPP模式与社会资本合作建设。一方面可以解决地区建筑垃圾排放堆积污染问题；另一方面对建筑垃圾进行加工改性生产绿色建筑材料产品。本项目利用建筑垃圾生产建筑骨料，再利用建筑骨料生产新型环保建材，属于资源循环利用项目。该项目总投资约5 700万元。项目一期，新建“固定式”建筑垃圾处理生产线1条，年处理加工能力30万吨；新建建筑垃圾再生资料化路缘石生产线1条，生产路缘石40万米；改扩建原有路面砖、透水砖生产线，利用建筑垃圾生产再生骨料透水砖、路面砖等60万平方米。项目二期，新建“移动式”建筑垃圾处理及再生资源化利用生产线2条，年处理加工能力20万吨。

N市政府授权平台公司A与社会资本联合体B共同出资1 700万元人民币组建了建筑垃圾资源化处理公司（特殊目的公司）C，其中政府平台公司占股20%，社会资本联合体占股80%。其余资金通过项目向银行获取贷款。根据双方签订的特许经营协议，双方的合作期限为12年，社会资本联合体拥有该建筑垃圾资源化处理公司经营权10年。在项目合作过程中政府主要承担政策、法律风险，社会资本方主要承担投融资、建设、运维管理等风险。政府相关职能部门依法对项目进行监督管理和宣传引导，项目公司依法开展经营活动并承担相应社会责任。合作期满后该建筑垃圾资源化处理公司的全部资产将无条件地转让给N市政府所有。在项目运营前期，为帮助该PPP项目推广建筑垃圾再生产品，政府授权平台公司和社会资本联合体各补贴资金50万元和70万元来开拓销售渠道。建筑垃圾资源化处理公司的收入来自建筑垃圾资源化处理产品销售，若不能实现社会资本联合体的合理收益，N市政府将对其进行合理补贴。

【第二部分】请您对建筑垃圾资源化PPP项目参与度打分

根据背景信息，请您对政府部门、社会资本部门和PPP项目公司三者进行PPP项目中项目参与度的打分，分数合计为1。

政府：□0.1 □0.2 □0.3 □0.4 □0.5 □0.6 □0.7 □0.8 □0.9 □1

社会资本：□0.1 □0.2 □0.3 □0.4 □0.5 □0.6 □0.7 □0.8 □0.9 □1

PPP项目公司：□0.1 □0.2 □0.3 □0.4 □0.5 □0.6 □0.7 □0.8 □0.9 □1

【第三部分】建筑垃圾资源化PPP项目风险分担问卷调查

请您对政府部门、社会资本部门和项目公司在建筑垃圾资源化PPP项目中的风险因素影响程度进行评价。在此次问卷中，将风险指标的影响程度划分为五类：非常低，低，中等，高，非常高。请在□内打✓，选择您认为最合适的影响程度。

PPP项目风险对政府部门影响程度评价

评价体系	一级风险	二级风险	影响程度等级				
			非常低	低	中等	高	非常高
建筑垃圾资源化PPP项目风险因素	R1政治风险	A1法律法规风险					
		A2审批决策风险					
		A3政策变动风险					
		A4税收风险					
	R2经济风险	B1利率风险					
		B2汇率风险					
		B3通货膨胀风险					
		B4投融资风险					
	R3建设风险	C1成本超支风险					
		C2勘察设计风险					
		C3工期延误风险					
		C4质量缺陷风险					
		C5不可抗力风险					
	R4运营移交风险	D1原材料供应风险					
		D2运营管理能力风险					
		D3成本控制风险					
		D4生产技术风险					
		D5项目唯一性风险					
		D6移交风险					
	R5市场风险	E1产品竞争力风险					
		E2市场需求风险					
		E3收益风险					
	R6社会与环境风险	F1环境风险					
		F2社会风险					
	R7信用风险	G1私人部门信用风险					
		G2政府部门信用风险					
		G3合作风险					
		G4合同风险					

PPP项目风险对社会资本部门影响程度评价

评价体系	一级风险	二级风险	影响程度等级				
			非常低	低	中等	高	非常高
建筑垃圾资源化PPP项目风险因素	R1政治风险	A1法律法规风险					
		A2审批决策风险					
		A3政策变动风险					
		A4税收风险					
	R2经济风险	B1利率风险					
		B2汇率风险					
		B3通货膨胀风险					
		B4投融资风险					
	R3建设风险	C1成本超支风险					
		C2勘察设计风险					
		C3工期延误风险					
		C4质量缺陷风险					
		C5不可抗力风险					
	R4运营移交风险	D1原材料供应风险					
		D2运营管理能力风险					
		D3成本控制风险					
		D4生产技术风险					
		D5项目唯一性风险					
		D6移交风险					
	R5市场风险	E1产品竞争力风险					
		E2市场需求风险					
		E3收益风险					
	R6社会与环境风险	F1环境风险					
		F2社会风险					
	R7信用风险	G1私人部门信用风险					
		G2政府部门信用风险					
		G3合作风险					
		G4合同风险					

PPP项目风险对PPP项目公司影响程度评价

评价体系	一级风险	二级风险	影响程度等级				
			非常低	低	中等	高	非常高
建筑垃圾资源化PPP项目风险因素	R1政治风险	A1法律法规风险					
		A2审批决策风险					
		A3政策变动风险					
		A4税收风险					
	R2经济风险	B1利率风险					
		B2汇率风险					
		B3通货膨胀风险					
		B4投融资风险					
	R3建设风险	C1成本超支风险					
		C2勘察设计风险					
		C3工期延误风险					
		C4质量缺陷风险					
		C5不可抗力风险					
	R4运营移交风险	D1原材料供应风险					
		D2运营管理能力风险					
		D3成本控制风险					
		D4生产技术风险					
		D5项目唯一性风险					
		D6移交风险					
	R5市场风险	E1产品竞争力风险					
		E2市场需求风险					
		E3收益风险					
	R6社会与环境风险	F1环境风险					
		F2社会风险					
	R7信用风险	G1私人部门信用风险					
		G2政府部门信用风险					
		G3合作风险					
		G4合同风险					

问卷到此结束，再次感谢您提供宝贵的时间！祝您及家人身体健康，幸福快乐！

索引

后记

执笔之时正值怀俄明州拉勒米大雪纷飞的12月，在美国访学的日子也已过半，拉勒米的冬天很长，也很冷，看着海拔2 000多米高原的雪景和雪后怀俄明大学校园，不禁想起了大连的冬天，雪后的东财校园，引起了思乡之情。2012年至今，参加工作的这十年，从大工校园到在东财工作，从“工程”到“管理”，一路走来，跌跌撞撞，有欢乐有悲伤，有成功有失败，有无奈也有无助。

从再生混凝土的性能到建筑垃圾的资源化管理研究，感谢辽宁省教育厅基本科研项目（LJKMR20221580）和东北财经大学优秀学术专著出版资助项目（zzz20220220）对本书的资助，使我在固废领域继续前行，在不同的视角下思考建筑垃圾资源化利用与管理，减污降碳协同增效，使我在“无废城市”建设中进行更多的思考。

感谢我的硕士研究生孙剑书、张钟升、韩峰和刘笑庚等对本书出版所做的工作！他们天资聪慧、勤奋刻苦、推我前行，与他们一同努力，让我工作充满活力，祝愿他们前程似锦，归来仍是少年！

感谢国家留学基金委的资助！感谢东北财经大学的支持！怀俄明被

誉为美国牛仔的故乡，这里有头戴墨西哥式宽沿高顶毡帽，骑着快马风驰电掣的西部牛仔；这里有背上长有“驼峰”，遇到狼群就用脑袋去撞的美洲野牛。在这里，感受到了不一样的气候；在这里，感受到了不一样的风土人情；在这里，感受到了不一样的大学课堂。感谢怀俄明大学查理教授的邀请，感谢怀俄明大学建设工程管理系为我专门提供的办公设施，使我在这里安心工作，完成书稿。感谢弗兰索瓦教授对我教学工作的指导和鼓励，提升了我的英文授课能力和水平。感谢怀俄明大学所有帮助过我的人，读万卷书，不如行万里路，这一年的访学生活将是我人生的宝贵财富。

感谢东北财经大学出版社各位编辑老师，正是各位编辑老师的辛勤付出，才使这本专著顺利出版。

感谢我的妻子和儿子对我工作的支持和陪伴，给了我精神和生活上无限动力，让我更加有勇气面对生活中的挫折和挑战，为我的访学生活增添了无限乐趣。

感谢岁月与困难对我的磨砺。

爱伴我远航，祝好人一生平安！

愿伟大的祖国繁荣昌盛！

汪振双

2022年12月于美国拉勒米怀俄明大学工程楼3098